공격적이지 않으면서
단호하게 나를 표현하는

대화의 기술

공격적이지 않으면서
단호하게 나를 표현하는

대화의 기술

폴렛 데일 지음 | **김보미** 옮김 | **주노** 그림

전 세계 수백만 독자가 선택한 대화법 교과서

레몬한스푼

공격적이지 않으면서
단호하게 나를 표현하는
대화의 기술

1판 1쇄 2023년 7월 20일
1판 3쇄 2024년 7월 10일

지은이 폴렛 데일
옮긴이 김보미

편집 정진숙   그림 주노   디자인 레이첼   마케팅 용상철
인쇄·제작 도담프린팅   종이 아이피피(IPP)

펴낸이 유경희   펴낸곳 레몬한스푼
출판등록 2021년 4월 23일 제2022-000004호
주소 35353 대전광역시 서구 도안동로 234, 316동 203호
전화 042-542-6567   팩스 042-718-7989   이메일 bababooks1@naver.com
인스타그램 bababooks2020.official
ISBN 979-11-982120-1-6 03190

레몬한스푼은 도서출판 바바의 출판 브랜드입니다.

헌사

나의 부모님, 에브라임과 앤 웨인리스에게.
긍정적인 자아상과 신념, 그리고 그것을 표현할 수 있는
용기를 가지고 살 수 있게 해주셔서 감사합니다.

목차

만약 신이 내 모든 재능과 능력을 빼앗아 가면서
단 한 가지만 지킬 수 있다고 한다면, 나는 소통의 능력을 택하겠다.
그 능력만 있으면 나머지 모든 것은 빠르게 회복될 것이기 때문이다.
— 대니얼 웹스터

혹시 이 책에서 말하는 여성이 누구인지 궁금하지 않은가? 그건 바로 여러분 자신이며 나도 해당한다. 여기서 말하는 단호하지 못한 여성은 자신을 주장하는 것을 꺼리거나 너무 소심하여 자책하는 모든 여성을 가리킨다.

자신감 부족, 불안, 그리고 스스로 다른 사람보다 열등하다고 생각하는 두려움은 학력이나 사회경제적 수준에 상관없이 수백만 명의 여성을 괴롭힌다. 그중 대다수는 강력하고 자신감 있게 의사소통하기를 특히 어려워할 것이다. 하지만 그렇게 할 수 있는 능력은 사적인 관계뿐 아니라 직업과 같은 공적인 관계를 성공적으로 구축하는 데도 영향을 미친다. 또한 직접적이고 적극적으로 의사소통하는 능력은 자신의 의견을 다른 사람이 듣고 진지하게 받아들이며, 존중할 수 있게 하는 데도 영향을 미친다.

어떤 상황에서도 하고 싶은 말을 할 수 있는 짜릿함과 감정의 자유를 경험하는 방법을 알려주기 위해 이 책을 집필했다. 이 책은 적극적이고 단호하게 의사소통하도록 동기를 부여하고 영감을 주는 실용적이며 강력한 기술들을 제시한다. 내 조언을 따른다면, 자신의 행복을 책임질 수 있게 될 것이다.

나는 인생에서 마주친 친구와 동료, 친척, 학생 등 다양한 여성을 수년간 관찰해왔다. 그리고 그들 대다수가 자신이 원하는 바를 다른 사람에게 제대로 전달하지 못하며, 어떻게 해야 하는지도 모른다는 사실을 깨달았다.

이런 여성은 자기 말이 어리석게 들릴까 봐 속마음을 표현하는 일에 소극적이다. 부족한 서비스에 불만을 드러내거나 결함이 있는 제품을 반품하는 일도 주저한다. 모임에서 의견을 내는 것을 꺼리거나 '귀찮게 해서 죄송하다'는 사과 없이는 질문을 하지 못한다. 그들은 자신이 어떤 식으로든 푸대접받거나 부당한 대우를 받아도 말로 자신을 방어하거나 목소리 높이는 일을 두려워한다. 대신 주변 남성에게 의존해서 자기 생각을 밝히는 편을 선호한다. 종종 '평화를 유지'하고 갈등을 일으키지 않기 위해 항의하지 않고 묵묵히 비난과 비판을 받아들이기도 한다.

하지만 이제 많은 여성이 '했어야 하는' 말들을 떠올리며 자책하고 언어적 폭력 앞에 무력감을 느끼는 것에 지쳤다. 그런 여성들은 효과적인 의사소통 분야의 전문가인 나에게 자주 조언을 요청한다.

매력적이고 다재다능한 여성은 학생, 교사, 배우, 엔지니어, 변호사, 과학자, 회계사, 대학교수, 주부, 어머니에 이르기까지 다양하다. 이들 중 대다수가 물질적으로 풍요롭게 자랐지만, 여전히 결핍과 불안 그리고 열등감을 느낀다. 지성과 재치, 아름다움과 재능의 축복이 긍정적인 자아상을 가진 여성이 되는 것을 보장하지는 않는다.

수천 명의 사람을 겪어본 내 경험에 따르면 효과적이며 단호한 의사소통이 평생의 자신감과 자존감 그리고 다른 사람의 존경을 불러일으키는 가장 빠른 방법이다. 나는 적극적이고 단호한 의사소통을 통해 더 강한 자의식과 자존감, 자기존중과 자기개념을 발전시키고 싶은 여성에게 가능한 한 많은 영감을 주려고 이 책을 썼다. 내가 매우 아끼는 이 여성들에게 인생은 기쁨이어야 한다. 하지만 그들은 원하는 바를 말로 표현할 때 찾아오는 희열과 감정적 자유를 자주 경험하지 못했다.

이런 여성의 모습이 어딘가 익숙한가? 아마 여러분 자신도 비슷할 것이기 때문이다. 그 사실을 깨달았다면, 이제 한 단계 나아갈 준비가 되었다는 것에 기분이 좋아질 수 있다. 이 책에서 제시된 지침을 따른다면 다음과 같이 변화될 것이다.

- 자신의 진짜 감정을 말하는 법을 배운다.
- '아니요'라고 당당히 거절하는 법을 배운다.
- 내 권리를 주장하게 된다.
- 내 조건에 따라 필요한 것을 얻게 된다.
- 자신감 있고 명확하게 표현하게 된다.
- 다른 사람들의 존중과 존경을 받는다.

이 책은 여러분에게 다양한 전략을 제공하고, 조언자이자 상담자 역할을 할 것이다. 제안된 조언들은 즉시 실행에 옮길 수 있을 만큼 쉽다. 그저 단계를 따라가기만 하면 된다. 조언은 건전하며 지침은 효과적이다. 유명한 나이키 브랜드 슬로건이 말했듯이, '그냥 해라!(Just do it)' 그러면 새로운 자신감과 자존감을 느끼게 될 것이다.

직접적이고 단호한 의사소통은 사람들을 대할 때, 원하는 결과를 얻기 위한 열쇠. 스스로를 표현할 수 있는 자신감을 가지면 삶이 훨씬 더 재미있어진다. 그러니 대화 기술을 연습하고 효과적인 의사소통을 하는 사람이 되자. 용기와 자신감을 가져라. 개인 상담가인 이 책이 안내해줄 것이다.

행운을 빈다. 이제 시작해보자!

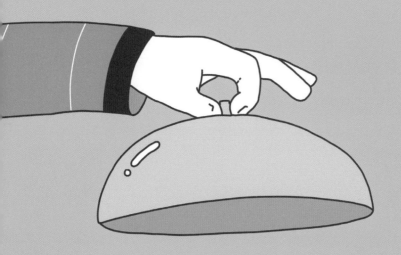

1장

소극적인 나를
적극적인 나로 변화시켜라

"이제 더 이상 참지 않을 거야!"

우리는 두려움에 직면하게 되는 모든 경험을 통해
강인함과 용기, 자신감을 얻는다.
자신이 할 수 없다고 생각되는 일을 시작해라!

― 엘리노어 루스벨트

나는 뉴욕 브로드웨이 가먼트 디스트릭트 1407번가에 있는
한 쇼룸에서 모델 아르바이트를 하면서 '현실 세계'에 첫발을
내디뎠다. 그때 나는 열일곱 살이었고, 못된 영혼들이 어디에나
있다는 사실을 알지 못했다. 그들은 어둠 속에 숨어 있다가 경
계심 없는 사람들에게 달려들어 망신을 줄 기회를 호시탐탐 노
리고 있었다.

쇼룸 매니저는 구석 마네킹들이 입고 있는 여러 스타일의 옷
과 비교하겠다며 내게 새로 디자인한 옷을 입어보라고 요구했
다. 그가 마네킹을 가리키며 지시했다. "저기 가서 다른 꼭두각
시들이랑 같이 서봐." 나는 너무 주눅이 든 나머지 그런 모욕에

제대로 항의하지도 못한 채 그저 시키는 대로 했다.

그날 난 일을 마친 후에도 굴욕감을 떨쳐버릴 수 없었다. 저녁식사를 하면서 가족들에게 그 이야기를 들려줄 때만 해도, "그냥 잊어버려. 이미 벌어진 일로 괴로워하지 마" 같은 뻔한 조언을 듣게 되리라고 생각했다. 하지만 아버지는 내게 어떤 대답을 했는지 물으셨다. 내가 아무 대답도 하지 못했다고 중얼거리자, 아버지는 식탁을 쾅 내리치며 소리치셨다.

"네가 언제부터 벙어리가 되었니? 감히 그런 식으로 말하게 두다니! 너는 다른 사람보다 모자란 존재가 아니야. 절대 그 사실을 잊지 말아라!"

당연히 나는 결코 그 말씀을 잊은 적이 없다. "네가 언제부터 벙어리가 되었니?" 그날 저녁식사 자리에서 분노한 아버지의 그 말씀은 이 책을 쓰게 된 동기가 되었다.

나는 부모님의 응원과 격려를 받으며 나 자신의 가치를 믿기 위해 노력해왔다. 부모님은 긍정적인 자아상과 강한 신념, 그리고 그것을 표현할 용기를 가질 수 있도록 애정 어린 지지를 아낌없이 보내주셨다. 두 분은 내가 목소리를 내고, 느낀 것을 말하는 법을 가르치셨다. 나 혼자 힘으로는 할 수 없었을 것이다. 여러분도 혼자 힘으로 해내지 않아도 된다. 우리 아버지가 그랬던 것처럼 나와 이 책이 여러분의 코치이자 상담자가 되었으면 좋겠다.

자신감이 생기길
기다리지 마라

여성은 대개 자신감이 부족하다는 핑계를 대며 적극적인 의사소통을 피한다. 내 친구 페이지에게 몇 년 동안 그녀를 이용해먹은 이웃에게 맞서라고 하자, 그녀는 방어적인 모습을 보였다. "너한테는 쉽겠지, 폴렛. 성격이 너 같았다면 나도 말해볼 수 있었을 거야. 하지만 나는 그럴 자신이 없어."

나라고 해서 항상 말이 잘 통하는 건 아니었다. 한때는 나도 용기가 없고 말할 자신도 없었다. 하지만 어쨌거나 나는 일단 말을 했다. 오래된 딜레마 '닭이 먼저냐, 달걀이 먼저냐?'에 빗대어 말하면 이 경우에는 '말이 먼저냐, 자신감을 가지는 게 먼저냐?'의 문제다.

심리학자 앨버트 엘리스(Albert Ellis) 박사는 『오늘부터 불행을 단호히 거부하기로 했다』(How to Stubbornly Refuse to Make Yourself Miserable About Anything, 북로그컴퍼니, 2019)에서 이렇게 썼다. "우리 감정은 복잡한 사고와 철학에서 비롯된다. 고대 철학자 에픽테토스와 마르쿠스 아우렐리우스가 지적했듯이, 우리 인간은 주로 생각한 대로 느낀다."

다시 말해, 특정 방식으로 말하기 위해 꼭 그렇게 느낄 필요는 없다. 스스럼없이 목소리를 내기 위해 자신감이 먼저 생기기를 기다리지 말기 바란다. 지금 당장 말하기 연습을 시작하자. 자신감은 그 후에 생길 것이다! 저명한 심리학자 윌리엄 제임스가 말했듯, "어떤 자질을 원한다면 마치 나 자신이 이미 그 자질을 가진 것처럼 행동하라. '마치~처럼(as if)' 행동기법을 시도하는 것이다." 여배우 골디 혼은 《레이디스 홈 저널》(Ladies Home Journal)에서 이렇게 언급했다. "자신에게 도전하세요! 두려움을 직시하세요! 말하기 두렵다고 생각했던 것이 있다면, 그게 무엇이든 입 밖에 내는 순간 갑자기 두려움이 사라질 거예요."

〈피노키오〉에 등장하는 귀뚜라미 지미니 크리켓 역시 좋은 아이디어를 보여준다. 지미니는 두려움을 느낄 때마다 아무도 그의 두려움을 의심하지 않도록 행복한 곡조로 휘파람으로 불었다. 그렇게 충분히 휘파람을 불고 나면 갑자기 더 이상 두렵지 않게 되었다. 그러니까 '마치~처럼' 행동기법은 정말 효과가 있는 셈이다.

생각과 감정을 표현하는 데 자신이 가진 문제가 무엇인지 생각해보자. 다음 20개의 질문은 로버트 앨버티(R. Alberti)와 마이클 에몬스(M. Emmons)의 『당당하게 요구하라』(Your Perfect Right: Assertiveness and Equality in Your Life and Relationships, 친구미디어, 2005)에 나온 '자기주장 목록'에서 따온 것이다. 다음을 가이드로 활용하여 전반적인 내 감정 표현력을 분석해보자. 다음의 질문에 대해 하나라도 '그렇다'라고 응답했다면 그것만

내 감정 표현력 점검 목록

1. 부당한 대우를 받을 때 목소리 내기를 주저하는가?

2. 남에게 빌려준 돈을 갚으라고 말하기가 꺼려지는가?

3. 빌려준 물건을 돌려달라고 재촉하는 것을 주저하는가?

4. 줄을 설 때 누군가가 앞에 끼어들어도 아무 말 하지 않는가?

5. 이웃에게 개 짖는 소리 때문에 괴롭다고 말하지 못하는가?

6. 담배 연기가 괴롭더라도 이곳에서 담배를 피워도 괜찮다고 말하는가?

7. 불편한 요청에 '아니요'라고 말하고 싶을 때도 '예'라고 자주 말하는가?

8. 무례한 서비스에 항의하는 것을 꺼리는가?

9. 일반적으로 자신의 권리를 주장하기를 주저하는가?

10. 누군가에게 모욕당하거나 비하하는 말을 들어도 침묵을 지키는가?

11. 다른 사람에게 자신의 욕구나 선호 사항을 명확히 말하는 데 어려움을 느끼는가?

12. 그룹에서 사람들이 나에게 동의하지 않으리라는 것을 알 때 의견 내기를 피하는가?

13. 식당에서 음식이 부적절하게 제공되거나 준비된 것에 대해 항의하기를 꺼리는가?

14. 어떤 사람이 기분을 상하게 하는 행동을 할 때, 그에 대해 언급하는 것을 피하는가?

15. 영화관에서 시끄러운 사람에게 조용히 해달라고 요구하는 대신 그냥 자리를
    바꾸는 편인가?

16. 이웃 아이들에게 시끄러운 음악 때문에 방해된다고 말하는 대신 그냥 창문을
    닫는 편인가?

17. 수업 시간이나 회의에서 질문하기 전에 양해를 구하는가?

18. 수업 시간이나 회의에서 나 대신 친구들이 질문을 하는가?

19. 논문을 쓸 때 '내가 틀릴 수도 있다' 또는 '내가 잘못 이해했을 수도 있지만…'과 같은
    면책사항이 포함된 논평을 서문에 기재하는가?

20. 보통 평화를 유지하거나 갈등을 피하고자 이를 악물고 참는 편인가?

으로도 너무 많은 것이다! 왜 어떤 상황에서 누군가에게 자신을 표현하는 것을 주저해야 하는가? 목소리를 내는 것은 한 개인에게 주어진 가장 큰 자유 중 하나다. 그건 삶이 제공하는 모든 것에 완전히 참여할 수 있게 해준다.

당당하게 말하기는 개인이 처한 상황에 따라 다르다는 것을 이해하는 것이 중요하다. 대부분의 사람은 심리학자들이 말하는 '이중 적극성'을 보인다. 모든 사람에게 늘 당당한 사람은 아무도 없다. 아주 자신감 넘치는 여성에게도 이야기하기 꺼려지는 특정 인물이 있으며, 언어에 능통한 사람이라도 종종 특정 상황에서 말을 못 하기도 한다.

예를 들어, 내 친구 캔디는 침착하고 멋진 변호사다. 그녀는 법정에서 판사나 상대 변호사에게 이의를 제기하지만, 개인적으로는 식당에서 잘못된 주문을 돌려보내지 못하거나 거절당할 것이 두려워서 자기 생각을 말하지 못한다. 반면에 안젤라는 직장에서 자기 생각을 전달하는 것에는 소심하지만, 친구나 가족과 소통할 때는 상당히 자신감이 넘친다. 평소 모든 사람과 모든 일에 호전적인 리사는 정작 집안일에 서툰 가정부를 해고하지 못하고 스스로 그만둘 때까지 기다렸다. 다른 여성에게는 자신의 의견을 표현하지만 남성에게는 절대로 그렇게 못 하는 여성들이 있고, 그 반대의 경우도 있다.

한 사람에게 어려운 상황이 다른 사람에게는 너무나 쉬울 수 있다. 이렇듯 어떤 상황에서는 자신감이 있지만 또 어떤 상황에서는 자신감이 없어지는 것은 지극히 자연스러운 일이다.

아이였을 때 배운 것은 잊어라

많은 여자아이가 "아이들은 얌전히 가만히 있어야 한다"라는 말을 들으며 자랐다. 그 결과 대부분 자신의 의견과 생각을 입 밖에 내지 않는 걸 미덕으로 여기게 되었다. 그러면서 "대꾸하는 것은 숙녀답지 않다"라거나 "분란 일으키지 말고 잠자코 있어라" 혹은 "생각은 하되 말은 하지 마라", "듣기 좋은 말이 아니면 아예 말을 꺼내지 마라" 같은 말을 계속 들으며 자랐다.

이런 조언들은 여성은 생각과 감정을 표현해서는 안 된다는 믿음으로 발전했을 것이다. 하지만 틀렸다! 우리는 자기 자신을 말하고 표현하기 위해 태어난 사람이다. 우리도 모르는 사이에 얌전히 가만있도록 훈련받아온 것뿐이다. 알고 있는가? 우리에게는 그저 받아들이기만 하도록 훈련된 이 행동을 바꿀 힘이 있다. 이제 더 이상 '생각은 하되 말은 하지 마라'라는 사고방식 속에 갇혀 살 필요가 없다. 수동적으로 행동하는 것을 배웠듯, 자신감 있는 사람이 되는 것을 배울 수 있다. 단호하고 적극적인 의사소통은 외국어를 말하고, 피아노를 치고, 소셜 미디어 플랫

폼에 능숙한 것과 마찬가지로 하나의 기술이다. 이런 기술들처럼 자신감 있게 소통하는 능력도 배우면서 완벽해진다.

너무 늦은 건 없다

여러분은 "그러기에는 너무 나이가 들었어요", "저는 어떤 말도 생각할 수가 없어요", "나서서 말해야 한다는 생각만으로도 겁이 나요" 혹은 "항상 그래왔는걸요. 이제 와서 바꾸기 어려워요"라고 말할지 모른다.

우리 마음속에는 위에서 말한 메시지들이 너무나 깊이 새겨져 있다. 하지만 그 말들은 모두 사실이 아니다! 진정으로 원하면 완전히 바꿀 수 있다! 수동적이거나 순종적이거나 소극적으로 태어난 사람은 아무도 없다. 이러한 의사소통 방식은 과거의 경험과 학습의 결과일 뿐이며, 우리는 이 보람없는 의사소통 방식을 바꿀 수 있다. 이미 수천 명의 사람이 성공적으로 해냈으니 우리도 할 수 있다.

중년에 접어든 내 비서 일레인은 이 책의 초안을 읽은 후 내 사무실로 뛰어 들어왔다. 그러고는 의기양양하게 외쳤다. "마침내 해냈어요!" 나는 당황스러운 말투로 물었다. "마침내 뭘 해냈다는 거예요?" 일레인이 대답했다. "마침내 학과장 비서 니나에게 말할 용기가 생겼다고요. 니나에게 나와 대화할 때 마치 권총처럼 검지로 나를 겨누는 것을 그만두라고 말했어요. 몇 년 동안이나 그래왔다고요. 진작에 말했어야 했어요." 일레인의 의기양양함은 전염성이 있었다. 나는 주먹으로 허공을 가르며 힘주어 속삭였다. "됐어!"

70대에 증손자까지 보신 마사 할머니는 항상 수줍고 순종적인 분이셨다. 다른 이들과 의견을 달리하거나 무언가에 불평한다면 사람들이 자신을 강압적이라고 생각할까 봐 늘 염려하셨다. 어느 날, 할머니는 병원 예약 시간에 맞춰 도착했음에도 한 시간 넘게 기다리게 되었다. 의사는 시간이 지체된 것을 만회해야 한다는 불안감 때문이었는지 서둘러 할머니와의 진료를 끝내려고 했다. 의사는 퉁명스럽게 말했다. "마사 할머니, 다 괜찮습니다. 평소처럼 계속 약을 드시면 됩니다." 할머니가 소심하게 약 복용의 부작용을 질문하려던 순간 의사는 갑자기 할머니의 말을 끊었다. "더 말할 시간이 없습니다. 밖에 환자들이 많이 기다리고 있어서요."

바로 그 순간 마사 할머니는 결심했다. '지금이 아니면 절대로 안 돼! 나는 하찮은 사람 취급받는 것에 질렸고, 이제는 더 이상 참지 않을 거야.' 할머니는 강하게 자기주장을 펼치셨다.

"그렇지만 마일스 박사님. 시간을 내셔야 해요! 저는 박사님을 보기 위해 한 시간을 기다렸어요. 이제 제 진료 차례입니다.

박사님과 상의하고 싶은 일이 있어요. 그렇게 빨리 저를 내보내려고 하지 마세요." 마일스 박사는 멋쩍게 사과하며 할머니의 걱정거리를 들어주었다. 후에 할머니는 환히 웃으며 "그때처럼 기분이 좋았던 적이 없었다"고 말씀하셨다. 그리고 이렇게 덧붙이셨다. "목소리를 내는 것이 가장 좋은 약이었어!"

열일곱 살이든 일흔일곱 살이든 결코 늦은 때란 없다. 스스로 의사소통 방식을 바꿀 수 있으며 다른 사람이 내 이야기에 귀 기울여주고 나 자신이 진정으로 존중받을 가치가 있다고 믿어야 한다.

변화는 서서히 찾아온다

의사소통 방식을 성공적으로 바꾸려면 노력이 필요하다. 언어적으로 건강해지는 것은 신체적으로 건강해지는 것과 다르지 않다. 공들여 연습해야 한다.

변해야 한다는 생각으로 시작하기도 전에 부담을 느끼거나 압도당하지 않길 바란다. 즉시 변해야 한다거나 완벽히 변해야 하는 건 아니다. 우리의 목표는 지금보다 더 나아지는 것이다. 자신감 있게 의사소통하는 능력은 점진적으로 향상되는 것이 좋다. 이 책을 처음부터 끝까지 한 번에 다 읽을 필요는 없으며, 사실 한 자리에서 각 장을 한 번에 다 읽을 필요도 없다. 다음 장으로 넘어가기 전에 먼저 읽은 장에서 중요한 한두 가지를 신중하게 되짚어보는 것이 더 나을 수 있다.

책에 전반적으로 소개된 다양한 연습 활동을 완수해보자. 여러 가지 기술을 더 잘 이해하고 편안하게 받아들이도록 도와줄 것이다. 기억하자. 언어적으로 건강해지기 위해서는 연습이 필요하다. 다양한 활동들은 우리 자신을 편안하고 자신감 있게 표현하기 위한 필수 기술을 연습할 기회를 제공할 것이다.

이 책은 단호하고 적극적인 의사소통으로 자기존중과 자신감을 기르는 데 필요한 지침들을 제시한다. 하지만 모든 기술을 한꺼번에 배우려고 하지 말자. 정해진 순서대로 따를 필요도 없다. 조언들을 유연하게 활용하자.

어디서부터 시작할지는 다음에 제시되는 39개 항목의 '자기평가' 결과를 따르면 된다.

이 책은 또한 필요할 때 편하게 참고할 수 있도록 구성했다. 상황에 따라 거기에 맞게 대처하는 데 도움이 될 만한 조언을 선택하면 된다. 예를 들어, 모욕이나 비하에 대응하는 방법에 대한 즉각적인 조언이 필요하다면 '제9장 괴롭힘을 참지 마라'를 보면 된다. 친구나 가족이 무리한 부탁을 할 때 단호하게 "안돼"라고 말할 수 있는 도의상의 구실이 필요하다면, '제5장 당당하게 '아니요'라고 말하라'를 바로 펼쳐보자.

연습하는 것을 도와줄 다양한 활동들도 제시되어 있다. 가장 편안하게 시도할 수 있고 자신의 성격에 맞는 것을 선택해보자. 변화는 조금씩 천천히 이루어지는 법. 따라서 너무 부담을 느끼지 않아도 된다. 단호한 의사소통을 위해 한 번에 많은 변화를 이루려 할 필요는 없다. 물론 정말 원한다면 그렇게 할 수도 있지만, 작은 변화와 점진적으로 단계를 밟아가는 것만으로도 충분하다. 삶에서 갑자기 맞닥뜨리는 상황에 당황하지 말자. 이 책은 한 번에 하나씩 그 상황들을 헤쳐나갈 수 있도록 도와줄 것이다.

언어폭력에 대응하여 단호하게 "아니요"라고 말하거나 "생각할 시간이 필요합니다" 또는 "그건 받아들일 수 없습니다" 등 적극적인 말하기와 몸짓언어를 연습하고 목표를 향해 나아가기 바란다. 자신의 의견을 표현하기 꺼려지는 상황에 맞닥뜨렸을 때, 내가 곁에서 지지를 보낸다고 생각하면서 행동해보자. 목소리를 높이도록 격려하는 내 모습을 상상하는 것이다. 마음속으로 "지금 당장 네가 정말로 원하는 것을 말해!"라고 외치는 내 말에 귀 기울여보자.

혹시라도 일시적인 실수를 저지르고 다시 예전의 습관으로 되돌아간다고 해서 모든 것을 잃는 건 아니라는 걸 기억하자. 그건 지극히 정상이며 당연한 일이다. 어쨌거나 변화는 어렵지만 불가능한 건 아니기 때문이다. 특정 상황에서 유독 자기주장이 부족하다고 해서 좌절하거나 자책하지 말자. '위기에 대처할' 또 다른 기회는 얼마든지 있다.

이 책에서 가르쳐주는 대응법을 배우고 연습한다면, 우리에게 힘을 실어주는 자존감이라는 보상을 받게 될 것이다.

'자기 평가' 해보기

다음의 자기 평가 항목들은 다양한 상황에서 자신감 있게 의사소통하는 능력을 구체적으로 분석하도록 도와준다. 결과를 분석한 뒤 이 책에서 자신에게 가장 도움이 될 장이 어디인지 찾을 수 있다. 다음 문장들을 읽고, 나 자신을 가장 잘 설명하는 숫자에 동그라미를 쳐보자.

1=보통 그렇다, 2=자주 그렇다, 3=가끔 그렇다, 4=전혀 그렇지 않다		
항목	내용	정도
1	나는 너무 수줍음을 타서 단호하지 못한 경향이 있다.	1 2 3 4
2	변하기에는 너무 나이 들었다는 생각이 든다.	1 2 3 4
3	다른 사람들이 나를 쉽게 이용한다고 생각한다.	1 2 3 4
4	나를 농담의 대상으로 삼거나 자꾸 깎아내리는 사람이 몇 명 있다.	1 2 3 4
5	남들이 나를 적극적이기보다는 공격적이라고 생각할까 봐 목소리 내기가 망설여진다.	1 2 3 4

6	내가 다른 사람이 말한 것을 오해한다는 이야기를 듣는다.	1 2 3 4
7	내 의견을 말할 때 질문을 하는 것처럼 들린다고 한다.	1 2 3 4
8	다른 사람들에게 말할 때 바닥을 내려다보거나 팔짱을 끼는 경향이 있다.	1 2 3 4
9	말을 시작할 때 "제가 틀렸을 수도 있습니다" 또는 "이건 바보 같은 질문일 수도 있지만"과 같은 부정적인 표현을 쓰는 경향이 있다.	1 2 3 4
10	무언가를 설명할 때 지나치게 말을 많이 하며, 많은 세부 사항을 알려주는 경향이 있다.	1 2 3 4
11	나는 칭찬을 받아도 대단치 않게 생각한다.	1 2 3 4
12	남들이 나를 너무 예민하다고 하거나 다른 방법으로 비난할까 봐 불쾌감을 표현하는 것을 피한다.	1 2 3 4
13	평화를 지키기 위해 하고 싶은 말을 꾹 참곤 한다.	1 2 3 4
14	다른 사람들의 요구를 거절할 때 죄책감을 느낀다.	1 2 3 4
15	'아니요'라고 말할 때 변명할 필요를 느낀다.	1 2 3 4
16	'아니요'라고 말할 때 짧게 이유를 밝히기보다는 여러 가지 이유를 늘어놓는 편이다.	1 2 3 4
17	'아니요'라고 말하고 싶은데도 "네"라고 말하는 경향이 있다.	1 2 3 4
18	'아니요'라고 말할 때 죄책감을 느낀다.	1 2 3 4
19	나중에 후회할 약속을 한다.	1 2 3 4
20	서둘러 결정을 내리도록 스스로를 압박한다.	1 2 3 4
21	신중하게 말을 고르기보다는 충동적으로 말하는 편이다.	1 2 3 4
22	내가 내린 결정들이 옳지 않다고 느낄 때조차 그 결정들을 따라야 한다는 압박감을 느낀다.	1 2 3 4
23	원하거나 기대했던 것이 아닐 때도 제안받은 것을 받아들인다.	1 2 3 4

24	부당한 대우를 받을 때 침묵하는 편이다.	1 2 3 4
25	갈등을 피하고자 불편함을 감수한다.	1 2 3 4
26	내 감정을 직접적으로 표현하기보다는 빙빙 돌리는 편이다.	1 2 3 4
27	혼자 말하기 어려울 때 친구들이나 가족들에게 대신 말해달라고 부탁한다.	1 2 3 4
28	의견을 말할 때 "내 남편(남자친구 혹은 아버지)이 그러는데…" 또는 "내 상사가 말하길…"과 같은 말을 앞에 붙이면 내 말에 더 신뢰감이 생긴다고 느낀다.	1 2 3 4
29	나는 해야 할 말을 못 한 것에 대해 자책하는 경향이 있다.	1 2 3 4
30	부당한 비난을 받으면 방어적으로 대응하는 편이다.	1 2 3 4
31	갑작스럽게 무례한 말을 들었을 때 그 말에 반격할 기발한 말이 떠오르지 않는다.	1 2 3 4
32	부당한 비난이나 모욕을 당하면 말은 못 하고 괴로워한다.	1 2 3 4
33	나의 공로를 인정받는 것이 불편하다.	1 2 3 4
34	나는 다른 어떤 상황보다 직장에서 목소리 높이는 것을 꺼린다.	1 2 3 4
35	상사가 부당하거나 불편한 요구를 할 때는 거절하기 어렵다.	1 2 3 4
36	아끼는 사람들에게 따뜻한 감사의 마음을 말로 표현하는 것을 잊곤 한다.	1 2 3 4
37	잘 모르는 사람에게 칭찬하는 것을 주저한다.	1 2 3 4
38	어색하거나 위협적인 상황에 직면하면, 마지막 순간에 용기를 잃고 내가 하려던 말을 하지 못한다.	1 2 3 4
39	앞으로 일어날 사건이나 상황 때문에 긴장할 때, 원하는 만큼 성공적으로 처리할 수 있을지 내 능력을 의심한다.	1 2 3 4

자, 이제 평가를 완료했으면 결과를 분석할 준비를 해보자. 사실 점수를 합산하지 않아도 된다! 좋은 점수, 나쁜 점수가 따로 있는 것이 아니라 우리가 이 책에서 어떤 부분을 집중적으로 살펴보아야 할지 알아보기 위해 마련한 평가서이기 때문이다! 예를 들어, 제시문 7, 8, 9, 10, 11에 '1번(보통 그렇다)', '2번(자주 그렇다)', '3번(가끔 그렇다)'이라고 응답했다면 3장의 정보가 도움이 될 것이다.

평가서에 표시한 응답을 바탕으로 다음 분석표를 사용하여 자신에게 가장 유용한 장이 어디인지 결정해보자.

평가서 항목	관련 주제
1~2	제1장 소극적인 나를 적극적인 나로 변화시켜라
3~6	제2장 함부로 대할 여지를 주지 마라
7~11	제3장 단호한 언어와 몸짓을 사용하라
12~14	제4장 갈등과 대립을 피하지 마라
15~18	제5장 당당하게 '아니요'라고 말하라
19~22	제6장 대답하기 전에 시간을 벌어라
23~25	제7장 원하는 것을 요구하고 주장하고 타협하라
26~28	제8장 남이 아닌 '나'의 의견을 말하라
29~32	제9장 괴롭힘을 참지 마라
33~35	제10장 직장에서 목소리를 내라
36~37	제11장 스스로 칭찬하고 격려하라
38~39	제12장 일단 한번 해보라!

실천해야 할 단호하고 적극적인 의사소통 기술을 파악했다면, 바로 시작해보자! 3번(가끔 그렇다) 응답이 가장 많이 나온 장부터 시작할 것을 추천한다. 개선하기에 가장 쉬운 부분일 테니 말이다. 그런 다음 2번(자주 그렇다) 응답이 많이 나온 장을 분석하고, 해당 부분을 연습하라. 2, 3번으로 응답한 영역에 확신이 들었다면, 이제 1번(보통 그렇다)으로 응답한 제시문에 해당하는 장을 읽을 준비가 된 것이다.

여기서부터는 어려운 도전이 될 것이다. 다양하게 단호한 의사소통 기술을 연습한 뒤, 자기 평가를 다시 해보자. 3번과 4번 응답이 전보다 훨씬 늘어나는 놀라운 경험을 하게 될 것이다. 이 책에서 배운 기술을 계속 연습해나간다면 대부분의 상황에서 자신감 있고 효과적으로 의사소통할 수 있다.

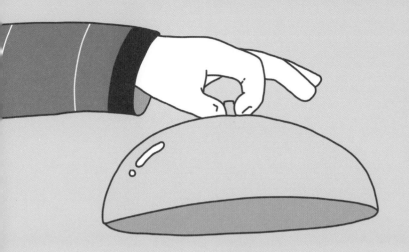

2장

함부로 대할
여지를 주지 마라

"나는 만만한 사람이 아니에요"

성공한 인테리어 디자이너 이브가 어느 날 아침 함께 커피를 마시며 물었다. "'저를 함부로 대하셔도 됩니다. 원하는 대로 하세요. 망신을 줘도 됩니다'라는 딱지가 제 등뒤에 붙은 걸까요? 제가 세상 사람들에게 그런 신호라도 보내는 건 아니겠죠?" 내가 물었다. "갑자기 그게 무슨 소리예요?" 이브는 하소연하듯 말을 이어갔다. "사람들이 저를 대할 때 내키는 대로 모욕하거나 위협하거나 혹은 부적절한 질문을 해도 된다고 여기는 것처럼 보이거든요. 왜 저에겐 그토록 함부로 구는 사람들이 당신에게는 그러지 않는 걸까요?"

나는 바로 대답했다. "왜냐하면 당신이 그런 행동을 하도록

허용하고 있으니까 그렇죠. 사람들에게 당신을 어떻게 대해야 하는지 가르쳐준다면 그들은 그대로 당신을 대할 거예요."

이브와의 대화를 계기로 왜 어떤 사람들은 다른 사람들보다 더 자주 괴롭힘의 대상이 되는지 생각해보게 되었다. 물론 이브가 그런 못된 사람들에게 자신을 이용하라는 신호를 보낸 건 분명 아니다. 이브에게는 처음에 그들을 끌어들인 책임은 전혀 없지만, 아무것도 하지 않고 아무 말도 하지 않는 반응을 보임으로써 못된 사람들이 자꾸 자신을 괴롭히도록 만든 책임은 있다. 침묵은 암묵적인 동의를 의미하며, 특히 자기만족을 채우기 위해 다른 사람을 깔아뭉개서라도 그것을 추구하려는 못된 사람들은 침묵을 동의로 받아들인다.

못된 사람들은
만만한 상대를 노린다

한번은 이브가 급한 일 때문에 차가 필요했던 도린에게 자신의 차를 빌려주었다. 도린은 이틀 뒤 아무런 설명도 없이 기름을 다 써버린 채 차를 돌려주었다. 이브는 상당히 짜증이 나고 마음이 상했지만, 묵묵히 차 열쇠를 받아들였다. 그리고 평화를 지키기 위해 입을 다물었다.

또 한번은 도린이 크리스마스 파티드레스를 빌려간 적이 있다. 그녀는 군데군데 와인 얼룩이 생겼다고 사과하며 드레스를 돌려주었지만, 세탁을 해주거나 세탁비를 내겠다는 말은 절대로 하지 않았다. 이브는 이번에도 속으로 화를 삭이며 말없이 옷을 받았다.

일할 때도 마찬가지였다. 이브는 한 회사의 사무실 인테리어 일감을 맡았는데, 그 회사 직원들과의 회의에서 '멍청한 금발 미인'이라는 놀림감이 되었다. 그러나 문제를 일으키고 싶지 않았던 이브는 일을 마칠 때까지 침묵을 지키며 괴로워했다.

대체로 이브는 만만하고 쉬운 대상이었고, 늘 그렇게 취급받았다. 사람들은 그녀의 침묵을 틈타 그녀를 이용하고 함부로 대했다. 저질스러운 농담은 한 번으로 끝나는 게 아니었고 이브는 쭉 그런 농담에 시달렸다. 이브는 의사소통 연습을 하고 자기 자신을 위해 목소리를 낼 필요가 있었다.

남을 이용하고 괴롭히는 사람들은 물어뜯을 살을 찾아 윙윙거리는 모기와 같다. 만약 모기가 나를 물었는데 아무것도 하지 않는다면, 모기는 몇 번이고 다시 나를 물 것이다. 반대로 빠른 반사신경을 이용해 나를 물어뜯은 모기를 손바닥으로 탁 쳐서 납작하게 만들어버리면, 다시는 나를 괴롭히지 못한다.

불행하게도 남을 이용하고 괴롭히려는 사람들은 늘 존재하며, 그들은 남을 비난하고 이용하면서 열등감을 느끼게 만들고 그 과정에서 스스로 우월감을 높일 기회를 엿본다. 이를 내버려 둬서는 안 된다. 선택은 우리에게 달렸다. 만만한 먹잇감처럼 보인다면, 못된 사람들은 우리를 표적으로 삼을 것이다.

이 책에서 제시하는 적극적인 의사소통 기술을 익힌다면, 언어적 반사신경을 기를 수 있고 신속하고 단호하게 대응할 수 있다. 납작해진 모기들처럼 자존감 도둑들과 폭언자들은 다시는 찾아오지 못할 것이다.

자신의 어떤 행동이 마치 자석처럼 비매너인 못된 사람들을 끌어당긴다고 느낄 수 있지만, 사실 그렇지는 않다. 예를 들어, 좋은 이웃들이 사는 동네에 보안 시스템이 설치되지 않은 멋진 집이 있다고 해보자. 그런 집은 바로 도둑들의 표적이 된다. 그 집은 사람들의 이목을 끌 만한 특별한 것이 없고, 당연히 '우리 집에 들어와서 마음껏 훔쳐가세요'라는 안내판을 달고 있지도 않으니까. 도둑들은 집집마다 돌아다니며 문이나 창문을 잠그지 않은 집을 찾다가 우연히 그 집을 발견했을 뿐이다. 그들은 쉬운 목표를 찾고 있었으므로 그런 집을 찾으면 바로 침입한다. 집주인이 도둑이 침입하지 못하도록 방범조치를 하기 전까지는 도둑질을 멈추지 않을 것이다. 도둑들은 목표물에 접근하기 어려워야만 다른 곳으로 옮겨간다.

자신감과 자존감, 품위를 완전히 빼앗긴 뒤 행동에 나서려고 하면 안 된다. 적극적인 의사 전달자가 되어 우리를 이용하고

괴롭히는 사람들을 비껴가야 한다.

앞서 이야기한 비유를 이해했으리라고 믿는다. 우리를 이용하거나 모욕하는 사람들이 접근하는 것이 우리의 잘못은 전혀 아니다. 그들은 자기 인생이 너무 불만족스러운 나머지 만만하고 쉬운 사람들을 찾아 폭언하면서 즐길 거리를 찾을 뿐이다. 하지만 만약 우리가 그런 기회주의자들의 관심을 허용한다면, 그것에 책임질 필요는 있다. 그들이 접근하지 못하게 문을 걸어 잠그고 단호하게 의사소통한다면 이 포식자들은 더 쉬운 먹잇감을 찾아 다른 곳으로 옮겨갈 것이다.

단호한 것이 공격적인 것은 아니다

불행하게도 너무 많은 여성이 순종적이고 '착한' 사람이 되도록 길러졌다. 그런 탓에 자기 의견을 내고 싶을 때 어떻게 해야 할지 혼란을 느낀다. 목소리를 높이면 공격적이거나 불쾌해 보일 것이라고 믿기 때문이다. 그 결과 여성들은 반대 극단으로 치우치는 실수를 저지른다. 공격적으로 보이는 것을 피하고자 수동적이고 순종적으로 반응하는 것이다. 의사소통을 할 때 순종적이거나 모호한 스타일의 여성은 열등감과 낮은 자존감을 느끼는 것으로 나타났다. 그들은 대개 마음속에 자신을 이용하는 사람들을 향한 분노와 억울함을 품고 있다.

정중하고 단호한 반응과 지나치게 순종적이거나 공격적인 반응 사이에는 큰 차이가 있다.

수동적인 반응은 '나는 중요하지 않아. 중요한 건 바로 너야'라는 메시지를 전달하며, 자신이 다른 사람들과 동등하지 않다는 생각을 나타낸다. 그러므로 자신을 이용하고 괴롭히는 사람이 반복적으로 함부로 굴도록 만든다. 수동적인 사람들은 솔직한 기분을 표현하면 문제를 일으킬까 봐 두려워한다. 그러나 자신의 의견을 주장하지 못하므로 결코 원하는 것을 얻지 못한다.

공격적인 반응은 이와 반대의 메시지를 전달한다. '너는 전혀 중요하지 않아. 나만이 중요해'라는 메시지는 다른 사람의 권리와 소망보다 자신의 그것을 더 가치 있게 여기는 것을 의미한다. 더 대담하게는 자신의 욕구를 충족하기 위해 다른 사람을 괴롭혀도 된다는 생각을 갖고 있다. 공격적인 사람들은 남들이 싫어하는 주제를 화제로 삼거나 언어폭력을 행사하는 경향이 있다.

단호한 반응은 '나도 중요하고 너도 중요해. 우리 모두 중요한 사람이야'라는 메시지를 전달한다. 이는 상대의 권리를 침해하지 않으면서 자신의 권리도 보호하리라는 걸 분명히 한다. 단호한 말하기는 상대를 존중하는 동시에 자신이 원하는 것을 긍정적이며 자신감 있는 방식으로 표현하고 자존감도 높인다.

우울해...

자신의 의견을 말하지 않는 한,
자신이 원하는 것을 결코 얻을 수 없다.

언젠가 워크숍에서 사람들에게 무리한 요청을 받을 때 '아니
요'라고 말하거나 누군가 선을 넘을 때 그 사실을 상대에게 알
려주라고 말했다. 처음에는 거부감을 보이던 참가자들은 의심
스러운 시선과 함께 불안한 표정으로 말했다. "'아니요'라고 말
할 때 너무 죄책감이 들어요" 혹은 "괜히 문제를 일으키거나 누
군가에게 상처 주고 싶지 않아요", "다른 사람을 모욕하느니 그
냥 제가 괴로운 게 나아요."

　나는 이렇게 설명했다. "하지만 그 점이 바로 단호하고 적극
적인 의사소통의 묘미입니다. 자신의 권리를 주장하는 것으로
누군가의 기분을 상하게 하거나 죄책감을 가질 필요가 없습니
다. 여러분은 다른 사람을 존중하는 동시에 자기 자신을 위해
목소리를 높일 수 있습니다."

　심리학자 앨버티와 에몬스는 『당당하게 요구하라』에서 적극
성과 공격성의 차이를 아주 훌륭하게 설명한다. "적극성은 종종
공격성과 혼동된다. 그러니 지금 명확히 해보자. 더 적극적인 사
람이 되는 법을 배우는 것은 자신의 길을 가기 위해 주변 사람
들을 밀어붙이는 법을 배우는 것이 아니다. 자기 자신을 옹호한
다는 건 단호하고 적극적으로 감정을 표현하고 양측 모두의 욕
구를 고려하는 동등한 관계를 확립하는 것을 의미한다."

　다음의 사례를 보면 수동적 의사소통과 공격적 의사소통, 그
리고 단호한 의사소통의 차이를 이해하는 데 도움이 될 것이다.

| 사례 1 | 함께 차를 타고 가던 중에 한 흡연자가 차 안에서 담배를 피워도 되는지 물었다.

○ 수동적인 반응: "괜찮아요. 정말 피우고 싶다면 피우셔도 돼요." ('담배 연기가 굉장히 거슬리더라도 나는 중요하지 않아요. 나는 내가 원하는 것을 참고 나를 희생해서 당신이 원하는 것을 따르겠어요'라는 메시지가 내포되어 있다.)

○ 공격적인 반응: "당연히 안 되죠. 담배를 피워도 되는지 묻는 것 자체가 상당히 무례하고 사려 깊지 못하네요. 내 차에서는 흡연 금지입니다." (이 답변은 '당신보다 내가 중요하다'는 것을 전달한다. 요청을 거부하는 것에 덧붙여 상대방을 공격하기까지 한다.)

○ 단호한 반응: "물어봐줘서 고마워요. 하지만 담배를 피우지 않았으면 좋겠네요. 담배 연기가 정말 걱정되거든요. 괜찮다면 밖에서 담배를 피울 수 있게 차를 세워드릴까요? 원한다면 언제든 세워줄게요." ('우리 두 사람 모두 중요하다'는 메시지를 전달한다. 동승자의 요구를 존중하면서도 원하는 바를 직접적이고 명확하게 주장한다. 또한 차에서 담배를 피우지 않는 것을 원하는 자신의

욕구를 희생하지 않는 동시에 담배를 피우고 싶어하는 상대방의 마음도 헤아린다. 단호한 의사소통을 통해 윈-윈 상황을 만들어낸다.)

| 사례 2 | 약국에서 처방 약을 받으려고 기다리고 있다. 이제 다음이면 당신 차례다. 그때 갑자기 한 남자가 당신의 어깨를 두드리며 말한다. "예쁜 아가씨. 미안합니다만, 중요한 미팅에 늦어서요. 제가 먼저 좀 해도 될까요?" 당신 역시 집에 아픈 아이가 있어서 급한 상황이다.

○ 수동적인 반응: "네, 그렇게 하세요." ('당신이 나보다 중요합니다. 당신의 시간이 훨씬 더 가치 있습니다'라는 메시지를 전달한다.)

○ 공격적인 반응: "절대 안 됩니다. 정말 무례하시군요. 게다가 아가씨라고 부르다니, 제가 남자였다면 그렇게 묻지 않았겠죠. 다른 사람들처럼 저기 줄 뒤에 가서 서세요." ('당신은 아무것도 아닙니다'라는 메시지를 전달한다. 요청을 거절할 뿐 아니라 적대적으로 상대방을 공격하기까지 한다.)

○ 단호한 반응: "아니요, 저도 정말 급해서요. 그래도 물어봐줘서 고마워요. ('당신도 중요하지만 나도 중요하다'라는 메시지를 전달한다. 상대방의 부탁할 권리를 존중하는 동시에 자신의 의견을 말했

고, 그 요청을 거절하는 데 악의가 없었으며, 누구도 그렇게 받아들이지 않았다. 다시 한번, 단호하고 적극적인 의사소통을 통해 윈-윈 상황을 성공시킨다.)

단호하고 적극적인 의사소통은 다른 기술과 마찬가지로 연습이 필요하다. 처음 얼마간은 무리하거나 서투를 수 있으니, 가족이나 친구를 상대로 연습해보는 것이 좋다. 이는 마치 시행착오를 통해 새로운 요리법을 완벽하게 만드는 것과 비슷하다. 처음에는 어떤 한 재료만 너무 많이 사용하고 다른 것은 너무 적게 사용해 맛없는 요리가 될 수 있지만, 끈기있게 계속 시도하다 보면 어느새 제대로 된 요리가 완성된다! 이처럼 새로운 음식을 친구들에게 맛보게 하고 그 표정을 살펴보는 과정도 있어야 한다. 칭찬이나 유용한 조언은 계속해서 노력하고 조금씩 나아지도록 새로운 방법을 찾는 데 동기부여가 될 것이다.

용기 내어 지인들에게 새로운 반응과 대응 방식을 시도해보자. 처음에 실수했다고 해서 걱정하거나 낙담할 필요 없다. 단호하고 적극적으로 의사소통하는 능력은 시도할 때마다 조금씩 향상된다. 아울러 자존감도 향상되고 용기와 자신감을 얻게 될 것이다.

나의 변화를 미리 알려주자

우리가 하는 말이 이전 스타일과 너무 많이 다르면 주변 사람들은 처음에 당황할지 모른다. 단호하고 적극적인 의사소통을 처음 배우기 시작할 때 공격성과 단호함을 혼동했듯, 다른 사람들도 같은 실수를 할 수 있으며 남성과 여성 모두 단호함을 공격성에 비유하는 것은 매우 흔한 일이다. 지인들이 혼란스러워하거나 과민반응을 보일 수 있음을 예상해야 한다. 기회가 되면 자신의 갑작스러운 변화에 당황하지 않도록 사람들에게 미리 말해주자. 또한 이 장의 '단호한 것이 공격적인 것은 아니다'에서 설명한 차이점을 명확히 알려주자.

칼의 사례를 한번 보자. 그는 아내 팸이 처음에 아주 타당한 주장을 했을 때, 민감하게 반응하며 혼란스러워했다. 우리 집에서 팸과 칼에게 저녁을 대접한 후, 디저트를 곁들여 커피를 마실 것인지 물었을 때였다. 팸은 상냥한 목소리로 커피 대신 차를 마시겠다고 답했다. 내가 그 요청에 응하기도 전에 칼이 끼어들어, "여보, 그렇게 적극적으로 행동하다니 낯설군요. 커피를 권했는데 차를 달라고 하는 것은 당신답지 않아요"라고 말했다. "그런가요? 이제부터 새로운 내 모습을 만나보세요." 팸은 싱긋 웃으며 좀 더 자신감 넘치는 사람이 되려는 자신의 목표를 설명했다.

실비아의 변호사인 론도 단호하고 적극적인 주장을 공격적인 것으로 오해했다. 실비아는 서류에 서명할 일이 있어서 론과 오후에 약속을 잡았는데, 그는 약속 장소에 나타나지 않았다. 오후 6시에 실비아에게 전화를 건 그는 약속을 잊었다고 사과하며 시내에 있는 사무실로 지금 나와달라고 말했다. "안 돼요, 론. 그렇게 할 수 없어요. 오늘 시내까지 한 번 다녀온 것만으로도 아주 피곤해요. 당신의 시간이 소중하다는 건 알지만 그만큼 내 시간도 소중합니다. 그러니 퇴근하는 길에 우리 집에 서류를 가져다주세요." 실비아가 정중하게 말했다. "너무 공격적으로 변하신 것 같은데요?" 론이 놀라서 말하자, 실비아가 대답했다. "아니요, 저는 단호한 사람일 뿐입니다." 결국 론은 실비아가 서명할 서류를 집으로 가져다주었다.

나 역시도 단호한 의사소통 방식과 공격적인 의사소통 방식이 매우 다름에도 그 둘을 여전히 동일시하는 소중한 친구들에게 가끔 '후기'를 듣는다.

대학 총장인 친구 테리가 내게 말했다. "난 너와 이야기하거나 네가 다른 사람들과 이야기하는 걸 듣는 게 정말 좋아. 너와 이야기하면서 네 속내가 무엇인지 읽으려고 하는 사람은 없을 거야. 너는 생각한 것을 그대로 말하니까. 너는 내가 아는 여자 중에 가장 공격적인 여자야." 나는 경악해서 말까지 더듬었다. "칭찬으로 한 말인 줄 알지만, 나는 공격적인 게 아니고 단호하고 적극적인 거야." 당황한 그는 "뭐가 달라?"라고 물었다.

나는 앞서 설명한 사례, 흡연자가 차 안에서 담배를 피우는 문제에 대한 세 가지 가능한 반응을 통해 차이점을 명확하게 알려주었다. 그러자 테리는 웃으며 대답했다. "훌륭한 예네. 무슨 뜻인지 알겠어. 그런 차이가 있는지 전혀 몰랐어."

사람들이 혼란스러워하거나 놀란다고 해서 단호하고 적극적으로 의사소통하려는 노력을 포기하지 말자. 어쩌면 우리의 의사소통 방식을 비판하거나 어떤 의도를 갖고 공격적이라고 말하는 사람들이 있을지 모른다. 그런 상황을 미리 예상하고, 여러 반응에 대비해야 한다. 결과적으로 사람들이 존경과 존중의 마음을 담아 우리를 대하는 새로운 광경에 깜짝 놀라게 될 것이다.

갈등이 생산적인 관계로 변한 순간

이제 다양한 의사소통 방식을 실험하고 시도하면서 나에게 잘 맞는 것을 찾을 시간이다. 상황별로 다양한 방식을 생각해보고 분석해보자. 정답은 없다. 다음 각 상황에 대한 수동적인 반응, 공격적인 반응, 그리고 단호하고 적극적인 반응을 표현해보자.

| 상황 1 | 대리점에서 차가 수리되기를 기다리고 있었다. 수리가 완료되었다는 말을 듣고 밖으로 나가 차에 탔다. 그런데 세차가 안 되어 있고, 창문과 바닥 매트가 더럽다. 서비스 관리자가 열쇠를 건네주며 이용해주셔서 감사하다고 말한다.

◦ 수동적인 반응:

◦ 공격적인 반응:

◦ 적극적인 반응:

위 사례에 따른 여러분의 대답과 비교해볼 수 있는 예상 가능한 반응은 다음과 같다. 자신의 반응과 어떻게 다른지 비교해보고, 어떤 공통점이 있는지 살펴보자.

◦ 수동적인 반응: "별말씀을요"라고 말하며 서비스 관리자에게 차를 인계받는다. 기대했던 깨끗하고 반짝반짝 빛나는 차가 아니라서 실망한 채로 세차장을 찾아나선다.

◦ 공격적인 반응: "차가 완전 엉망진창이잖아요. 이건 말도 안 돼요. 정말 엉터리로 일했군요. 지금 당장 깨끗하게 세차해주

세요."

○ 적극적인 응답: "잠깐만요. 실수라고 생각은 하지만, 이 상태 그대로 차를 받을 수는 없네요. 창문과 바닥 매트가 아직 더 러워요. 기다릴 테니 세차가 끝나면 차를 가져다주세요."

| 상황 2 | 계속해서 "자기"라고 부르는 동료에게 아주 짜증이 난다.

○ 수동적인 반응:

○ 공격적인 반응:

○ 적극적인 반응:

| 상황 3 | 거래 고객이 통상적인 수수료를 줄여달라고 요청한 다. 당신은 이 요금이 공정하며 다른 지역 전문가들이 부과하는 동일한 서비스에 대한 현행 요금과 비교해도 경쟁력이 있다는 걸 알고 있다.

○ 수동적인 반응:

○ 공격적인 반응:

○ 적극적인 반응:

| 상황 4 | 붐비는 극장에서 혼자 영화를 보고 있다. 그런데 주변에 앉은 시끄럽게 떠드는 한 커플 때문에 영화에 집중하기 어렵다.

◦ 수동적인 반응:

◦ 공격적인 반응:

◦ 적극적인 반응:

이제 친구 한두 명에게 이 연습활동을 설명해주고, 자신의 답변을 시험해보자. 그리고 상대 역할을 맡은 친구에게 각각의 상황에서 어떻게 반응할 것인지 물어보고, 이전과 다른 반응에 대해 어떻게 생각하는지도 물어보자.

한번은 규모가 꽤 큰 공립대학에 학장으로 임명되었을 때, 근무 첫날부터 적극적인 의사소통을 시도할 기회가 있었다. 그곳에는 다소 억지스러운 면이 있는 행정관 미키라는 여성이 근무 중이었는데, 다른 사람들을 윽박질러서 제멋대로 지시를 내리는 데 익숙한 사람이었다. 그런 그녀가 나에게 수강신청이 마감된 수업에 학생 한 명을 더 받아달라고 요청해왔다. 나는 방침상 그럴 수 없다고 설명하며 개별 교수들의 의사를 존중하므로 이미 마감된 수업에 정원을 늘리는 것은 담당 교수들이 결정할 사안이라고 말했다.

그녀는 내 설명에 개의치 않는 듯했다. 미키는 "안 됩니다"라는 대답을 그대로 받아들이려고 하지 않았다. 예외를 인정하며 호의를 베풀 수 있는 권한이 내게 있음을 알고 있던 미키는 "할 수 없는 거예요, 안 하는 거예요?"라며 나를 자극했다. 나는 목소리를 가다듬고, "안 하는 겁니다!"라고 단호하게 말하며 개별적으로 해당 교수에게 연락해보라고 지시했다.

이것으로 대화는 끝이었다. 미키는 자신의 목적을 이루기 위해 나를 자기 마음대로 지배하려고 했지만, 나는 거기에 맞서 당당하게 내 입장을 밝히고, 그녀의 요구에 순응하지 않겠다는 의지를 분명히 했다. 하지만 문제를 해결하고픈 그녀가 해당 교수에게 직접 요청할 권리를 존중했다. 미키는 공격적이었고, 나는 적극적이었다. 이후 그녀는 정중하고 깍듯한 태도로 나를 대했으며, 다시는 그런 협박성 대화를 시도하지 않았다. 하마터면 악화될 뻔한 갈등이 생산적인 관계로 변한 순간이었다.

선택에는 힘이 있다

이제 다양한 의사소통 방식을 연습하고 배웠으니 선택지가 있다는 사실을 알게 되었을 것이다. 아주 오랫동안 고수해온 '괜한 분란을 일으키지 말자' 프레임에 더 이상 얽매이지 않아도 된다. 물론 원하지 않는다면 굳이 자기주장을 내세울 의무감을 가질 필요는 없다. 각 상황에 어울리는 적합한 방법이 한 가지 이상은 있기 마련이다. 여기서 핵심은 선택이다. 선택할 때는 그 순간 나의 감정이 얼마나 강렬한지를 기준으로 삼아야 한다.

나는 보통 동료들이나 직원들이 나를 '자기'라고 불러도 화내지 않는다. 그런 호칭이 민감한 사안이 아니기에 굳이 목소리를 높일 이유가 없다. 하지만 잘난 척하는 누군가가 나를 얕잡아보려고 "자기야"라고 부를 때면 정말 화가 난다. 나의 반응은 그 당시 내가 그 말을 어떻게 느끼느냐에 따라 다르다. 불순한 의도가 느껴진다면, 그 말을 아예 무시하거나 눈썹을 치켜올리며 "자기 박사님이라고 불러야 하는 거 아닌가요!"라고 유머러스하게 반응한다. 많은 여성이 그렇듯이 만일 '자기'와 같은 호칭으로 불리는 데 민감하다면, 단호하게 대응할 필요가 있다.

스티브는 에드의 개가 짖는 소리가 거슬리지 않았다. 하지만 다른 이웃 하나가 스티브에게 그 문제에 대해 끊임없이 불평하며, 함께 에드에게 항의하러 가자고 했다. 그러자 스티브가 말했다. "저는 개 짖는 소리가 짜증 나지 않아요. 그래서 에드에게 뭐라고 할 만한 이유가 없네요. 하지만 당신이 불편하다면, 에드에게 정중하게 지적해주는 게 좋을 것 같아요. 분명 잘 해결될 거예요."

어떤 사람을 불편하게 하거나 거슬리게 하는 말과 행동이 당신에게는 전혀 불쾌하지 않을 수 있다. 그런 경우, 침묵을 지키는 것은 수동적이고 순종적임을 보여주는 것이 아니라 당신이 선택한 행동 방침을 보여주는 것이다. 하지만 여기서 자신에게 솔직한가는 매우 중요한 부분이다. 자기 의견 내세우기를 꺼리는 많은 여성이 실제로 문제가 있음에도 문제가 없는 것처럼 자기합리화를 하곤 한다. 개 짖는 소리, 무례한 판매원, 엉성한 수리 작업, 다 식어버린 수프, 너무 쓴 커피 등이 신경 쓰이지 않는다고 스스로 다독이며 적극적으로 의사소통할 기회를 피한다. 이런 형태의 자기부정은 여성들 사이에서 매우 흔하다. 자기 자신에게 "신경 쓰이지 않아", "별거 아니야"라고 합리화하면서 적극적으로 의사소통할 기회를 피할 구실로 삼지 말자. 만약 견딜 수 없는 상황에서도 목소리를 내지 않을 정도로 참는다면, 한 인간으로서 자신을 부정하는 것이다.

하지만 처음부터 다른 전략을 선택하고, 의도적으로 단호한 의사소통을 하지 않는 건 괜찮은 선택이다. 발레리는 상사에게 원하는 것을 말할 때 우회적으로 돌려서 말하는 방식을 더 선호한다. 그렇지만 그 방식이 통하지 않을 때면 직접적인 의사소통을 통해 후속 조치를 취할 마음의 준비를 하고 있었다. 학과장은 발레리가 오전 9시에 강의하도록 시간표를 짜겠다고 약속해놓고는 잊어버렸다. 발레리는 다른 경로를 통해 학과장이 그 시간대를 다른 강사에게 할당했다는 사실을 알게 되었다. 그녀는 학과장이 실수를 한 건 맞지만 그 일을 문제 삼고 싶지 않았으므로, 자신의 강의 일정을 확인해달라는 메모를 남겼다. 학과장은 실수를 알아채고 시간표를 수정했다. 이제 발레리에게는 그 문제를 더 물고 늘어질 이유가 없었다. 하지만 학과장이 일정을 조정하지 않았다면, 합당한 모든 조치를 취할 작정이었다.

어떤 상황에서는 강력한 대응이 가장 효과적이라는 결론에 이를 수도 있다. 베스는 항상 메리안을 '정신머리 없는' 사촌이라고 불렀다. 관계를 망치고 싶지 않았던 메리안은 수년간 그 모욕을 무시해왔다. 그러던 어느 날 점심을 먹을 때, 메리안은 마침내 베스의 평소와 같은 '정신머리 없는'이란 모욕에 웃으면서 반격했다. "적어도 난 머리는 있는걸!" 다소 격한 이 대응은 확실히 메리안의 성격에 맞지 않았다. 하지만 그녀는 이런 유형의 대응을 실험해보고 싶었고, 일부러 장난스럽게 그 말을 던져보았다. 여러 선택지를 따져본 후, 이런 식으로 대응하는 방법도 있다는 것을 깨닫고 세밀히 계획하고, 실행에 옮기기로 선택한 건 바로 그녀 자신이었다.

어떤 사람들은 수동적인 것이나 공격적인 것 중 단 하나의 의사소통 방식만을 발전시킨다. 그런 사람들에게는 선택의 여지가 없다. 하지만 정말로 원한다면 침묵을 지키되 원할 때는 자신을 위해 목소리를 높일 수 있다. 주어진 상황에서 어떻게 대응할 것인지 선택할 수 있는 자유를 연습하고 적극 활용하길 바란다.

친구와 적을
혼동하지 말자

여기서 주의할 점이 있다. 말로 괴롭히는 사람을 차단하기 위해 단호하고 신속하게 대응해야 하는 건 맞지만, 상대방의 메시지를 잘못 해석하는 실수를 범하지는 말아야 한다. 자존감이 낮으면 상대방이 악의 없이 한 말도 모욕으로 여길 가능성이 있기 때문이다.

우리를 물어뜯으려고 윙윙거리는 모기를 손바닥으로 내리치는 대신 자신도 모르게 사랑스럽고 무해한 나비를 공격하고 있을지도 모르는 일이다.

수줍음 많은 수잔나는 어느 날 용기를 내어 수업 시간에 교수에게 질문을 했다. 교수는 "특이한 질문이네요"라고 말했다. 수잔나는 교수의 대답으로 인해 겸연쩍어졌다고 불평했다. 그녀는 교수가 그 질문이 어리석다는 걸 은연중에 표현해서 자신에게 창피를 주려고 했다고 믿었다.

나는 교수에게 그런 의도가 없었으리라고 확신했으므로, 교수를 찾아가 이야기를 나눠보라고 조언했다. 역시 교수는 수잔나가 자기 말을 잘못 해석한 것에 대해 진심으로 당황하며, 수잔나가 보여준 비판적 사고와 통찰력 있는 질문을 칭찬하려는 의도로 한 말이었다고 설명했다.

오해를 피하려면
무슨 뜻으로 한 말인지 물어라

의사소통을 하다보면 누구나 오해를 경험한다. 오해는 친구와 동료, 연인, 그리고 가족 등 어떤 사이에도 일어난다.

수년 전 《워싱턴 포스트》에 '항공 비상사태 시 의사소통 실패'라는 제목의 기사가 실렸다. 돈 필립스 기자는 다음과 같이 썼다.

> 뉴욕 JFK 국제공항에서 아비앙카 052편이 착륙을 위해 선회하던 중 언덕에 추락한 지 8일 만에 또 다른 외국 항공사 여객기가 똑같은 문제로 비슷한 사고를 겪을 뻔했던 것으로 밝혀졌다. 이 항공편의 조종사는 연료 부족의 심각성에 대해 전혀 소통하지 않았던 것으로 보인다.
>
> 아비앙카와 LTU(독일 전세 비행기) 사건에서 조종사와 항공 교통 관제사 간의 문제는 의사소통 실패 때문이었다. 이는 남편과 아내, 상사와 직원, 하사와 일병 사이에 나타나는 대화 부족 문제들과 공통점이 있는 것으로 보인다.

의사소통의 오류는 종종 이야기를 듣는 사람이 이야기하는 사람의 말을 넘겨짚고 그 의미를 안다고 가정하기 때문에 발생한다. 그러고는 나중에 문제의 근원이 이야기하는 사람이었다며 비난한다. (수잔나는 '특이한'이란 단어가 어리석음을 의미한다고 넘겨짚고, 교수가 자신을 모욕했다고 생각했다.)

이해하지 못하는 단어들을 그저 무시하거나 모순적이고 우스운 것으로 여기며 거부하는 청자들이 있다. 그들은 결코 화자가 말하는 바가 무엇인지를 알아내려고 애쓰지 않는다.

페기와 앤의 사례를 생각해보자. 소포를 기다리던 페기는 소포가 도착할 즈음 자신이 집에 없을 것 같았다. 그래서 배달원에게 소포를 이웃집 앤에게 맡겨달라고 부탁했고, 앤도 페기의 부탁을 기꺼이 들어주었다. 저녁식사 후, 앤이 페기의 집으로 자신이 받아두었던 작은 소포 꾸러미를 가져왔다. 상자를 받아든 페기는 큰 소리로 말했다. "앤, 당신이 상자 안에 무엇이 들었는지 몰라서 정말 다행이에요. 제 딸이 생일선물로 보내준 다이아몬드 귀고리가 들어 있었거든요."

앤은 처음에 무시당했다는 느낌과 함께 자신의 정직함이 의심받았다는 생각이 들었다. 그녀는 페기가 다른 사람을 모욕할 만한 사람이 아니라는 걸 알았기 때문에 마음에 상처를 입었다. 그렇게 며칠 동안 상처가 곪도록 끙끙거리던 앤은 자신의 해석이 맞는지 다시 한번 확인해야겠다고 마음 먹었다. 페기를 찾아가 "어째서 내가 상자 안의 내용물이 무엇인지 모른다는 게 기뻤던 건가요?"라고 물었다. 페기는 바로 대답했다. "당신이 알았다면, 그런 귀중품을 받아주기 부담스러웠을 테니까요." 앤은 페기가 자신을 못 믿을 사람이라고 의심해서 한 말이 아니라는 사실을 확인하고 매우 안심했다.

누군가가 선의로 한 말이 자신을 무시한 것이라고 지레짐작하기 전에 그 의도를 잘못 해석한 건 아닌지 확인해야 한다. "내가 정말 모욕당한 건가?"라고 자문해보자. 더 간단한 방법이 있다. "무슨 뜻으로 말한 건가요?"라고 물어보면 된다. 이는 친구들 사이에서 오해로 생기는 상처를 피하는 데 큰 도움이 된다.

화자의 발언이 수치스럽다거나 비하의 의도였다는 의심이 들 때, 해명을 요청하는 기술에는 또 다른 유용한 이점이 있다. 바로 상대방을 바보로 만드는 사람의 언행 습관을 바로잡을 수 있다는 점이다.

클라이드는 한 위원회의 의장이었다. 위원회는 남성 5명과 주디라는 여성 1명으로 구성되었다. 회의록을 작성할 인원이 필요했기에 클라이드는 위원회를 둘러보다가 말했다. "그런 건 치마 입은 사람의 몫이지. 주디가 하면 되겠네요." 주디는 클라이드가 그저 일반적으로 여성에게 맡겨지는 일(노트 쓰기, 명절 선물 구입하기, 기저귀 갈기 등)이라는 뜻으로 그런 말을 한 걸 잘 알았기 때문에 상냥하지만 분명한 어조로 말했다. "맙소사 클라이드, 난 그 용어가 불편해요. 무슨 뜻으로 '치마 입은 사람의 몫'이란 말을 한 거예요?" 다른 사람들 앞에서 그렇게 노골적으로 속물주의적 용어를 썼다는 것을 깨달은 클라이드는 너무 당황한 나머지 이렇게 웅얼댔다. "신경 쓰지 마세요. 회의록은 제가 직접 작성하겠습니다."

한 단계씩
반응 강도 높이기 기술

물론 무슨 뜻이냐고 물어보는 말에 클라이드가 전혀 당황하지 않았을 수도 있다. 그가 눈치 없고 바보 같다면 주디가 물어본 질문 그대로 용어의 사전적 의미를 설명하고는 웃어버렸을지도 모른다. 결국 끝까지 눈치채지 못하는 어리석은 사람들이 있기 마련이며, 그들은 자신의 멍청한 말이 너무 기발하다고 생각하고 계속해서 그런 말을 할 것이다. 그런 경우에는 조금 더 강력한 대응이 필요하다.

나는 이 기술을 한 번에 한 단계씩 '반응 강도 높이기'라고 부르며 다음과 같이 적용한다. 주디가 정중하게 해명을 요청해서 문제가 해결되지 않았다고 해보자. 그러면 반응을 더 '높이고' 유머러스하지만, 더 단호하게 메시지를 전달할 수 있다. 이를테면, "와, 정말 희한한 옛날 말이네요. 과거에 사는 사람과 마주친 줄 알았어요"라고 말하는 것이다. 이렇게 해도 효과가 없다면, 클라이드에게 개인적으로 조용히 말하는 것이 훨씬 더 강력한 전략이 될 수 있다. "다소 성차별적인 발언이네요. 당신이 '치마 입은 사람의 몫'이라고 생각하는 일을 별로 하고 싶지 않습니다." 여기에 클라이드의 발언에 악의를 품고 있지 않다는 것을 보여주기 위해 "그건 그렇고, 다음 주에 새로운 마케팅 계획에 대해 논의하려고 하는데 같이 점심하는 건 어떠세요?"라고 덧붙일 수 있다.

직접적으로 해명을 요청하면 불편한 상황을 예방할 수 있다. 내 수업을 들었던 제자 로레나가 일 년 만에 전화를 걸어왔다. 로레나는 이 기술이 일촉즉발의 상황을 피하는 데 도움이 된 이야기를 들려주었다.

어느 날 로레나가 근무하는 은행의 마이어 지점장이 말했다. "당신과 관계를 갖고 싶습니다." 로레나는 부드럽지만 단호하게 말했다. "그렇게 생각해주다니 고맙습니다. 지금 우리는 아주 훌륭한 업무 관계를 맺고 있다고 생각해요." 마이어 지점장은 "그런 뜻이 아니라는 걸 알잖아요"라고 다시 추근댔다. 로레나는 반응의 강도를 높여 대답했다. "글쎄요, 마이어 씨. 저는 잘못된 의사소통은 피하는 것이 상책이라고 생각합니다. 많은 단어가 하나 이상의 의미를 지니니, 오해가 없도록 관계의 의미를 정확히 밝혀주시겠어요?" 지점장은 로레나의 뜻을 현명하게 파악하고 더 이상 추근대지 않았다.

주디와 로레나 모두 부드럽지만 단호한 의견 전달 방식으로 쉽고 효과적으로 상황을 해결했다. 물론, 이와 유사한 시나리오가 모두 행복한 결말을 맺는다는 보장은 없다. 하지만 명확한 해명을 요청해서 손해볼 일은 없다. 화를 내거나 '성희롱'이라며 소리지르는 것보다 훨씬 나은 선택이 될 것이다.

위 사례에서 볼 수 있듯, 오해를 피하기 위해서는 말한 사람의 의도에 대한 명확한 해명 요구가 필요하다. 이 방법은 폭언자들과 자존감 도둑들이 자신들의 행동을 되돌아보고 우리를 동등한 인간으로 대하도록 만들 수 있다. 말한 사람의 동기를 확인하려는 의지를 보여주는 이 기술은 언어적으로 강해지기 위한 중요한 단계다.

타인에게 둔감한 사람을 변화시키는 방법

자신의 발언이 상대방을 얼마나 굴욕적으로 만드는지 결코 깨닫지 못하는 사람들이 있다. 그런 사람에게는 현실을 직시하도록 말해줄 필요가 있다. 그들은 반드시 악의를 품었다기보다는 무심하거나 타인에 대해 둔감한 습관을 갖고 있을 때가 많다. 다행히 상황을 깨달은 사람 중 대다수가 적절히 그 습관을 고친다.

 비록 많은 사람이 자신이 어떤 짓을 저지르는지 알면서도 의도적으로 타인에게 굴욕감을 주기는 하지만, 자신들이 주는 피해를 정말로 의식하지 못하는 사람도 있다. 그러므로 자신의 말에 문제가 있다는 사실을 알게 되면 바로 고치려고 할 것이다. 그런 사람에게 "당신의 말이 나에게 상처가 된다"고 정중하게 지적한다면 그를 놀라운 변화의 길로 이끌 수 있다. 어쩌면 그는 우리와의 관계를 진심으로 중요하게 생각해 관계를 지속하기 위한 변화를 원하고 있었을지도 모른다.

 게리 스몰리(Gary Smalley)는 개인과 가족 관계에 관한 유명 작가이자 연설가다. 그는 자신도 모르게 '아내의 영혼에 상처를 입혔다'고 말한다. 다음은 비디오 시리즈 〈사랑하는 관계에 숨겨진 열쇠〉(Hidden Keys to Loving Relationships)에서 게리가 어떻게 무의식적으로 아내 노마를 비하했는지 알려준다.

 우리가 처음 결혼했을 때, 저는 젊은 사람들 모임에서 강연하며 농담을 자주 했습니다. 노마가 함께 참석할 때면, "제 아내 노마를 소개합니다. 아내는 저를 신처럼 대해줍니다. 매일 아침 번제 제물(신에게 동물을 태워서 바치는 제물—옮긴이)을 바치거든요"라고 말하거나 "요전에 함께 여행을 갔을 때 일입니다. 공항 직원이 나와서 가방 드는 걸 도와줄지 물어보더군요. 저는 말했죠. '괜찮습니다, 제 아내는 걸을 수 있습니다.'" 저는 제 농담이 아주 기발하고 재밌다고 생각했습니다. 문제는 아내에게 무슨 짓을 하고 있는지 몰랐다는 거예요. 그런 짓을 하면 누군가의 기분이 몹시 상할 수 있으며 마음이 닫힐 수 있다는 걸 몰랐습니다.

다행히 노마는 게리에게 자신의 기분을 말했고, 그 '우스운 농담'이 전혀 재밌지 않다고 털어놓았다. 일단 문제를 인식하자, 게리는 기꺼이 아내에게 상처 주는 행동을 바꾸려고 했다.

나 역시 무심코 나를 웃음거리로 만드는 말들이나 농담으로 관계를 위태롭게 하던 사람들에게서 진심 어린 사과를 받고 깜짝 놀라면서도 기분 좋았던 경험이 있다. "미안해요. 정말로 악의는 없었어요", "제가 무슨 말을 하는지 미처 알지 못했어요", "저에게 좀 더 빨리 말해줬어도 좋았을 거예요", "앞으로 더 조심할게요. 말해줘서 고마워요" 등의 말을 듣는 건 정말 기분 좋은 일이다.

의사소통에 둔감한 사람들은 변화할 기회를 가져봐야 한다. 그들에게 기회를 한번 줘보자. 우리가 관대하게 베푸는 기회를 이용하지 못한다면, 그들은 그저 멍청이일 뿐이다. 명심하자. 사람들은 우리가 알려주는 대로 우리를 대한다.

정중하면서도 원하는 효과를 낼 수 있을 만큼 단호하게 반응해야 한다. 너무 약하면 괴롭히는 사람이 단념하지 않을 테니까 말이다.

마샤는 로빈에게 자주 "입 다물어"라고 말하며 참견을 해댔다. 로빈은 매번 가볍게 불만을 제기했지만 별 성과는 없었다. 독서 모임 중 마샤는 다시 한번 "입 다물어"라고 말했다. 로빈은 마샤의 행동을 바꾸려면 보통 때와 같은 가벼운 항의로는 어림없으며, 강도를 '높일' 필요가 있다고 결론지었다.

로빈은 명확하고 단호한 목소리로 답했다. "마샤, 너의 행동을 더 이상 용납할 수 없어. 내 말을 끊지 말고, '입 다물어'라는 말도 그만해. 너의 의견을 표현하고 싶은 건 알지만, 이번에는 내가 말할 차례야. 우리 둘 모두 듣기만 해야 하는 시간도 있다는 걸 알았으면 해." 그러자 마샤는 진심으로 사과했다. "내가 하고 싶은 말에만 사로잡혀서 그만 다른 사람들은 잊어버렸어. 정말 미안해."

그러고 나자 서로 읽은 책에 대한 활기차고 즐거운 토론이 이어졌다. 이처럼 로빈은 마샤에게 이번에는 들을 차례라는 걸 알려주면서 방해 없이 의견을 표명할 자신의 권리를 지켰다. 로빈은 적극적인 의사소통으로 윈-윈 상황을 조율해냈다.

작가 줄리엣 니렌버그(Juliet Nierenberg)와 아이린 로스(Irene Ross)는 『여성과 협상의 기술』(Women and the Art of Negotiating)에서 '괴롭히는 사람'에 대해 다음과 같이 말하고 있다.

남을 괴롭히는 사람은 자신의 행동이 어떤 사람들에게 효과가 있는지 파악하고 있다. 하지만 자신이 마음대로 할 수 없는 사람들과 함께 있을 때는 마치 다른 사람처럼 행동한다. 무리한 부탁을 하지 않고 공손하며, 협박도 하지 않는다. 왜 그럴까? 자신의 불량한 태도를 받아들이지 않는 사람들에게는 존중하는 모습을 보이기 때문이다. 그런 사람들은 보통 다른 차원의 관계를 요구하기 때문에 그들과는 이성에 근거하여 관계를 맺게 되는 것이다.

단호하게 대응하는 것은 그 자체로도 보상이 되지만, 다른 많은 이점을 가져오기도 한다. 다른 사람들이 자신을 이용하는 것을 더 이상 허락하지 않을 때, 자신의 권리를 주장하는 우리를 더 존중하게 된다. 그러니 더 이상 자신이 무력하거나 개인적으로 보잘것없다고 느끼지 않아도 된다. 자신에 대한 소중함과 해방감마저 느끼고 종종 상황이 우리 뜻대로 돌아가는 것도 보게 될 것이다.

게다가 폭언자들을 '획기적인 변화의 길'로 이끄는 계기가 될 수도 있다. 의사소통할 때 상대방을 배려하지 않은 사람들에게 적절하게 말하는 법을 배울 기회를 주고, 더 나아가 애초에 내 의사소통 방식에서 적극성이 나오도록 나의 행동을 변화시킬 수도 있다. 나에게 가장 적합한 방식을 찾을 때까지 다양한 대응 방법을 실험해보자. 오해를 피하기 위해 말하는 사람의 의도를 명확히 파악하는 것도 잊지 말자. 정중하면서도 단호한 반응은 비효율적이고 수동적인 반응보다 수천 배 가치 있다는 사실을 명심하자.

적합한 언어를 사용해 단호하고 적극적으로 의사소통함으로써 우리를 이용하고 말로 괴롭히는 사람들에게 우리를 함부로 대할 여지를 주지 말자.

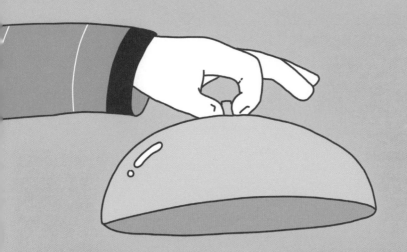

3장

단호한 언어와
몸짓을 사용하라

말수는 적을수록 좋다

헤일리는 키가 크고 똑똑하며 매력적인 35세의 소프트웨어 엔지니어다. 하지만 그녀의 말투 때문에 사람들은 그녀를 정중하게 대우하지 않고 함부로 대했다.

최근에 헤일리는 백화점에서 값비싼 신발 한 켤레를 구매했다. 그런데 두 번 신고 나자 양쪽 굽이 부러져버렸다. 그녀는 2주 동안 망설이다가 결국 환불하기 위해 매장을 다시 찾았다. 헤일리는 어깨를 잔뜩 웅크린 채 고개를 숙인 소심한 모습으로 점원에게 다가갔다. 헤일리가 말하는 모든 문장은 질문처럼 들렸다. "죄송하지만요? 어…. 귀찮게 해서 죄송한데요? 그러니까 신발 굽이 떨어져나간 거 같아서 말이에요? 음…. 환불을 좀 해주면 좋겠는데요?" 점원은 재빨리 대답했다. "모든 환불은 매니저가 승인해야만 합니다." 헤일리는 여전히 발아래를 내려다보며 초조하게 손가락으로 머리카락을 빙빙 감았다. "그러니까 말이죠. 음, 괜찮다면 이 신발을 보여주고 환불을 요청해도 될까요?" 점원은 딱 잘라 말했다. "매니저는 지금 바빠요." 헤일리는 낙담한 채 매장을 떠났다.

보디랭귀지, 즉 몸짓언어는 자세, 눈맞춤, 표정 그리고 제스처를 모두 아우른다. 말하는 방식도 물론 그렇지만, 몸짓언어는 자기 자신을 어떻게 생각하는지를 나타내며, 다른 사람이 우리에게 반응하는 방식에 영향을 준다. 몸짓언어와 말하기 방식은 입을 열기도 전에 우리를 자신 있어 보이게 만들기도 하고, 반대로 우유부단하고 자신 없는 사람처럼 보이게 만들기도 한다. 윌리엄 셰익스피어에 따르면 모든 사람은 말할 때 두 가지 말을 동시에 한다. 하나는 들리는 말이고, 다른 하나는 보이는 말이다. 자세와 몸짓 그리고 표정이 음성 메시지와 일치하지 않을 때, 사람들은 몸짓언어를 더 신뢰한다. 예를 들어, 새로 소개받은 어떤 사람이 나에게 "만나서 참 반가워요"라고 말하지만 눈을 피하고 웃지 않는다면, 그 메시지는 복합적이다. 말은 "만나서 반가워요"지만 몸짓언어는 다른 말을 하고 있는 것이다.

UCLA의 한 교수는 이야기를 듣는 사람이 이야기를 하는 사람에게 가지는 신뢰도는 실제로 사용한 단어에서 단 7퍼센트만 영향을 받는다고 밝혔다. 반면, 그 신뢰도의 38퍼센트는 이야기하는 사람의 음성적 특성에서 영향을 받고, 무려 55퍼센트는 시각적 특성을 토대로 형성된다는 놀라운 사실을 밝혀냈다.

헤일리는 어떻게 단호하게 말하고 어떤 몸짓언어를 표현해야하는지 분명히 알지 못했다. 그걸 알았더라면 용기와 자신감을 높이는 데 도움이 되었을 것이다. 자세와 몸짓을 바르게 하고, 상대방의 눈을 쳐다보고, 단호하고 분명한 발음으로 말할 때, 사람들은 우리에게 더 관심을 기울이고 우리가 하는 말을 신뢰한다.

자세와 몸짓도 언어다

자기 자신을 어떻게 느끼는지는 자세를 통해 드러난다. 자세가 전하는 메시지는 다음의 둘 중 하나다. 하나는 '나는 소심하고 쉽게 겁을 먹어요. 내가 말할 때 귀 기울이지 않고 무시해도 돼요. 내가 나를 존중하지 않으니 당신도 나를 존중할 필요 없어요'라는 메시지이고, 다른 하나는 '내 말을 들으세요. 나는 내가 무슨 말을 하고 있는지 분명히 알고 있으니, 당신이 나를 존중하기를 바랍니다. 나는 당신 아래 있는 사람이 아니고 우리는 서로 동등합니다!'라는 메시지다.

어깨를 축 늘어뜨리고 고개를 숙인 헤일리의 자세가 전달한

건 첫 번째 메시지였다. 고개를 숙이고 사람들의 눈을 피하면 부끄럽거나 창피해한다는 인상을 준다. 고개를 옆으로 기울이거나 어깨를 둥글게 마는 것, 턱을 밑으로 내리는 것, 팔로 몸을 감싸거나 두 손을 꽉 쥐는 것은 불안하고 주눅 든 모습으로 비친다. 이런 모습은 상대방에게 자신감이 부족하고 진지하게 받아들여지는 것을 기대하지 않는다는 메시지를 전달한다.

나는 당연히 여러분이 긍정적인 메시지를 전달하고 싶어하리라고 생각한다. 여러분이 말을 시작하기도 전에 자신감과 강인한 성격을 발산할 수 있는 몇 가지 방법을 살펴보자.

- 척추를 곧게 펴고 어깨를 당당히 뒤로 젖혀라.
- 고개를 똑바로 들어라.
- 손가락을 펴거나 살짝 구부린 상태에서 두 손을 양옆에 가지런히 붙여라.
- 두 발을 어깨 너비만큼 벌리고 서라.

또한 앉아 있거나 상대의 말을 듣고 있을 때도 자신감 있는 자세를 보여줄 수 있다.

- 말하는 사람에게 관심을 표현하기 위해 똑바로 앉은 상태에서 상체를 살짝 앞으로 숙여라.

- 두 손을 무릎이나 의자 팔걸이에 가지런히 놓아라.
- 발을 바닥에 닿도록 하고 가지런히 모으거나 발목을 교차한 상태를 유지하라.

다음 그림에서 여성의 몸짓언어를 관찰해보자. 누가 가장 자신감 있고 당당해 보이는가? 폴라라고 생각한다면, 정답이다! 그렇다면 폴라가 왜 자신감 있어 보일까?

자세를 바르게 하는 것은 어렵지 않다. 어머니가 늘 하던 말을 따르기만 하면 된다. "똑바로 서라", "구부정하게 있지 마라" 혹은 "의자 깊숙이 앉아라!" 예전에 여자 사립학교에서 쓰던 머리 위에 책을 올려놓고 집안을 걸어다니는 비법은 아직도 여전히 놀라운 효과를 발휘한다. 의자에 앉거나 방을 돌아다니는 동

마리아   폴라   메이   수

안 머리 위에 책을 올려놓고 균형 잡는 연습을 해보자. 보이지 않는 끈이 머리를 잡아당기고 있다고 상상하고 어깨를 뒤로 젖히고 책을 떨어뜨리지 않기 위해 균형을 잡아보자!

상대의 눈을 바라보자

언어 대처 능력을 향상시키려면 반드시 상대방과 눈을 맞춰야 한다. 상대방의 눈을 똑바로 바라보는 것이 할 말을 신중히 고르는 것보다 더 효과적일 수 있다. 이런 행동은 나에게 관심을 집중시키고 내 말에 반응하게 하며, 나를 존중하게 만든다. 적절한 횟수로 눈을 맞추면 자존감이 높고 내 말에 자신이 있음을 나타낸다. 또한 동등한 한 사람으로서 인정받기를 기대한다는 인상을 준다. 반면, 눈맞춤을 피하면 어딘가 불안하거나 정직하지 못하거나 부끄러워한다는 인상을 준다.

헤일리가 점원과 눈을 맞추지 못한 행동은 '나는 중요한 사람이 아닙니다. 나를 진지하게 생각하지 않아도 됩니다'라는 강력한 메시지를 보낸 셈이었다. 그 결과 판매원은 그녀에게 거의 관심을 기울이지 않았다.

타인과 계속해서 눈을 맞추고 있어야 한다는 생각은 처음에는 당황스러울 수도 있다. 그러나 지극히 정상적인 반응이다. 하

지만 효과적인 눈맞춤이 상대방의 눈을 끊임없이 응시해야 한다는 것을 의미하지 않는다는 사실을 기억하자.

대화할 때, 다음을 연습해보자.

- 4초 동안 상대방의 한쪽 눈에 집중한다.
- 상대방의 다른 한쪽 눈으로 초점을 옮긴다.
- 이제 4초 동안 상대방 얼굴 전체를 바라본다.
- 상대방의 코, 턱, 이마를 각각 4초간 바라본다.
- 각각 4초 동안 상대방의 양쪽 눈을 번갈아 쳐다본 다음 얼굴 전체, 코, 이마, 턱 순서로 4초씩 초점을 맞춘다.

단계별로 연습한다면, 눈맞춤이 얼마나 자신 있고 편안해지는지 스스로 놀라게 될 것이다.

평서문을 의문문으로 말하지 마라

어떤 사람들의 말투는 항상 질문처럼 들린다! "커피 드시겠어요?"와 같은 질문은 문장의 끝이 자연스럽게 올라간다. 하지만 말끝을 올리는 억양을 너무 많이 사용하면 불안하게 들린다. '끝을 올리는 억양'은 질문하는 것이 아닐 때조차 그 말을 질문으로 바꿔버린다! 헤일리의 목소리는 명확하지 않고 모호한 느낌을 주며, 의견을 말할 때도 질문처럼 들렸다. "죄송하지만요? 어…. 귀찮게 해서 죄송한데요? 그러니까 신발 굽이 떨어져나간 거 같아서 말이에요?" 이렇게 말끝이 올라간 억양 때문에 헤일리는 자신의 말에 확신이 없는 사람처럼 보였다. "실례합니다. 구두 굽이 부러졌는데 도와주시면 감사하겠습니다. 환불하고 싶습니다"라고 적극적으로 말했다면 더 당당하고 자신감 있게 보였을 것이다. 게다가 점원에게 정중한 대우를 받고 환불도 성공했을 것이다.

28세의 샐리는 큰 도시에 있는 한 고등학교에 수학 교사로 부임했다. 샐리는 학생들을 훈육하는 데 어려움을 겪었고 자신이 좋은 교사가 아니라고 자책했다. 어느 날 점심시간, 샐리는 말하기 교사인 저드와 이 문제에 대해 상의했다. 저드는 샐리의 수업을 참관한 후 문제점을 찾아냈다. 학생들이 샐리를 무시하고 있었다. 그녀의 목소리는 학생들에게 과제를 하라고 지시하기보다는 부탁하는 것처럼 들렸다. "35페이지 연습 문제를 숙제로 풀어올래요?" 혹은 "화요일 퀴즈를 위해 공식을 공부해볼까요?"처럼 말이다.

저드는 샐리가 '말끝을 올리는 억양'을 없애도록 도와주었다. 샐리가 말끝을 내리는 것을 배우자, 학생들은 선생님을 진지하게 받아들이기 시작했다. 학생들은 샐리가 하는 말이 진심이라는 것을 깨달았다.

가능하면 의문문을 사용하지 마라! 평서문으로 말할 수 있는데도 모든 문장을 질문으로 바꿔서 말한다면 사람들은 내 말을 듣지 않을 것이다. 사람들이 왜 그런 말을 듣겠는가? 말끝을 올리는 억양은 듣는 사람에게 '내가 하는 말에 주의를 기울이지 않아도 됩니다. 나도 내가 무슨 말을 하는지 모르겠어요'라는 메시지를 전달한다.

만약 의사가 이렇게 말한다면 얼마나 신뢰할 수 있겠는가? "손목을 삐지 않았어요? 부러진 걸까요? 수술이 필요할까요?" 또 자동차를 판매하는 사람에게 구매자가 좋은 가격을 요구한다고 가정해보자. 만약 판매자가 머뭇거리며 "6,000달러?"라고 말한다면, 구매자는 더 흥정하면 판매자가 가격을 더 깎아줄 수 있다고 생각할 것이다. 하지만 판매자가 말끝을 내린 자신감 있는 억양으로 "6,000 달러입니다"라고 대답한다면, 구매자는 그 가격에서 더 깎을 수 없다는 걸 깨닫게 된다.

기억하자. 말끝을 올리는 억양은 질문을, 말끝을 내리는 억양은 의견을 의미한다. 만약 일반적인 의견을 말할 때도 문장 끝을 올리는 억양을 사용한다면, 그 의견은 확신 없어 보이고 의견의 가치도 떨어질 것이다.

다음의 연습활동은 말끝에서 억양을 내리는 것을 연습하고 말끝을 올리는 버릇을 없애는 데 도움이 될 것이다.

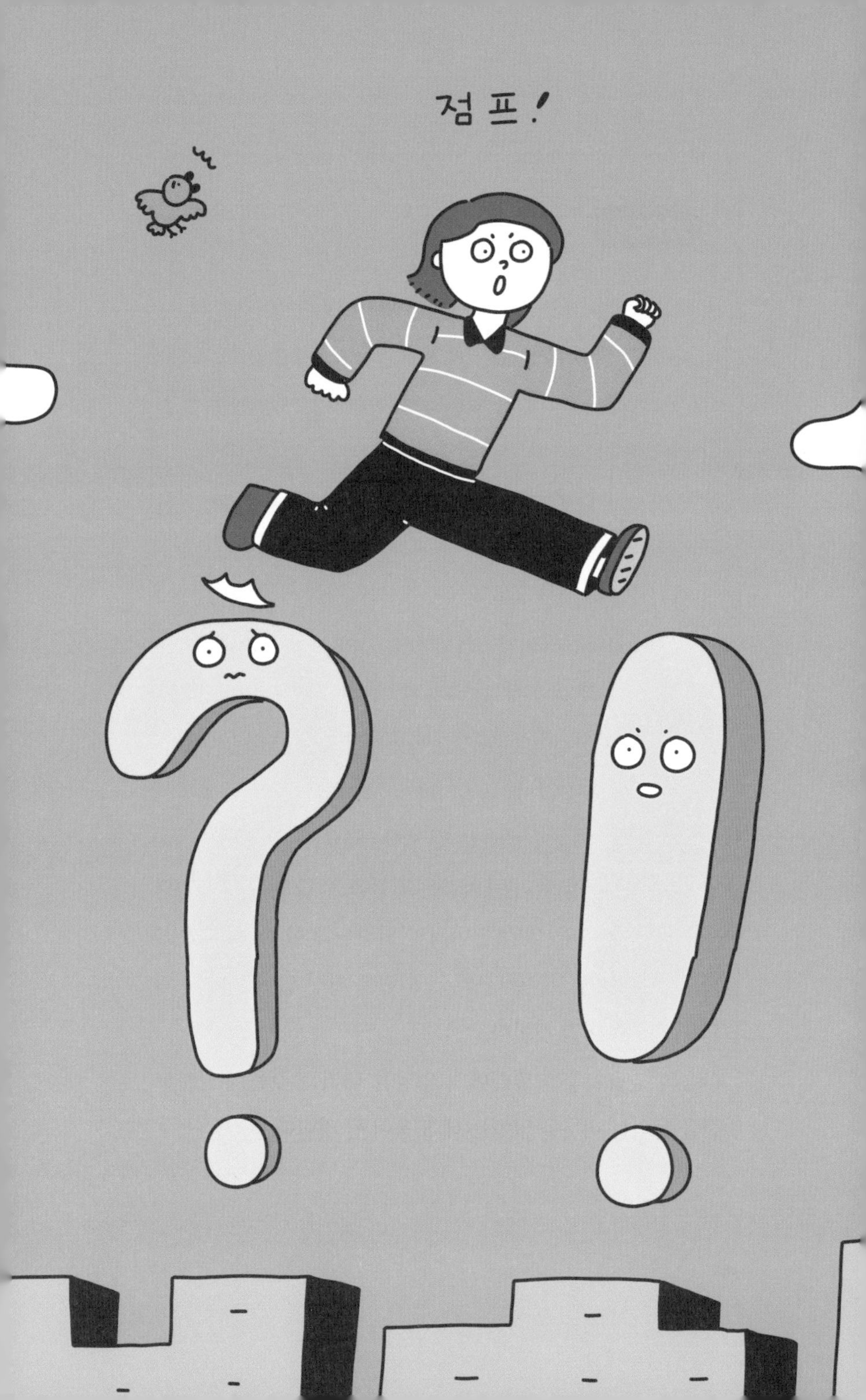
점프!

연습활동

| 연습 1 | 다음 각 문장을 두 번씩 말해보자. 첫 번째 문장은 끝을 내리는 억양을 사용한다. 동일한 두 번째 문장은 질문으로 바꾸기 위해 문장 끝을 올리는 억양을 사용한다. 말끝을 내리는 억양이 자신감 있어 보이는 반면, 말끝을 올리는 억양은 불안하게 들리는 것을 확인해보자.

- 확신을 가지고 진술하라! / 확신을 가지고 진술하라고?
- 우리에겐 더 나은 파일링 시스템이 필요해요! / 우리에게 더 나은 파일링 시스템이 필요할까요?
- 나는 이 일에서 성공할 거야! / 내가 이 일에서 성공할까?
- 나는 승진할 자격이 있어요! / 내가 승진해야 할까요?
- 나는 좋은 선생님이야! / 내가 좋은 선생님이라고?

| 연습 2 | 친구나 가족에게 도움을 요청하자. 말끝을 올리는 억양이 무엇인지 설명하고 목표는 그것을 없애는 것이라고 알려주자. 마치 질문처럼 말끝을 올리면, 언제든 '말끝 올림'이나 둘 사이에 정한 '암호'를 외치면서 말을 중단시키라고 부탁하라. 말끝을 올리는 버릇은 2주 안에 사라질 것이라고 장담한다.

책임 회피 발언은
말의 가치를 떨어뜨린다

많은 여성이 자신의 발언이 채 끝나기도 전에 책임을 부인하거나 사과하는 표현을 사용한다. 책임을 부인하는 표현을 사용하면 말의 효과가 반감되거나 약화된다. 이는 자신의 의견이 아무리 좋은 아이디어라도 빛을 볼 수 없게 만든다!

제너럴 푸드사의 임원들은 직원들이 자유롭고 자신감 있게 생각을 표현하도록 장려한다. 그리고 다음과 같이 '아이디어를 죽이는' 표현으로 발언을 시작하지 말라고 조언한다.

- 아마 효과가 없겠지만….
- 실용적이지는 않겠지만….
- 여기서 작동하지 않을지도 모르지만, 그래도 말해본다면….
- 도움이 될지는 모르겠지만, 아이디어가 하나 있어요.
- 저도 이 아이디어가 마음에 들지는 않지만….
- 제 말에 확신은 없지만….
- 터무니없는 소리로 들릴지도 모르지만….

말할 때 책임을 회피하는 단어를 사용하는 사람은 확신이 없어 보인다. 그 밖에도 우리가 일상에서 자주 사용하는 책임 회피 표현들은 다음과 같다.

- 제가 틀릴 수도 있지만….
- 확실하지는 않지만….
- 제정신이 아닐 수도 있지만….
- 이건 멍청한 생각이겠지만….
- 제가 질문을 너무 많이 하는 건 알지만….
- 제가 전문가는 아니지만….
- 제가 그 분야에 대해 잘 모르지만….
- 제가 잘못 알고 있을지도 모르지만….

이런 말은 화자에 대한 신뢰성을 떨어뜨린다. 말하는 사람을 하찮아 보이게 하고 의견의 가치도 떨어뜨린다. 헤일리는 "귀찮게 해드려 죄송합니다만…"이라는 말로 입을 열었기 때문에 자신이 성가신 존재이며 도움을 받을 가치가 없다는 생각을 은연중에 점원에게 전달했다. 이런 식의 말은 피하도록 하자. 먼저 양해를 구하거나 책임을 회피하지 말고, 있는 그대로 자신의 생각을 말하자.

다음 연습활동의 문장들은 양해를 구하는 표현으로 가득 차 있다. 첫 번째 사례를 참고하여 각각을 자신감 있고 단호한 문장으로 바꿔보자.

◦ 양해를 구하는 표현: 로봇 청소기에 대해 잘은 모르지만 구매하기 전에 다른 매장과 비교해봐야 하지 않을까요?

◦ 단호한 표현: 우리가 새로운 로봇 진공청소기를 구매하기 전에 매장을 비교해보는 것이 좋을 것 같습니다.

| 연습 1 |

◦ 양해를 구하는 표현: 자꾸 질문해서 죄송한데요, 이 두 로봇 진공청소기의 차이점을 설명해주실 수 있을까요?

◦ 단호한 표현:

| 연습 2 |

◦ 양해를 구하는 표현: 바보 같은 질문일 수도 있지만, 이 과목은 기말고사를 치르나요?

◦ 단호한 표현:

| 연습 3 |

◦ 양해를 구하는 표현: 효과가 없을 수도 있지만, 노인 고객에게 15퍼센트 할인을 제공한다면 더 많은 고객을 유치하고 매출을 늘릴 수 있지 않을까요?

◦ 단호한 표현:

짧은 침묵을 편안하게 즐겨라

있잖아요? 제 말이 무슨 뜻인지 아시겠어요? 음! 어! 아! 이런 산만한 표현과 소리들은 대화 중 빈틈을 채우는 말들이다. 이런 표현은 말하는 사람이 전하려는 메시지를 분산시키고 상대방에게 불안하다는 인상을 준다. 자신감이 매우 낮았던 헤일리는 말 끝마다 "음…"이나 "어…"와 같은 말들로 채웠다. "음… 죄송한데요? 어… 귀찮게 해서… 미안하지만요? 그러니까… 구두 굽이 부러졌거든요?" 헤일리가 입 밖에 낸 이런 표현들은 너무나 산만하여 그녀를 실제보다 훨씬 더 초조하고 불안한 사람으로 보이게 만들었다.

의사표현이 정확하고 자신감 넘치는 화자들은 말할 때 침묵이 중요하다는 사실을 안다. 적절하게 말을 멈추고 굳이 빈틈을 채우려 하지 않는 화자는 그렇지 않은 화자보다 더 자신감 있고 영리한 느낌을 준다. 어떤 이유에서인지, 우리는 침묵을 불안해하고 매 순간이 소리로 채워져야 한다는 강박에 시달리지만 실제는 그렇지 않다. 침묵이 금이 될 수 있다. 다음에 할 말을 생각하면서 몇 초간 침묵하는 것은 잘못이 아니다. 순간적으로 하고 싶은 말을 잊었다고 해도 잠시 침묵하는 것은 나쁘지 않다. 말하는 중간중간 잠시 멈추는 것은 듣는 사람뿐 아니라 화자에게도 방금 말한 것을 생각하고 재고할 시간을 준다.

스피치 전문가 린다 스윙크(Linda D. Swink)는 『힘있고 우아하게 말하기』(Speak With Power and Grace)에서 이렇게 말한다.

영어에서 처음 생긴 두 단어는 확실히 '음'과 '아'라고 생각한다. 아무 TV 뉴스나 게임 프로그램을 켜고 기자나 진행자가 질문하는 모습을 살펴봐라. 대답하는 사람이 '음' 또는 '아'로 시작하는 걸 볼 수 있을 것이다. '음, 아, 저' 같은 단어들은 무의식적으로 우리 대화 여기저기에 퍼져 있다. 대화 사이사이를 채우는 이런 단어들은 산만하고 거슬리며 아마추어처럼 보이게 한다.

그러니 말하기를 멈추는 모든 순간을 불필요한 말들로 채워야 한다는 강박관념을 버리자. 말 사이에 짧은 침묵을 편안하게 즐기는 법을 배우자.

다음은 대화를 채우는 산만한 표현들을 없애고 말이 더 매끄럽게 흘러가도록 하는 데 도움을 줄 것이다.

1. 친구나 가족에게 도움을 요청하고, 산만한 말하기 습관을 없애는 목표를 설명하자. 그리고 "너도 알다시피"나 "음" 혹은 "어"라고 말하는 것을 들을 때마다 알려달라고 부탁하자.
2. 친구와 통화하거나 대화하는 모습을 녹음해보자. 농담하거나 재미있는 경험을 말하는 자신의 목소리를 녹음하고 녹음

된 것을 들은 후, 스스로 어떻게 들리는지 분석해보자. 자신에게 어떤 산만한 말하기 습관이 있는지 확인할 수 있다. 말끝을 올리는가, 아니면 책임 회피 발언을 사용하는가? 침묵의 순간에 불필요한 말들을 하는가? 비효율적인 말하기 습관을 빨리 없앨수록 더 빨리 자신감을 갖게 될 것이다.

3. 간단한 주제나 소재를 생각해보자. 사과나 화초, 펜, 보석, 의자 등 내가 가진 어떤 것이라도 괜찮다. 그러고 나서 그 주제에 관해 머릿속에 떠오르는 생각들을 즉석에서 1분 동안 말해보자. 이때 자신의 말을 녹음하라. 목표는 긴 침묵이나 망설임 또는 불필요한 말을 하지 않고 유창하게 말하는 것이다. 녹음한 것을 들어보자. 말이 멈추는 모든 순간을 불필요한 소리(있잖아, 음, 어)로 채우고 있는가, 아니면 침묵을 즐기는가? 어떤 주제든 적어도 1분 동안 멈추지 않고 말할 수 있을 때까지 이 연습을 계속해보자. 이 연습은 유창하고 명확하게 말하는 능력을 길러줄 것이다.

장황한 설명은
말의 효력을 반감시킨다

동료 제인은 자신감 없는 사람이 아님에도 가끔 그런 사람으로 오해받는다. 다른 많은 여성처럼 제인도 자신의 대답을 정당화해야 한다는 부담감에 장황한 설명을 덧붙이기 때문이다. 그녀와의 일화를 살펴보자.

나와 제인은 미팅을 하러 시내에 있는 마이애미 하얏트 리젠시 호텔에 도착했다. 우리가 입구에 차를 대자, 주차직원이 물었다. "이 호텔에 묵고 계십니까?" 그러자 제인이 설명을 시작했다. "아니요, 꼭 그렇지는 않아요. 보시다시피, 우리는 마이애미 데이드 컬리지 소속 행정관들이고 여기 점심식사에 초대되었어요. 이곳에서 열릴 구청장 취임식의 리셉션을 준비하는 기획위원회를 맡고 있는데, 우리가 얼마나 머물게 될지는 정확히…."

"죄송합니다만 부인." 주차직원이 말을 끊었다. "호텔에 묵고 계신지만 알려주시면 됩니다."

직원이 차를 대러 가자, 제인은 나를 돌아보며 겸연쩍은 듯이 말했다. "왜 그냥 '아니요, 우리는 미팅 때문에 왔어요'라고 말하지 않았는지 모르겠어요. 내가 여기 왜 왔는지 확실히 말하지 않으면 쫓겨날까 봐 무서워하는 것처럼 보였겠네요." 나는 "그렇지 않아요, 잊어버려요"라고 말하며 웃었다. 그러고는 이렇게 말했다. "제인, 당신은 내 책에서 '장황한 설명은 말의 효력을 반감시킨다' 항목에 쓸 훌륭한 사례를 보여줬을 뿐이에요."

자신감이 부족한 사람들은 종종 뭔가를 요구할 때, 장황하게 정당한 이유를 대야 한다는 압박감을 느낀다. 뿐만 아니라 자신이 하는 모든 말에 지나치게 많은 이유를 덧붙이기도 한다. 이런 행동을 하는 여성은 대개 소심하며 자신에 대한 확신이 없다.

캐롤은 프리랜서 경영 컨설턴트였다. 한 고객이 한참이나 비용을 지불하지 않자, 결국 지불 요청을 위해 고객에게 전화를 걸었다. 캐롤은 전화가 연결되자 사과부터 했다. "귀찮게 해서 죄송한데요, 가능한 한 빨리 결제를 해주셨으면 해서요. 딸이 대학에 입학하는데 새 차가 필요하기도 하고, 아들의 대학 등록금 마감도 다음 주까지라서요…."

잠깐! 이게 무슨 상황인가? 이건 잘못되도 한참 잘못되었다. 무엇보다도 캐롤은 고객을 성가시게 한 것으로 사과할 이유가 없다. 사과할 사람은 오히려 비용을 제때 지불하지 않은 고객이다. 둘째, 캐롤은 돈을 받아야 하는 이유를 고객에게 설명할 필요가 없다. 그녀의 딸에게 새 차가 필요하다거나 아들의 대학 등록금 마감 같은 건 고객이 알 필요가 없는 정보다. 캐롤은 자신이 제공한 서비스의 대가를 받을 권리가 있고 그 이유를 굳이 정당화할 필요가 없다. 캐롤은 고객과 단호한 의사소통을 하기 위해 이렇게 말하는 게 나았을 것이다. "깜빡 잊으신 것 같은데요. 저는 두 달 전에 귀사의 경영 계획을 준비했습니다. 그리고 지불 기한이 지났습니다. 이번 주말까지 서비스 요금을 납부해주시면 감사하겠습니다."

불필요한 설명 없이 간결하게 말하는 것의 가치와 중요성은 역사적으로 다양한 격언에 영감을 주는 소재였다. 다음은 남성과 여성 모두 말할 때 염두에 두면 좋은 인용구들이다.

- 짧은 말에 많은 뜻을 담아 간결하게 말하라.
- 간결함은 지혜의 정수다.
- 나는 내가 하지 않은 말 때문에 상처받은 적이 없다.
- 말솜씨가 좋은 사람은 말을 장황하게 포장하는 법을 모르는 사람이다.
- 말수는 적을수록 좋다.

선의로 시작했더라도 장황한 설명은 불필요한 경우가 확실히 더 많다. 자신을 설명하려는 욕구에 너무 정신이 팔린 나머지 듣는 사람이 도가 넘는 장황한 설명에 관심이 없으며 자신의 의도도 해치고 있다는 사실을 깨닫지 못한다. 린다와 전자제품 매장의 직원 사이에 있었던 다음의 대화를 생각해보자.

직원: 이메일 주소가 어떻게 되시나요?

린다: 이메일 주소를 알려주고 싶지 않은데요, 왜냐하면….

직원: 좋아요. 괜찮습니다.

린다: 매장에 이메일 주소를 남길 때마다 결국 이메일이 쌓이더라고요. 저는 더 이상 스팸 메일을 받고 싶지 않은데, 괜찮으시다면

이메일 주소를 드리고 싶지 않은데요….

직원: 손님, 괜찮다고요. 원하지 않으면 이메일 주소를 안 알려주셔
　　　도 됩니다!

제인과 캐롤, 린다 모두 장황하게 자신의 상황을 설명해야 한
다고 느꼈다. 하지만 자신감 있는 화자들은 자신의 대답을 정당
화하려는 유혹을 피한다. 그러니 지나칠 정도로 자신을 설명하
고픈 유혹에 빠졌을 때, 브레이크를 밟자. 그리고 '말은 적을수
록 좋다'라는 격언을 떠올리자.

칭찬에는 그냥
"감사합니다"라고 말하라

나는 대학교에서 심리학과 교수님에게 귀중한 교훈을 얻기
전까지 칭찬을 자연스럽게 받아들이지 못했다. 어느 날 교수님
이 내 발표를 칭찬했을 때 나는 몸서리치듯 코를 찡그리며 "다
른 학생들보다 별로였는걸요" 하고 중얼거렸다. 그러자 교수님
이 당황스러운 표정으로 소리치셨다. "잠깐! 방금 무슨 일이 일
어났는지 똑똑히 생각해보거라. 내가 너에게 선물을 줬는데 그
걸 바닥에 던져버린 꼴이잖니!" 내가 사과드리려고 하자, 교수

님은 계속해서 이렇게 말씀하셨다. "정중하게 칭찬을 받아들이는 법을 배워야겠구나. 다음번에는 간단히 '감사합니다'라고 말하도록 해라."

많은 여성이 칭찬을 그냥 받아들이는 데 어려움을 겪는다. 칭찬을 받으면 흔히 당황해서 자기를 비하하는 말 등으로 칭찬을 무색하게 만든다. 다음은 외모나 성격 혹은 옷에 대한 칭찬을 들을 때, 여성이 흔히 하는 말이다.

- 농담하지 마세요.
- 좋은 옷도 아닌걸요.
- 이 머리 모양은 제 코를 커 보이게 해요.
- 저를 잘 모르셔서 제가 재미있다고 생각하시는 거예요.
- 안경이 필요하시군요. 저는 몸이 집채만 하다고요.
- 이 옷은 몇 년 전에 유행이 지난 거예요.

성공에 대한 공로를 쉽게 인정하는 남성과 달리, 여성은 자신이 이룬 일에 대해 칭찬받을 때 대개 불편함을 느낀다. 그래서 대체로 다음과 같은 발언들로 자신의 업적에 대한 칭찬을 평가 절하하곤 한다.

- 그건 아무것도 아니에요.

- 누구라도 할 수 있었을 거예요.
- 특별한 것이 아니에요
- 운이 좋았어요. 그게 다예요.
- 그냥 일이 잘 풀린 하루였어요.

어느 날 오후 미용실에 갔을 때였다. 나는 미용사가 고객의 목걸이를 칭찬하는 것을 우연히 들었다. "돌리, 목걸이가 참 예뻐요." 돌리의 반응은 어땠을까? "농담이겠죠. 그냥 싸구려인걸요. 벼룩시장에서 산 거예요." 그 말을 들은 미용사의 얼굴이 구겨졌다.

다른 사람들이 특별하다거나 멋져 보인다거나 일을 잘했다고 칭찬하면, 자신감 있게 "감사합니다"라고 말하며 받아들여라. 돌리가 한 것처럼 칭찬을 떨쳐버리는 것은 마치 상대방이 잘못 판단한 것처럼 느끼게 만든다. 그렇게 하면 상대방의 의견과 관찰력을 공격하는 꼴이 된다. 칭찬을 깎아내리는 반응은 칭찬한 사람 자체를 깎아내리는 것과 같다는 사실을 기억하자. 돌리의 반응은 실제로 미용사에게 모욕적이었다. 당당하게 의사소통하는 사람들은 칭찬을 경시하거나 비하하는 말로 상대를 낮추지 않고 있는 그대로 받아들인다.

다음번에 누군가에게 칭찬을 들으면, 불편한 마음에 그 칭찬을 부인하지 말고 다음 기술을 시도해보자.

- **일단 멈춤 기술:** 우리 교수님이 날 중단시켰던 것처럼, 스스로 참아보자. 그리고 대답하기 전에 자기 자신에게 이렇게 말하라. '이 사람이 나를 칭찬했어. 당황하지 말고 있는 그대로 기분 좋게 받아들이자. 나를 칭찬한 사람이 무안함을 느끼는 대신 기쁜 마음이 들게 해야 해!' 다음의 말들로 칭찬을 긍정적으로 인정해보자.

  - "정말 감사합니다."
  - "고마워요. 정말 좋은 말이네요."
  - "그렇게 말씀해줘서 고맙습니다. 감사해요."

- **나만의 표현 덧붙이기:** 간단히 "감사합니다"라는 말로 편안하게 칭찬을 받아들일 수 있게 된 후에는 다음을 시도해보자. 정중하게 칭찬을 인정한 후, 나만의 표현을 덧붙이는 것이다.

  칭찬하는 사람: 근사한 저녁식사였어요.
  나: 감사합니다. 요리법을 시도했는데, 좋아하니 저도 기쁘네요.

  칭찬하는 사람: 살이 많이 빠졌군요. 사랑스러워 보여요.
  나: 알아봐주셔서 감사해요. 30파운드 감량하느라고 많이 노력했어요.

칭찬하는 사람: 연례 보고서를 아주 잘 작성했네요.

나: 정말 감사합니다. 작년에 사용했던 형식을 개선해봤어요.

- **칭찬을 정중하게 받아들이는 4단계** : 감사의 말들은 몸짓 언어가 일치해야 한다는 사실을 잊지 말자. 칭찬을 정중하게 받아들이는 데는 다음 네 단계가 필요하다.

1단계: 고개를 똑바로 든다.
2단계: 상대방의 눈을 바라본다.
3단계: 미소를 짓는다.
4단계: "감사합니다"라고 말한다.

거울을 보면서 각 단계를 연습해보자. 머지않아 정중하고 품격있게 칭찬을 받아들이게 될 것이다. 적극적인 태도를 기르는 연습을 할 때는 전신 거울이 필요하다. 거울을 보며 몸짓과 표정을 연습하면서, 자신이 사람들에게 어떻게 보이는지 알 수 있게 된다. 거울 속 자기 자신을 똑바로 보고, 다음 행동을 할 때 다른 사람에게 어떻게 보일지 생각해보자.

몸짓언어
1. 말할 때 손으로 입을 가린다.

2. 발을 앞뒤로 흔든다.

3. 팔짱을 낀다.

4. 팔로 몸을 감싼다.

5. 고개를 갸우뚱한다.

6. 손가락으로 머리카락을 빙빙 돌려 감는다.

7. 단추나 장신구를 만지며 손장난을 한다.

8. 말하면서 머리를 심하게 흔든다.

9. 다리를 꼰다.

10. 발을 내려다본다.

얼굴 표정

1. 웃는 표정을 짓는다.

2. 걱정스러운 표정을 짓는다.

3. 눈썹을 찡긋한다.

4. 흥미 있어 보이는 표정을 짓는다.

5. 눈을 가늘게 뜬다.

6. 입술을 깨물거나 입술을 핥는다.

7. 얼굴을 찡그린다.

8. 노려보는 표정을 짓는다.

9. 무덤덤한 표정을 짓는다.

10. 행복해 보이는 표정을 짓는다.

단호한 말하기와 몸짓언어를 활용하면 더 효과적으로 말할 수 있을 뿐만 아니라 메시지에 내용만으로는 가질 수 없는 영향력을 갖게 된다. 이로써 듣는 사람이 내 말에 더 집중하게 되며 더 쉽고 정확하게 내 말을 받아들이게 된다.

정말 중요한 것은 끊임없이 계속 말하는 것이 아니라 말하는 방식이다. 말끝 올리기와 책임을 부인하는 말, 불필요한 말들로 대화를 채우는 것, 그리고 장황한 설명에 이제 '안녕'을 고하자. 올바른 자세와 눈맞춤에 신경 쓰고, 칭찬은 우아하게 받아들이자. 나의 말하기 방식과 몸짓언어도 상대방에게 메시지를 전달하고 있다는 사실을 잊지 말자. 어떤 방식으로 말할지는 자신의 선택에 달려 있다!

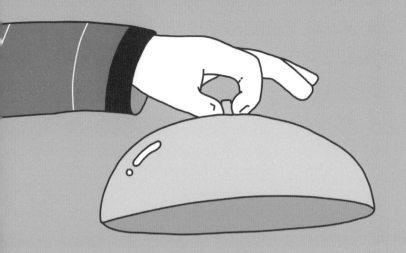

4장

갈등과 대립을
피하지 마라

모든 갈등은 관계 개선의 기회다

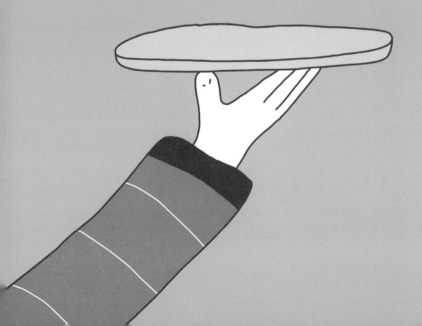

건강관리기구(HMO, 미국의 민간 의료보험 중 하나-옮긴이) 소속 공인회계사로 일하는 블랑카는 의사 몇 명과 의료보험회사 대표를 만나는 자리에 나가게 되었다. 미팅룸에 들어서자, 관리자인 칼린 박사가 블랑카를 소개했다. "우리의 소녀 계산원 블라카 양입니다." 블랑카는 미소를 지으며 대답했다. "참고로 저는 이 기관의 공인회계사지만, 절반의 시간은 계산하는 소녀처럼 지냅니다!" 블랑카의 말은 분명히 적절하고 유쾌했지만, 칼린 박사는 호전적으로 말했다. "여러분의 용서를 구하겠습니다. 블랑카 양이 오늘 그날인가 봅니다."

우리는 누군가와 맞설 가능성에 대비하고 있어야 한다. 처음 단호하고 적극적인 의사소통 방식을 시작하면, 몇몇 사람들은 불신하는 모습을 보이거나 위협으로 받아들이는 사람도 있다. 그런 사람들은 정중하지만 분명하고 적극적인 대응에 날 선 반응을 보이거나 상대를 협박하여 굴복시키려는 의도로 공격적으로 반응할 수도 있다. 우리의 필요와 욕구가 존중되어야 한다는 주장에 대해 이기적이라며 죄책감을 느끼게 하려고 할지도 모른다. 그리고 자신들이 피해자인 것처럼 행동하거나 상대의 단호한 대답을 구실삼아 더 비난해 올 것이다.

이제 막 솟아나기 시작한 자신감과 단호한 의사소통을 위한 노력이 누군가에 의해 무너지게 해선 안 된다. 물러서지 마라. 그런 까다로운 사람들도 상대의 자존감을 깎아내려서 자신의 자존감을 세울 수 없다는 사실을 머지않아 배우게 될 것이다.

남성과 여성의 의사소통 방식의 차이는 많은 책에서 언급되었다. 이 분야의 선구자인 데보라 태넌(Deborah Tannen) 박사는 『그래도 당신을 이해하고 싶다』(You Just Don't Understand Men and Women in Conversation, 한언, 2012)에서 이렇게 썼다.

"갈등을 두려워하지 않는 사람들은 다른 사람이 자기 뜻대로 하려는 여러 불가피한 상황에서 유리하다. 하지만 많은 여성이 사람들과 어울리고 호감을 얻기 위해 대립을 피하는 법부터 배운다." 태넌 박사는 여성의 갈등 회피 행동은 자신의 이익을 주장할 수 없게 만들어 남에게 이용당할 여지를 열어둔다고 지적한다. 심지어 여성 연예인들도 예외는 아니다. 태넌 박사는 오프라 윈프리의 말을 인용했다.

> 저의 가장 큰 결점은 사람들과 맞서지 못하는 거예요. 많은 쇼를 진행하고 많은 책을 읽고 많은 심리학자와 이야기를 나누었음에도, 저는 여전히 내가 이용당하는 걸 두고 볼 수밖에 없어요. 뭔가를 말하려고 용기를 내려면 며칠을 꾸물거리고 고민해야만 하죠. 가끔 저는 저를 이용하는 사람과 맞서기보다 그냥 뛰쳐나가서 트럭에 치이는 것이 낫다고 생각할 정도예요.

태넌 박사는 "이는 비단 오프라 윈프리만의 문제가 아니라 수많은 여성이 경험하는 문제"라고 한마디로 요약한다. 물론 적대감과 비판을 다루는 것은 힘든 감정적 경험으로 이어진다. 갈등을 피하고 싶은 것은 당연한 일이다. 하지만 적절한 주장을 한 결과가 불쾌함을 주더라도, 그렇게 하지 않았을 때 스스로 얼마나 무력하고 불행하게 느꼈는지 기억해보자.

소란을 피우지 않기 위해 침묵을 지키는 건 더 나쁘다. 평화를 지키기 위해 입을 다무는 소극적인 스타일로 돌아가고 싶은 유혹을 물리치자. 자신의 감정을 포기하거나 부인하는 것이 가끔씩 사람들과 대립하는 것보다 장기적으로는 훨씬 더 큰 감정적 타격을 가져온다. 말로 나를 괴롭히는 사람들도 단호한 내 모습에 곧 적응할 거라고 스스로 믿어야 한다. 확고하게 자신의 견해를 드러내는 건 스스로에 대한 존엄성을 유지하면서도 상대방의 부적절한 행동을 단념시키는 일이다.

흥미롭게도 사람들과 대립하면 실제로 몇 가지 이점이 생긴다. 대립했던 상대방과 오히려 개인적으로 더 가까워질 기회가될 수도 있으며, 문제를 무시하는 대신 해결하기 위해 서로 노력하게 된다. 까다로운 사람에게 더 빨리 자기주장을 할수록, 더큰 자신감을 갖게 된다. 자신을 위해 목소리를 낼 때, 자존감이높아지고 에너지가 충전되는 것을 느끼기 때문이다.

루스 시레스(Ruth Siress)는 『일하는 여성의 의사소통 생존 가이드』(Working Women's Communication Survival Guide)에서 이렇게 언급한다. "모든 갈등은 성장할 기회와 관계에 활력을 불어넣을 계기를 제공한다. 사랑의 반대는 미움이 아니라 무관심이다. 관계에 갈등이 있는 한, 그 안에는 노력할 에너지가 있다. 일단 무관심이 시작되면, 너무 늦은 것일지도 모른다."

그러니 제발 대립이나 갈등을 두려워하지 말자. 피하지 말고관계를 개선할 기회로 바라보자. 언제 어디서나 자신의 생각을말할 수 있는 자신감을 계속 드러내야 한다. 하지만 아무리 부드럽고 유쾌하게 자기주장을 하더라도 그 모습에 많은 사람이당황할 수 있음을 명심하자. 적들은 우리의 변화를 두고 보지않고 여러 방법으로 반격을 시도할 것이다. 그 다양한 반응에 대비하기만 하면 우리는 승리할 수 있다.

"생리증후군인가 보군"

공격적인 적들은 우리를 제물로 삼아 자신들의 자아를 만족시키려고 하며, 우리가 용기를 내어 그에 항의하는 것을 경계한다. 이런 적대적인 인물들은 우리가 이전에 보여주었던 순종적인 스타일을 훨씬 더 선호하므로 현재의 단호한 의사소통이 우연이라고 믿고 싶어한다. 그들은 '우리를 제자리로 돌려놓기' 위해 다음과 같은 말로 반격할 가능성이 크다.

- 나쁜 것!
- 어디서 강아지가 짖어대고 있네.
- 오, 생리증후군이 틀림없군.
- 오늘 일진이 안 좋은가 봐요.
- 잠자리를 한 지 오래됐나 봐.
- 나한테 괜히 화풀이하지 마세요, 아가씨.

이런 말들을 무시하려면 강한 의지가 필요하다. 하지만 등을 돌리고 불쾌한 진술을 위엄있게 거부한다면 굉장한 자신감과 자존감으로 보상받게 될 것이다.

공격적인 상대와 계속 상호작용하는 것이 적절한지 결정할 사람은 오직 자신뿐이다. 블랑카는 싸움을 그만두기로 했고, "그날인가 봅니다"라는 칼린 박사의 성차별적인 발언을 무시하며 그를 지나쳐 앞으로 걸어나갔다. 그녀는 유쾌하게 자신의 입장을 밝혔으며 요점을 분명히 했고 다른 참석자들의 존경을 받았다.

대기업 회계감사관으로 근무 중인 트리시는 직장에서 논쟁이 벌어질 때 평소와 조금 다르게 접근했다. 부사장인 메러디스는 습관적으로 "왜 그러는 거야? 자네 꼭 헤드라이트를 받고 있는 사슴 같잖아!"라고 말하며 직원들에게 망신 주는 것을 즐겼다. 트리시는 그 말이 다가오는 자동차의 헤드라이트를 바라보며 두려움에 얼어붙은 사슴을 의미한다는 것을 알고 있었지만, '설명 요구' 기술을 사용했다.

또다시 메러디스가 트리시를 헤드라이트에 비친 사슴 같다고 비난한 어느 날, 트리시는 말했다. "메러디스, 그 말이 무슨 뜻인지 모르겠어요. 친절하게 설명해주시겠어요?" 메러디스는 날을 세우며 대답했다. "트리시, 그렇게 멍청할 리 없을 텐데요. 내 여덟 살짜리 딸도 그게 무슨 뜻인지 알아요." 트리시는 논쟁을 끝내기 전에 '반응 강도 높이기' 기술을 쓰기로 결정했다. 그녀는 뒤돌아서 침착하게 말했다. "부사장님 따님은 당연히 알겠죠.

그렇게 자주 쓰시니까요!"

목표는 상대와 말싸움을 계속하는 것이 아니다. 트리시와 블랑카의 경우처럼 직접적이고 단호한 의사소통이 적의를 불러일으켰다면, 목표를 달성했다고 생각해야 한다. 이제 등을 돌리고 떠날 때가 되었다. 적대적인 상대방을 다루는 가장 좋은 방법은 그런 미성숙한 반응을 무시하는 것이다. 폭언자들은 유치한 행동을 함으로써 이미 다른 사람들 앞에서 스스로를 깎아내렸다. 여기서 우리가 더 응수한다면 그들의 말에 영향을 받았다는 걸 확인시켜줄 뿐이다.

물론 트리시가 한 것처럼 기발한 반박이 떠오르면 참기 어려울 때가 많다. 다양한 상황에서 사용하기에 적합한 몇 가지 재치있는 반박은 '제9장 괴롭힘을 참지 마라'에서 다룬다. 만약 '말싸움' 도전에 응하는 것이 개인적으로 힘을 북돋아준다면 나도 찬성이다. 도전에 응할지 말지는 자신의 결정에 달렸다. 선택에는 힘이 있다는 사실을 기억하자.

대응하지 않는 것은 대응할 수 없는 것과는 다르다. 원한다면 자기주장을 할 수 있다고 확신하는 한, 대응하지 않기로 선택하는 것은 완벽하게 건강한 선택이다. 블랑카는 "칼린 박사님, 매우 부적절한 발언이었습니다. 앞으로 그런 발언은 자제해주시길 부탁드립니다"라고 말할 수 있었다. 하지만 그녀는 그렇게 하지 않는 편을 선택했다. 어떤 결정을 할 때는 무엇이 상황에

적절한지 판단해야 한다. 단, 같은 상대에게는 확고한 태도를 유지하며 자기 자신을 주장해야 한다. 그들의 괴롭힘이 완전히 멈추지 않을 수도 있지만, 단호한 자기주장은 경멸적인 말들 앞에서 자존감을 유지하게 해준다.

"괜한 죄책감을 느끼게 하지 마"

상대를 자신에게 맞추려는 사람들은 자신의 명령에 따르지 않거나 요구를 거부하는 사람들에게 죄책감을 느끼게 하는 것으로 악명 높다. 자신의 욕구와 기대를 충족시키기 위해 상대에게 죄책감을 주입하고, 부끄럽게 느끼게 하기 위해 온갖 노력을 기울인다. 그들의 요청을 거부할 때, 다음과 같은 말을 들어도 놀라지 말자.

- 나를 도와주지 않을 거라니 믿을 수가 없어.
- 나는 네가 이런 유익한 일을 당연히 도와주고 싶어하리라 생각했어.
- 당신이 거절할 줄은 몰랐어요.
- 하지만 난 널 믿고 있었어.
- 네가 조금 불편하겠지만 나에게는 큰 도움이 될 거야.

보험대리인인 신디는 5년째 유나이티드 웨이(United Way, 세계 최대의 자선기금 단체이자 공동모금회의 원조-옮긴이) 모금 캠페인을 위한 기부금 조성에서 총괄을 맡아달라는 요청을 받았다. 이전 모금에서 동료들의 협조 부족과 미적지근한 태도에 좌절했던 신디는 그 제안을 거절했다. 하지만 회사 사장인 루실이 간청했다. "이건 아주 가치 있는 일이에요. 당신이 도와주지 않을 거라니 믿을 수 없군요. 당신 도움 없이는 100퍼센트 참여라는 목표를 달성하지 못할 걸 알잖아요. 그러면 내 체면이 어떻게 되겠어요." 신디는 결국 자신의 더 나은 판단을 포기하고 요청에 응하여 기부금 모금 총괄을 맡기로 동의했다.

나중에 신디는 불평했다. "루실이 죄책감을 불어넣은 탓에 선택의 여지가 없었어요. 빠져나갈 방법이 없었다고요."

다른 사례를 하나 더 보자. 나딘은 외국에 사는 사촌 올가를 몇 년 동안 만나지 못했다. 나딘은 올가와 자주 연락하며 지내고 싶었지만, 올가는 편지와 전화를 자주 하지 않았다. 나딘이 친구의 결혼식에 참석하기로 한 일주일 전, 올가에게서 전화가 왔다. 올가는 크루즈 여행을 떠나기 전에 하루 동안 나딘의 동네에 머물 거라고 말하며 무척 만나고 싶다고 했다. 나딘은 그날은 선약이 있으므로 만나기 어려울 것 같다고 설명했다. 그러자 올가는 "오, 나딘. 우리 정말 오랫동안 못 봤잖아. 나는 네가 너무 보고 싶은데, 네가 우리와 만나려고 노력하지 않을 거라 생각하니 정말 마음이 아파. 난 네가 있는 플로리다까지 가는 거라고. 남편과 나는 정말 네가 보고 싶어."

나딘은 사촌을 만나는 것이 기쁘지만, 계획을 취소하고 싶지는 않았다. 그래서 단호하게 말했다. "올가, 나도 너를 사랑하고 무척 보고 싶어. 하지만 내게 괜한 죄책감을 느끼게 하지는 마. 이 약속은 몇 주 전부터 있었던 거야. 다음 방문 때는 내게 더 빨리 알려주면 좋겠어. 그때는 너와의 만남을 최우선으로 할게."

죄책감을 유발하는 상대를 다루는 핵심은 저항을 예상하고 자신의 입장을 고수할 준비를 하는 것이다. 만약 신디가 루실의 죄책감 유발 수법을 예상했다면, 이렇게 말할 수 있었을 것이다. (루실에게 수표를 건네주면서) "물론 저도 돕고 싶지만, 죄책감을 느끼게 하지는 마세요. 대신 제가 가장 먼저 기부할게요. 하지만 올해는 기부금 모금 일은 하지 않을 겁니다. 이번에는 다른 사람에게 부탁하셨으면 해요."

나딘의 경우, 올가의 수법에 대비하고 죄책감을 이용해 자신을 조종하는 것을 허용하지 않았다. 나딘은 힘든 결정이었지만 결국 자신이 원하는 선택을 했다. 만약 정말로 올가에게 맞추기 위해 선약을 취소하고 싶었다면 그렇게 해도 괜찮았을 것이다. 하지만 나딘은 자신의 결정이 죄책감을 느끼게 하려는 사촌의 입김에 휘둘리는 걸 원하지 않았다. 그리고 다정하지만 단호하게 올가에게 자신의 결정을 알렸다.

"완전히 잘못 알고 있네요!"

어떤 사람들은 우리를 혼란스럽게 하려고 진짜 문제를 제대로 보지 못하게 현실을 부정하는 방법을 사용한다. 그들이 바라는 건 우리가 자신에 대해 확신을 갖지 못하게 만드는 것이다. 그래서 사실을 왜곡하거나 관련 없는 문제를 제기하고, 혹은 잘못된 근거를 제시하면서 결국 자기 뜻대로 생각하도록 만들고 혼란을 준다. 그들이 자주 사용하는 다음과 같은 말들을 예상해 볼 수 있다.

- 완전 잘못 알고 있네요.
- 그런 식으로 되지 않을 거예요.
- 무슨 말을 하는지 이해가 안 돼요.
- 뭔가 오해하고 있군요.
- 당신이 실수하는 거예요.

캐슬린의 어머니는 캐슬린에게 집안의 가보인 피아노를 물려주겠다고 약속했다. 캐슬린이 처음 연주하는 법을 배운 피아노였다. 그런데 몇 년 후 어린 조카 킴에게서 '할머니'가 다가오는 생일에 선물로 피아노를 주기로 약속했다는 말을 우연히 듣게 되었다. 상처받은 캐슬린은 몇 년 전에 한 약속을 상기시키려고 어머니를 만났다.

캐슬린의 어머니는 사실을 왜곡하고 죄책감을 느끼게 하면서 조카와의 새로운 약속을 정당화하려고 했다. "오, 캐슬린. 네가 오해했구나. 나는 단지 네가 조만간 피아노를 좋아할 아이를 낳을 거라 생각해서 약속했을 뿐이야. 너무 이기적으로 굴지 마. 어린 조카가 피아노를 배우지 않길 바라는 거니?"

다행히도 캐슬린은 죄책감을 유발하거나 잘못된 정보를 전달하는 어머니의 책략에 넘어가지 않았다. 그녀는 대답했다. "엄마, 그게 중요한 게 아니에요. 킴이 태어나기도 전에 내게 피아노를 주기로 약속했잖아요. 제게 아이를 갖는 게 조건이라는 점을 말씀하신 적도 없고요. 킴이 피아노를 빼앗길까 봐 걱정된다면, 새 피아노를 사주시면 되잖아요! 엄마는 나와 한 약속을 잊어버리고는 약속을 지키라고 말하는 내게 죄책감을 느끼게 하려는 거잖아요." 결국 캐슬린의 어머니는 조카에게 새 피아노를 사주었다. 캐슬린은 자신의 진심을 토로한 것이 기분 좋았다.

나는 옷 가게를 둘러보다가 점원과 고객 간의 다툼을 목격한 적이 있다. 필라르라는 고객은 한 상점에서 300달러 상당의 새 옷을 구매한 후 다음날 모든 상품을 40퍼센트 할인된 가격에 판매한다는 소식을 접했다. 상점의 방침에 따르면, 구매 후 2주 이내에 할인된 품목에 대해서는 고객에게 차액을 환불해주었다.

필라르는 다음날 영수증을 가지고 상점을 찾았다. 그리고 지불한 가격과 할인된 가격의 차액을 환불해달라고 요구했다. 매니저 론다는 컴퓨터에 숫자를 입력하고, 120달러의 차액을 돌려주고는 다른 고객을 응대하기 위해 자리를 떴다. 필라르는 잠시 후 다시 매니저를 불렀다. "실례합니다만, 아직도 7달러 20센트가 부족하네요." 론다는 쏘아붙이듯 대답했다. "컴퓨터는 실수하지 않아요. 컴퓨터가 계산해준 그대로 환불해드린 거라고요." 필라르는 참을성 있게 설명했다. "하지만 당신은 300달러에 대한 6퍼센트의 판매세를 공제해주는 것을 잊었어요. 실제 구매한 금액에 대해서만 세금을 내야 하고, 이 경우 180달러에 대해 계산해야 합니다." 론다가 말을 끊었다. "그게 바로 당신이 받은 금액이라고요. 대신 계산해줘서 고맙지만요, 당신이 컴퓨터보다 더 똑똑하다고 생각하는 거예요?"

필라르는 발끈 화를 내며 상황을 혼란스럽게 하려는 매니저의 시도에도 포기하지 않았다. 필라르는 자신의 정중한 설명이 무시당하자 반응 강도를 높였다. "우선, 제 부탁을 들어주는 것처럼 행동하지 마세요. 이 상점은 구매 후 2주 이내에 실제 지불한 가격을 환불해주는 정책을 광고해왔어요. 둘째, 컴퓨터는 사용하는 사람이 어떻게 하느냐에 달렸어요. 당신은 내 환불액에 대한 6퍼센트의 판매세를 계산하도록 입력하지 않았어요. 참고로 내가 먼저 낸 판매세는 18달러이고 지금 내야 할 판매세는

10.8달러예요. 그러니 그 차액은 7달러 20센트입니다." 론다는 결국 차액을 환불해주었다.

나중에 쇼핑센터 주차장에서 필라르와 마주쳤을 때, 나는 그녀에게 칭찬을 아끼지 않았다. "상점에서 상황에 대처하는 장면을 보았어요. 그 방식이 정말 존경스러워요. 처음 입장을 고수하면서 관리자가 당신을 이용하지 못하게 하더군요." 그녀는 칭찬에 감사를 표하면서, "처음엔 7달러 20센트가 별거 아니라고 생각해 환불받지 않고 떠나려고 했어요. 하지만 번거로움을 피하려고 자리를 떠났다면 나중에 그런 내가 싫어졌을 거예요"라고 말했다.

우리가 균형 잃기를 바라는 못된 사람을 상대하는 것은 극도로 절망스럽고 불쾌할 수 있다. 그런 비이성적인 사람의 목표는 우리를 궤도에서 벗어나게 해서, 논리적으로 추론하는 우리 능력을 의심하게 만드는 것이다.

자신의 입장에 확신이 있다면, 거기서 벗어나지 말고 계속 반복해라. 용기를 가지고 적극적이며 적의 없는 방식으로 이런 유형의 상대에게 맞서자. 캐슬린과 필라르가 그랬던 것처럼 차분하고 정중한 태도로 기대하는 바를 분명히 말하자. 그리고 필요하다면 주저하지 말고 반응의 '강도를 높이자'. 비논리적인 상대가 우리가 강한 신념을 가지고 있다는 것을 알게 되면, 우리가 이길 승산이 높다.

"당신은 너무 예민해요!"

자기주장이 지나치게 강하다는 구실로 우리를 비난하려는 사람들이 있다. 그들은 자신들의 부적절한 발언에도 타격을 받지 않는 우리에게 놀라 체면을 세우고 자기 행동을 정당화하기 위해 우리의 결점을 비판한다. 우리 기분을 안 좋게 만들수록 스스로는 기분이 더 좋아진다는 사실을 알기 때문이다. 이런 식으로 비난하는 상대들은 자기 잘못을 우리에게 덮어씌우려 하며, 다음과 같은 비난의 말을 쏟아낸다.

- 당신은 너무 예민해요.
- 너무 감정적으로 굴지 마세요.
- 당신은 유머 감각이 없군요.
- 당신은 이기적이에요.
- 모욕하는 게 아니에요. 너무 피해망상에 사로잡히지 말아요.

펀은 이혼 후 저녁 시간과 주말에 독서를 하고 TV를 보며 지내는 것이 좋았다. 아직은 새로운 사람을 만나는 것에 관심이 없었다. 그런데 친구 태미가 최근 이혼한 자기 오빠를 소개하려는 의도로 펀을 저녁 파티에 초대했다. 저녁식사 중에 태미는 큰 소리로 말했다. "가여운 펀! 연애를 못 하고 있나 봐. 우리가 나서서 데이트를 잡아줘야겠군." 펀은 단호하게 말했다. "걱정해줘서 고맙지만 내 데이트는 내가 알아서 할게. 아직 나는 사람을 만나고 싶지 않아." 그러자 태미가 쏘아붙였다. "그런 뜻으로 한 말이 아니야. 너무 예민하네."

그러나 펀은 그 말에 대꾸하지 않기로 했다. 그리고 태연하게 아무 일 없었다는 듯 하고 있던 다른 대화를 이어갔다. 자신에게는 태미의 말이 중요하지 않으며 그 말로 상처받지 않았다는 것을 보여준 것이다.

카렌은 광고대행사의 그래픽 아티스트였다. 동료인 존은 그녀가 전자기기를 다루는 게 서툴다며 자주 트집을 잡았다. "카렌은 드라이버의 어느 쪽을 사용해야 하는지도 모른다고", "카렌이 직선을 그릴 수 있다니 놀랍네", "카메라 사용법도 모르는데 그림을 그릴 수 있어서 다행이야, 카렌"이라는 식이었다. 카렌은 그 말들이 신경 쓰였지만 항상 무시해왔다.

카렌이 단호하고 적극적인 의사소통에 관한 내 강연을 들은 지 2주가 지났을 때였다. 그녀는 존에게 자기 입장을 단호하게 밝힌 것이 얼마나 자랑스러운지 말해주려고 내게 전화를 걸어왔다. 카렌은 단단하게 잠긴 캐비닛 자물쇠를 열 수 없었다고 한다. 그때 존이 능글맞게 웃으며 자물쇠를 열어주고는 말했다. "자동차 열쇠를 어디에 꽂아야 하는지 시범을 보여줄 사람이 필요하겠네요." 카렌은 자신을 위해 목소리를 냈다. "존, 당신의 농담은 모욕적이에요. 그만했으면 좋겠네요." 존은 사과하는 대신 말을 받아쳤다. "농담이었어요. 유머 감각이 없군요." 카렌은 지금이 반응 강도를 높일 때라고 생각하고 침착하게 말했다. "사전에서 농담과 모욕의 차이를 찾아보는 게 좋겠네요. 다시 한번 부탁할게요. 그런 상처 주는 농담은 그만해주세요."

자신의 성격과 개인적인 스타일에 따라 괴롭히는 사람을 무시할 것인지 되받아칠 것인지를 결정할 수 있다. 편은 태미의 비난을 무시하기로 결정했다. 참석자 모두가 펀이 단호하고 자신감 있게 대응한 것을 분명히 알고 있었다.

한편 몇 달 동안 존의 폭언에 시달렸던 카렌은 그렇게 존이 자신을 웃음거리로 만드는 동안 이제 더 이상 소극적으로 듣고만 있지 않으리라고 결심했다. 처음에는 정중하고 온화하게 자기 입장을 밝혔지만, 그 방식이 통하지 않자 전략을 바꿔 반응 강도를 높이기로 선택했다. "존, 당신 말에 동의할 수 없어요. 나는 유머 감각이 뛰어나다고요" 정도로 말하는 것도 괜찮았을 것이다. 하지만 오랫동안 하고 싶었던 말을 해야겠다는 의지를 다잡은 점은 박수받아야 마땅하다. 카렌이 자신의 선택에 만족하는 한, 그건 옳은 선택이었다.

여러 가지 대응 방식을 시도해보고 어떤 방식이 자신에게 가장 적합한지 확인해보자. 우리가 원하는 대로 대응하면 된다!

여성들은 비판자가 자신의 주장을 공격할 때 특히 불안해진다. 대개 타인이 자신을 어떻게 생각하는지를 바탕으로 자존감과 자신감을 형성하기 때문에 비판에 직면하는 위험을 감수하는 것을 주저한다. 우리가 상대방의 폭언에 취약한 가장 큰 이유는 비판을 두려워하기 때문이다. 비판받게 되면 단호하고 적극적인 의사소통의 이점을 의심하게 된다. 자, 그런 의심은 접어두자. 비난을 무기로 삼는 사람들은 우리를 통제하고 위협해서 방어적인 사람으로 만들기 원하며, 종종 우리를 질투하거나 스스로 자신감 없음을 감추기 위해 우리를 결점투성이처럼 보이게 하려고 한다. 그런 사람들이 말하는 우리 모습은 사실이 아니다. 그러니 이제 그런 비판을 무작정 받아들이는 태도를 그만두자. 그냥 무시하면 된다.

비난을 일삼는 상대를 대할 때, 피해야 할 몇 가지 함정이 있다. 우선 방어적인 자세를 피하자. 그들이 틀렸다는 사실을 설득하려고 해서는 안 된다. 그들은 우리가 진짜로 '이기적'이거나 '피해망상적'이거나 '유머 감각이 없다'거나 '너무 예민하다'고 생각해서 그러는 것이 아니다. 그저 우리를 자극시켜 수세에 몰려고 할 뿐이다. 상황이 그렇게 돌아가도록 내버려두지 말자.

이런 종류의 가해자들을 다룰 때 참고할 세 가지 기술이 있다. 첫째, 동의하지 않는다는 의사를 가볍게 밝힌다. 둘째, 자신의 입장을 밝힌다. 마지막으로, 유쾌하게 그들 말에 동의해주는 것이다.

| 예시 1 | 나는 직장에서 바쁜 하루를 보낸 후 집에서 휴식을 취할 생각이다. 그런데 딸이 내가 얼마나 피곤한지 알면서도 친구들을 만나기 위해 쇼핑몰까지 가야 한다며 차로 데려다달라고 부탁한다. 부탁을 거절하자, 딸은 내가 이기적이라고 비난한다.

∘ 가볍게 동의하지 않기: "너의 관점에 동의할 수 없구나." 혹은 "나는 그렇게 생각하지 않아. 나는 매우 배려가 많은 사람인걸."

∘ 입장 밝히기: "아니, 나는 관대한 사람이란다. 이기적인 건 너인 거 같구나. 네 마음대로 하고 싶어서 끊임없이 내게 요구하고 있잖니."

| 예시 2 | 남편은 나를 "셀룰라이트 덩어리"라고 부른다. 내가 그 표현이 듣기 싫다고 말하자, 그는 "지나치게 예민하다"고 말한다.

∘ 가볍게 동의하지 않기: "나는 그저 피부가 울퉁불퉁한 것뿐이야. 그 말이 내겐 모욕적이라고 생각해."

∘ 입장 밝히기: "내가 너무 예민한 게 아니야. 그렇게 나를 부르는 당신이 둔감한 거지!"

◦ 동의하기: "당신 말이 맞아, 난 예민해. 그러니까 그렇게 부르지 않았으면 좋겠어."

| 예시 3 | 한 동료는 그의 부적절한 농담을 내가 거부할 때마다 유머 감각이 없다고 말한다.

◦ 가볍게 동의하지 않기: "전혀 그렇게 생각하지 않아요. 나는 유머 감각이 아주 많아요"라고 말하고 자리를 떠난다.
◦ 입장 밝히기: "유머 감각이 없는 건 당신이에요. 당신 농담은 재밌지 않아요. 다시는 내게 그런 농담을 하지 마세요!"
◦ 동의하기: "당신 말이 맞아요. 그러니 그런 농담을 즐길 수 있는 사람에게 가보는 건 어때요!"

상처 입은 척하는 말에 대응하는 법

폭언을 일삼는 사람들은 오랫동안 자신만의 방식으로 살아왔다. 그들은 내가 자기주장을 하면, 모욕을 당했다는 입장을 취하거나 내가 자신을 좋아하지 않는다고 말한다. 그런 '괴롭히기' 게임에 걸려든다면, 그들은 신나서 자신들의 결백을 주장하고 피해자 행세를 할 것이다. 우리가 이런 가해자들에게 자기주장을 한다면, 그들은 능청을 부리며 마치 자신들이 피해를 입은 것처럼 행동하면서 맞설 것이다. 다음과 같은 말들에 대비하자.

- 저는 아무 짓도 하지 않은걸요.
- 왜 저를 괴롭히는 거죠?
- 난 그럴 자격이 없어요.
- 제가 어떻게 했나요?
- 나쁜 뜻은 아니었어요.

엘리자베스는 로스쿨에 다니는 여동생 에린의 생일선물로 새 컴퓨터를 준비하여 놀라게 해주었다. 엘리자베스는 컴퓨터를 모두 설치해두고 에린이 봄방학 동안 집에 돌아왔을 때, 전원을 켤 준비를 마쳤다. 에린은 신이 나서 당장 컴퓨터를 켜보려고 하다가 무선 프린터가 작동하지 않자 실망하고 말았다. 엘리자베스가 전원을 연결하는 것을 잊은 것이다.

이때 에린이 빈정거리는 목소리로 말했다. "언니, 정말 똑똑하네." 그러자 엘리자베스는 단호하게 대답했다. "어떻게 내게 그런 말을 할 수 있니? 내가 너를 기쁘게 해주려고 얼마나 노력했는데, 지금 너는 그런 나를 비난하고 있잖아." 그러자 에린은 오히려 모욕당한 척했다. "내가 뭘 잘못했다고 그래. 나는 정말

로 똑똑하다고 말한 거라고. 그저 칭찬한 것뿐이야." 엘리자베스는 말했다. "에린, '불쌍한 척'하는 행동에 아무도 속지 않아." 에린은 결국 사과했고 좋은 선물을 주어 고맙다고 말했다.

자칭 '피해자'들이 우리 주장에 '상처 입은' 척 반응할 때 두 가지 좋은 방법이 있다. 첫째, 그들의 말을 무시하고 자신의 입장을 분명히 하는 것이다. 그러면 그들은 아무도 속고 있지 않다는 걸 깨닫게 될 것이다. 둘째, 그들과 직접 맞서는 것이다. 단, 앙심을 품지 말고 대해야 한다. 나는 개인적으로 미소를 짓고 눈을 반짝이며 말하곤 한다. "말도 안 되는 소리 하지 마, 조. 나한테 피해자인 척하지 마. 너도 자기 발언이 선을 넘었다는 것을 잘 알고 있잖아." 내 경험에 따르면, 피해자 패턴은 깨지고 그 에피소드는 우아하게 끝난다.

까다로운 상대를 다루는 고장난 녹음기 기술

지금까지 살펴본 것처럼 우리가 단호하게 자기주장을 하면 잠재적인 대립자들은 매우 분주해진다! 우리를 혼란스럽게 하고, 자신들의 요청을 거절하는 행동을 비난하며, 죄책감을 이용해 우리를 좌지우지하려 시도할 것이다. 그런 행동은 우리가 지

쳐서 그 의견을 받아들일 때까지 계속될 것이다.

고장난 녹음기 기술은 우리 주장을 받아들이기를 거부하는 상대를 다루는 훌륭한 방법이다. 이는 까다로운 사람들을 다루는 또 다른 대안이기도 하다. 바로 고장난 녹음기처럼 같은 말을 반복하는 기술이다. 아무리 끈질긴 비판자나 조종자라도 이 고장난 녹음기 기술을 사용하면 포기하게 만들 수 있다. 고장난 녹음기와 논쟁하는 것은 불가능하니까 말이다!

사례 살펴보기

| 예시 1 | 나는 대학 강의에서 수강생들에게 과제를 주며 마감 기한인 5주를 넘기면 과제를 받지 않겠다고 말했다. 마감일이 되자 몇몇 학생들이 과제를 제출하지 않고 나를 만나러 왔다. 여기 한 학생이 어떻게 나를 조종하여 예외를 인정하게 하려 시도했는지 살펴보자.

댄: 데일 박사님, 급한 일이 있어서 과제를 완성할 수 없었어요.

나: 댄, 5주 전에 내준 과제잖니. 나는 마감 기한을 넘긴 과제는 받지 않을 거야.

댄: 하지만 어젯밤 컴퓨터 프린터가 고장났어요.

나: 유감이지만, 너에게는 5주간의 시간이 있었어. 나는 마감 기한을 넘긴 과제는 받지 않아.

댄: 여기 USB에 파일로 담아 왔어요.

나: 물론 네 말은 믿지만, 5주간의 시간이 있었잖니. 나는 마감 기한을 넘긴 과제는 받을 수 없어.

댄: 데일 박사님, 제발요. 교수님 수업에서 B 학점 이상을 받지 못하면 평균 학점이 떨어질 거예요.

나: 그렇구나, 댄. 하지만 5주 전에 미리 공지했잖니. 나는 마감 기한을 지키지 않은 과제는 받지 않을 거야.

댄: 너무 불공평해요, 데일 박사님.

나: 물론 불공평하다고 느낄 수 있지만, 댄. 나는 5주 전에 미리 공지했고, 마감 기한을 넘긴 과제는 받을 수 없어.

| 예시 2 | 보험대리인 신디의 사례를 기억하는가? 그녀는 5년 연속으로 회사의 유나이티드 웨이 캠페인에 모금 활동을 하기로 동의한 것에 대해 스스로 화가 났다. 루실과의 논쟁에서 이 고장난 녹음기 기술을 사용할 수 있었을 것이다.

루실: 신디, 올해에도 유나이티드 웨이 캠페인에 참여할 거지요?

신디: 아니요. 저는 이미 기부활동을 너무 많이 해왔어요. 이번에는 다른 사람으로 변경해서 요청해보세요.

루실: 하지만 이건 가치 있는 일이에요. 당신이 도와주지 않을
거라니 믿을 수 없군요.

신디: 저는 이미 많이 참여했어요. 다른 사람에게 물어보는 게
좋겠어요.

루실: 당신이 도와주지 않으면, 우리는 100퍼센트 참여라는 목
표를 달성하지 못할 거예요.

신디: 아니요. 전 지금까지 너무 열심히 했어요. 회사에 참여할
직원들이 많잖아요. 다른 사람에게 부탁하세요.

루실: 하지만 정말로 신디 당신만 믿었는데요.

신디: 루실, 난 죄책감에 사로잡히지 않을 거예요. 올해는 기부금
조성에 참여할 수 없어요. 다른 사람에게 부탁해보세요.

| 예시 3 | 바버라가 다양한 책략을 구사하는 질에게 어떻게 고
장난 녹음기 기술을 사용하는지 관찰해보자.

질: 우리는 오늘 밤 브리지게임을 할 네 번째 멤버가 필요해. 같
이 게임하러 가자.

바버라: 생각해줘서 고맙지만 안 되겠어. 오늘 밤에 프로젝트를
끝내야만 하거든.

질: (공격성을 드러내며) 너무 바쁜 척하지마. 네가 정말로 원한다
면 놀 수 있잖아.

바버라: 나를 생각해줘서 고맙지만, 오늘은 안 돼. 이 프로젝트

　　　를 오늘 밤 끝내야만 해.

질: (피해자처럼 굴며) 네가 왜 나에게 화가 났는지 모르겠어. 우

　　　리는 정말로 네 번째 멤버가 필요하다고.

바버라: 네게 화나지 않았어. 오늘 밤에 프로젝트를 끝내야 할

　　　뿐이야.

질: (죄책감을 주려고 시도하며) 네가 우리와 함께하지 않는다면,

　　　게임을 취소해야만 할 거야.

바버라: 그건 유감이지만, 어쩔 수 없어. 오늘 밤에 프로젝트를

　　　끝내야 해.

질: (비난의 말을 사용하며) 그렇게 이기적으로 굴지 마. 프로젝트

　　　는 내일 끝낼 수도 있잖아.

바버라: 다시 말하지만, 나를 떠올려줘서 참 고마워. 하지만 나

　　　는 오늘 밤까지 이 프로젝트를 끝내야만 해.

　　고장난 녹음기 기술의 묘미는 공격자들 대부분에게 성공적으로 작용하며 많은 상황에서 효과적이라는 것이다. 끈질긴 대립자나 조종자를 단념시키기 위해 이 방법을 사용해보자. 상대는 당신이 하는 말이 진심이라는 걸 금방 알게 될 것이다.

자기주장을 하려던 노력이 어떤 형태로든 갈등을 빚게 되었던 세 가지 상황을 떠올려보자. 그때 어떻게 상대를 대했는지 설명해보자. 만약 같은 상황에 다시 놓인다면, 이번에는 어떻게 다르게 대할 것인가?

| 예시 | 브래드와 준은 결혼 피로연에서 특별한 날을 즐기며 춤을 추고 있었다. 음악이 멈추자 준의 이모 아이린은 이 신혼부부에게 공항까지 태워달라고 부탁했다. 아이린은 비행기를 타기 위해 연회장을 일찍 떠나야 하는 상황이었다. 브래드는 손님들을 두고 가고 싶지 않다고 이해를 구하며, 택시를 부르자고 제안했다. 그러자 아이린은 우는 소리를 하며 말했다. "하지만 얘들아, 나는 정말 너희들을 사랑한단다. 너희를 보러 여기까지 왔잖니. 공항까지 가면서 더 많은 시간을 함께 보낼 수 있을 거야. 그리 오래 걸리지도 않을 거고. 그리고 나서 너희는 곧바로 다시 파티에 돌아오면 되잖아." 결국 부부는 한숨을 쉬며 이모를 공항까지 태워주기로 했다.

브래드는 다시 할 수만 있다면, 절대로 이모에게 조종당하지 않을 거라고 말했다. 그는 "이모 안 돼요. 우리는 다른 손님들을 두고 가고 싶지 않아요. 전 이모를 아주 사랑하고 조만간 뵈러

갈 거예요. 말씀드렸듯이 택시를 부르는 것이 좋겠어요"라고
말했다면 좋았을 거라고 후회했다. 브래드는 고장난 녹음기 기
술을 사용해서 아이린이 불합리한 요청을 포기할 때까지 필요
한 만큼 자신의 입장을 반복하면 되었다. 그의 말을 들어보자.
"나는 준의 이모든, 누구든 이제 다시는 그런 문제로 내게 죄책
감을 느끼게 하는 걸 허용하지 않을 거예요!"

"만나서 반가웠어요. 이제 안녕히 가세요"

남을 괴롭히거나 폭언을 일삼는 사람들 중에는 직접적인 대
립을 피하는 부류도 있다. 그들은 자기주장이 강한 우리를 완전
히 거부하며, 몇 차례 우리와 부딪힌 후에는 아예 우리를 상대
하지 않는다. 우리가 더 이상 만만하게 당하고 있지만은 않기
때문이다. 그들은 우리를 괴롭혀 자기 만족을 채우려던 사람들
이다. 만약 지인이나 소위 친구라 말했던 사람들이 이제 우리와
어울리기를 원하지 않는다면, 그 결정을 받아들이자. 처음부터
우리 시간과 노력을 기울일 가치가 없었던 사람들일 뿐이다. 그
들은 우리를 존중하는 마음으로 대하지 않았고, 실제로 우리의

자존감을 떨어뜨리기 위해 최선을 다했을 뿐이다.

한편, 우리가 적절하게 자기주장으로 대응한 사람 중 많은 이가 이제는 전혀 우리를 괴롭히지 않는다. 자신들의 행동에 대해 진심 어린 사과를 하기도 한다. 지금까지와는 다르게 우리에게 존경심을 표하고 칭찬을 하는 사람들의 모습에 기분 좋은 놀라움을 느끼게 된다.

앞 장에서 언급했듯이, 우리의 단호하고 정직한 의사소통은 상대방을 획기적인 변화의 길로 이끄는 촉매제가 될 수 있다. 만약 그렇지 않다면, 우리가 그들을 거부할 차례다. 그들을 보내주자.

커뮤니케이션 컨설턴트인 릴리안 글래스(Lillian Glass) 박사는 『유해한 사람들』(Toxic People)에서 '플러그 뽑기 기술'에 대해 설명한다. "전기 콘센트에서 플러그를 뽑는 것처럼 유해한 사람을 우리 삶에서 빼버리는 모습을 상상하세요. 우리는 그런 사람들과 연결된 감정을 지워버릴 필요가 있습니다. 그들을 영원히 우리 삶에서 뽑아버리고 절대 뒤돌아보지 마세요."

그들을 보내는 것이 그들을 해치는 것을 의미하지는 않는다. 우리는 그저 우리 자신을 위해 노력할 뿐이다. 그러니 마음을 편하게 가지자. 인생에서 앞으로 나아가기 위해 필요한 단계들을 밟아나가고 있다는 사실에 기뻐하고, 노력하고 있는 자기 자신을 긍정적으로 바라보자.

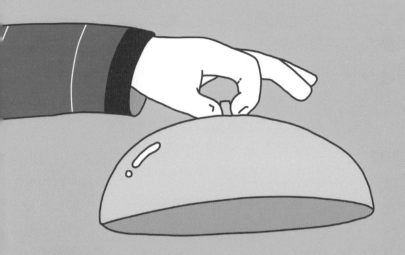

5장

당당하게
'아니요'라고 말하라

정중하고 단호하게 거절하는 방법

우리 대학의 장학금 조성을 위한 연회에서 나는 다섯 명의 여성들과 함께 앉게 되었다. 나보다 훨씬 높은 직위에 있는 여성들이었다. 테이블 가운데 아름다운 꽃장식이 놓여 있었는데 각 테이블마다 한 명의 손님을 추첨해 선사할 예정이었다.

부학장인 샐리는 우리 테이블에 놓인 꽃장식에 마음을 둔 모양인지 다른 사람이 당첨되자 눈에 띄게 실망했다. 연회가 끝날 무렵, 샐리는 아무도 가져가지 않은 꽃장식 하나를 발견했다. 샐리는 그 꽃을 간절히 원했지만, 부끄러운 마음에 차마 직접 꽃을 가져갈 수는 없었다. 그녀는 '말단직원'인 나를 돌아보며 구슬리듯 말했다. "폴렛, 내게 저 꽃 좀 가져다줄래요?"

모든 시선이 나에게 쏠렸다. 샐리의 팔에는 아무 문제가 없었다. 단지 그녀는 내가 그 궂은일을 해주기를 원했을 뿐이다. 나는 급히 가능한 변명을 생각했지만 설득력이 없을 것 같았다. 역시 샐리는 그런 변명에는 관심조차 없었다. 나는 그녀의 잔심부름이나 한다면 나 자신이 싫어질 것을 알았으므로, 침을 꿀꺽 삼키며 "아니요, 샐리. 저는 그러지 않는 게 좋겠어요"라고 대답했다. 내 거절에 놀란 샐리는 그 자리에 있던 사람들에게 내가 비협조적이라고 말했다. 그녀의 말에 참석자들은 모두 침묵을 지켰다. 샐리는 결국 꽃장식을 직접 챙겨가야 했다.

자존감 상실은 짧은 갈등보다 해롭다

나는 처음에는 그저 협조적으로 보이기 위해 꽃을 가져다주려고 했다. 하지만 그러면 스스로 순종적으로 행동한 내게 경멸을 느낄 것 같았다. 몇 년이 지난 오늘도, 그날 내가 일을 처리한 방식을 떠올리면 여전히 기분이 좋다. 우리는 모두 직감적으로 '아니요'라고 말하고 싶은 순간조차 '예'라고 말할 의무감을 느끼는 상황을 경험해봤다. 왜 그럴까? 왜 우리는 분명히 원하지 않음에도 마지못해 응하게 되는 걸까? 대부분 여성은 어떤 이유로 '아니요'라고 말하는 것을 극도로 어려워한다.

많은 여성이 모든 사람의 요구를 충족시키는 것이 자신의 책임이라고 믿는다. 개인적으로 곤란한 순간에조차 잔심부름하고 호의를 베풀며 보통은 다른 사람들을 배려함으로써 지속적으로 자신을 우선순위에서 배제한다. 여성들은 어릴 때부터 호응하고 묵인하도록 가르침을 받는다. 아내와 어머니로서 종종 자기 자신을 우선시하고 다른 사람들의 필요와 욕구를 모른 척하는 것이 이기적이라고 느낀다. 이는 엄청난 개인적 희생 위에서 일어난다. 그리고 끊임없이 다른 사람들이 자신을 이용하는 것을 눈감아주는 것에 익숙해지기 시작한다. 여성들의 자존감은 사람들의 환심을 사려고 노력한 결과, 영원히 창밖으로 날아가버린다.

바버라 드앤젤리스 (Barbara DeAngeles) 박사는 『진정한 순간』(Real Moments)에서 이렇게 말했다. "문제는 우리가 다른 사람들을 기쁘게 하는 것을 우선시하며, 대개 자신을 돌보는 것을 소홀히 하는 대가를 치른다는 것이다. 너무 자기희생적인 나머지 우리가 추구하는 시간과 기회를 스스로에게서 빼앗는다. 그리하여 우리는 우리의 정체성과 단절되어버린다."

어떤 여성들은 모든 사람에게 자신의 모든 행동과 말을 인정받고 승인을 얻고자 전전긍긍한다. 그들은 불쾌한 사람으로 보여 인기를 잃거나 비호감으로 여겨지는 것을 원치 않으며, '아니요'라고 말하는 것이 모두에게 승인받을 기회를 낮춘다고 믿는다. 불행하게도 자기 자신이 어떻게 느끼느냐보다 다른 사람이 나를 어떻게 생각하느냐에 집중하면 자존감은 훼손될 수밖에 없다.

인터뷰에 응한 대다수 여성은 무슨 수를 써서라도 갈등을 피하고 싶다고 답했다. 그래서 끝까지 자기 생각만 고집하는 사람과도 논쟁을 일으킬까 봐 거절하기를 주저하며, 그저 평화를 유지하기 위해 잠자코 동의해버린다. 심지어 순종적으로 구는 것이 최선이라고 믿는다. 그러나 저항이 가장 적은 것이 최선의 길은 아니다. 물론 이는 어려운 길이다. 만약 이용당한다는 느낌이 들거나 욕구를 억누르는 자신에게 화가 난다면, '네'라는 대답이 자신에게 최선이 아니라는 뜻이다. 자존감 상실은 상대하기 어려운 사람과의 짧은 갈등보다 훨씬 더 해롭다.

갈등을 피하기 위해 '네'라고 말하는 것은 특정 상황에서는 유리한 행동 방침일 수도 있다. 당면한 문제가 나에게 중요하지 않거나 확신이 없는 경우 '네'라고 말해도 된다. 어쨌거나 가능할 때는 협조하는 것이 큰 기쁨이니까 말이다. 하지만 그렇다고 해서 자신의 선한 본성을 이용하는 사람들에게까지 모든 것을 허용해야 한다는 의미는 아니다. 그들에게는 우리가 그들 뜻대로 요구에 부응하리라고 기대할 권리가 없다.

우리는 살아가면서 항상 우리 시간을 요구하는 사람들을 만나게 된다. 우리가 원할 때마다 '아니요'라고 말하지 못한다면,

우리는 자신의 삶을 통제할 수 없다. 이제 나 자신이 정말 그러고 싶다면, '아니요'라고 말하기 시작할 때다!

정직한 설명 vs. 지어낸 변명

거절의 이유를 간단히 설명하면 좀 더 나은 기분으로 '아니요'라는 메시지를 전달할 수 있다. 정직한 설명이 뒤따르는 단호하고 직접적인 '아니요'는 지어낸 변명으로 정당화된 '아니요'와는 다르다.

진실한 의견과 함께 '아니요'를 말하는 것은 그 결정이 우리 선택이라는 것을 보여준다. 거절을 책임질 의사가 있음을 분명히 밝히는 것이기도 하다. "아니, 더 이상 돈을 빌려주지 않을 거야. 아직도 전에 빚진 것을 갚지 않았잖아." 또는 "죄송합니다. 돈을 빌려드릴 수 없습니다. 지금은 어떤 대출도 해줄 수 없는 상황입니다"라고 말하는 것은 단호한 '아니요'에 덧붙이는 간단하고 솔직한 설명의 예다. '제10장 직장에서 목소리를 내라'에서 일상적인 상황에서 간결하고 정직한 설명을 덧붙여 거절하는 것의 이점을 자세히 설명한다.

요청을 거절하더라도, 요청해준 것에 감사를 표하는 일은 적절할 수 있다. 이는 '아니요'라고 말할 때의 기분을 더 낮게 해주는 기술 중 하나다. "저를 떠올려줘서 감사하지만, 올해는 위원회에서 일할 수 없습니다. 다른 할 일이 너무 많아서요" 혹은 "기부는 할 수 없지만, 전화주셔서 감사합니다" 등이 그런 예다.

지어낸 변명이란 통제할 수 없는 상황을 탓하며 거절할 수밖에 없는 척하는 것이다. "미안하지만, 돈을 빌려줄 수 없어. 오늘 아침에 지갑을 잃어버렸거든" 또는 "올해는 위원회에서 일할 수 없어요. 매일 오후 차로 아들을 축구 연습장에 데려다줘야 하거든요" 등이 꾸며낸 변명의 예다.

변명은 단호하게 요청을 거절하지 않아도 되는 빠르고 쉬운 방법이다. 하지만 변명은 종종 처음에 그냥 '아니요'라고 말하는 것보다 더 많은 스트레스와 불안을 불러온다.

카리나는 원치 않는 데이트나 초대를 거절하기가 매우 어려웠다. 그녀는 나중에 핑계를 대고 약속을 깨리라는 걸 잘 알면서도 모두와 약속했다. 그리고 항상 마지막 순간에 "몸이 안 좋아서"라거나 "갑자기 시내에 나가봐야 해서"라거나 "아픈 어머니와 같이 있어야만 해서"와 같은 말들로 취소 전화를 걸었다. 그리고 나서 아는 사람에게 거짓말을 들킬까 봐 밖에 나가지도 못하고 집에 틀어박혀 죄수처럼 있었다. 그러던 카리나가 마침내 원하지 않는 초대를 거절하는 법을 터득했다. 카리나는 스트레스를 덜 받고 자신이 하고 싶은 일을 할 수 있는 시간이 늘어나자 행복해졌다.

'예/아니요'를 결정하라

정말로 거절하고 싶은지 자문해보자. 그저 갈등을 피하려고 '예'라고 말하는 것은 아닐까? 이렇게 순응해버린 나 자신에게 나중에 화가 날까? 내 시간이 방해받은 것이 억울하게 느껴질까? 만약 이 질문 중 하나라도 '그렇다'라고 대답했다면, '아니요'라고 대답해야 한다.

가장 이익이 되는 결정을 내릴 수 있도록 양쪽 상황을 모두 따져보자. 물론 진심으로 '예'라고 말하고 싶다면 그렇게 해도 된다. 안 될 이유가 무엇이겠는가? 여성 대부분은 고마운 사람들에게 시간과 에너지를 아낌없이 쏟는 것에 기쁨을 느끼며, 인정을 베풀고 싶어한다. 그래서 기꺼이 불편을 감수하고 우정과 사랑이라는 이름으로 호의를 베풀고자 한다. 사실 친구와 친지, 동료 그리고 자녀들에게 힘이 되어주는 건 멋진 일이다.

스스로 어떤 대답을 하고 싶은지 결정하라. '예'라고 말하고 싶다면 그렇게 하면 된다. 원한다면 조건부로 '좋아요'라고 말해도 좋다. "네, 하지만…"이나 "네, 단…"이라고 말하는 것도 전혀 문제없다. '제6장 대답하기 전에 시간을 벌어라'에서 이 기술에 대해 자세히 설명한다. 자신이 '아니요'라고 말하고 싶을 때 '예'라고 말하지만 않으면 된다. 효과적으로 '아니요'라는 메시지를 전달할 수 있는 많은 방법과 기술들이 있다. 다양한 방식으로 대답해보자. 성향에 따라 색다른 방식이 좋을 수도 있다. 어떤 것이든 나에게 가장 편한 방식을 선택하자.

단호하게 '아니요'라고 말하라

제안을 거절하거나 요청을 거부하기로 했다면, 자신의 입장을 명확히 밝혀야 한다. 다음의 예시는 '아니요' 메시지를 전달하는 가장 일반적인 방법들을 비교하는 데 도움이 될 것이다.

사례 살펴보기

| 상황 1 | 한 친구가 휴가 동안 자신의 강아지를 돌봐달라고 부탁한다. 하루에 몇 번씩 먹이를 주고 산책을 시켜주어야 한다.

。수동적인 거절: 단호하지 못한 거절은 변명을 지어낸다. 단호하지 못한 '아니요' 메시지는 "정말 너의 강아지를 돌봐주고 싶지만, 나도 며칠 동안 동네에 없을 것 같아" 정도일 것이다. 가끔은 거짓말이 내 의도에 도움이 될 수도 있다. 하지만 나중에 그 거짓말에 발목 잡혀 난처해지는 위험을 무릅써야 한다.

- 공격적인 거절: 오히려 나에게 부탁한 상대방을 언어적으로 공격하는 방법이다. 공격적인 '아니요' 메시지는 다음과 같다. "전문 펫도우미를 고용할 돈이 없는 거야? 난 네 강아지를 돌보는 것보다 더 중요한 일이 있어." 공격적인 대답은 자신의 입장을 분명히 전하겠지만, 두 사람의 우정에 돌이킬 수 없는 손상을 입힐지 모른다. 모욕적이지 않게 요청을 거절하는 방법도 분명 존재한다.

- 단호한 거절: 단순히 '안 되겠어'라고 말한다. 단호한 '아니요' 메시지는 "안 돼, 다음 주에는 너를 도와줄 수 없어. 선약이 너무 많아"라는 말 정도면 된다. 여기에 덧붙여 거절하는 이유를 간략히 설명하는 것도 괜찮지만, 반드시 필요한 건 아니다. 그 순간의 기분에 따라 결정하면 된다. "안 돼, 도와줄 수는 없지만 그래도 나를 떠올려줘서 고마워"라고 말하는 건 정중하고 단호하게 상황을 마무리해줄 것이다.

| 상황 2 | 친구가 이야기할 시간이 있는지 물어본다. 그녀는 서로 알고 있는 친구인 레아의 험담을 하고 싶어한다.

- 수동적인 거절: "지금은 이야기할 시간이 정말 없어. 여동생을 병원에 데려다주기로 약속했거든. 늦으면 안 돼."

- 공격적인 거절: "자유 시간에 더 생산적인 일을 할 수는 없니? 넌 항상 남의 험담만 늘어놓잖아. 내 뒤에서는 나에 대해 뭐라고 할지 궁금하네."
- 단호한 거절: "너랑 같이 시간을 보내는 건 너무 좋아. 그런데 레아 이야기나 그 애의 문제에 대해 이러쿵저러쿵 얘기하고 싶지 않아. 그동안 어떻게 지냈는지 얘기하며 커피나 마시자."

연습활동

다음 요청에 대해 수동적인 거절과 공격적인 거절, 그리고 단호한 거절 메시지를 작성해보자.

| 상황 1 | 동료가 나를 파티에 초대한다. 나는 집에서 혼자 쉬고 싶지만 거절할 특별한 이유가 없다.

- 수동적인 거절:
- 공격적인 거절:
- 단호한 거절:

| 상황 2 | 함께 저녁을 먹은 상대방이 저녁식사 전에 칵테일을 함께 마시자고 한다. 나는 정중하게 거절했지만, 그는 계속해서 칵테일을 주문하라고 재촉한다.

。수동적인 거절:

。공격적인 거절:

。단호한 거절:

| 상황 3 | 친구가 주말 동안 차를 빌려달라고 말한다. 나는 주말에 동네에 없다.

。수동적인 거절:

。공격적인 거절:

。단호한 거절:

| 상황 4 | 사촌이 새 주택담보대출을 받기 위해 은행에 보증을 서달라고 요청한다.

。수동적인 거절:

。공격적인 거절:

。단호한 거절:

| 상황 5 | 지인이 다음 주에 갚겠다며 돈을 빌려달라고 한다. 그녀는 채무불이행으로 악명 높다.

  。 수동적인 거절:

  。 공격적인 거절:

  。 단호한 거절:

| 상황 6 | 공항에서 처음 보는 사람이 택시 타는 곳까지 짐을 같이 옮겨달라고 요청한다.

  。 수동적인 거절:

  。 공격적인 거절:

  。 단호한 거절:

직접적이고 분명하게 거절하라

나는 출장 중에 비행기에서 무례한 사람을 만나 자리 양보를 거절한 적이 있다. 그날 난 일찍 비행기에 탑승했기 때문에 통로 쪽 좌석을 배정받고 편안하게 앉아 있었다. 갑자기 한 남자가 "거기는 제 자리입니다"라고 불쑥 말했다. 나는 "죄송합니다만"이라고 정중하게 대답하며, 탑승권을 보여주고는 내가 제대로 자리 잡았음을 알려주었다. 그러자 그는 같은 좌석표를 내 눈앞에 내밀었다. 나는 "실수로 우리 둘 다 같은 자리에 배정된 것 같아요. 이 줄 가운데 자리가 비어 있습니다"라고 설명했다. "난 통로 쪽이 더 좋습니다. 자리를 옮기시지요." 그가 빽 소리쳤다. 나는 그의 눈을 똑바로 바라보며 대답했다. "저도 통로 자리를 더 좋아합니다. 선착순 원칙을 지키세요! (이 말을 번역하면, '난 자리를 옮기지 않을 거야!'였다.) 그는 대꾸할 말이 없다는 것을 깨닫고 화가 나서 다른 빈자리를 찾아 황급히 자리를 떴다.

어떤 사람은 "나도 그렇게 빨리 반응할 수 있었으면 좋겠네요. 순간적으로 무슨 말을 해야 할지 전혀 생각이 안 나거든요"라고 반문할지 모른다. 순간적으로 재치를 발휘할 능력이 없다고 걱정할 필요는 없다. "아니요. 나는 자리를 옮기지 않을 거예요. 제가 먼저 왔으니까요"라는 간단한 말만으로도 효과는 충분하다. 유쾌하게 보이고 싶거나 갈등을 피하기 위해 "좋아요"라고 말하면 나중에 단호하지 않았던 자신에게 짜증을 느낄 수도 있다. 기억하자. 우리를 괴롭히는 사람이 그 순간 우리를 어떻게 생각하는지보다 앞으로 오랫동안 우리가 스스로를 어떻게 느낄지가 훨씬 더 중요하다.

안나 이모는 한 이웃의 행동을 두고 자주 불평했다. 그 이웃은 원하는 것을 요구하고는 "안 돼"라는 이모의 대답을 받아들이지 않는다고 했다. 실제로 이모의 이야기는 그 이웃보다 이모 자신에 대해 더 많은 것을 알려줬다. 거절의 대답을 받아들이지 않는 사람은 일반적으로 확신 없이 "아니요"라고 말하는 사람을 알아보는 법이기 때문이다.

직접적으로 "아니요"라고 말하는 것은 간단하면서도 효과적이다. 이처럼 용기 있고 정직한 반응을 정중하게 실천할 수 있다. 반드시 말끝을 내리는 억양을 사용하여 단호하게 말해야 한다는 것을 잊지 말자. 너무 부드럽게 말하거나 머뭇거리며 말한다면 확신 없는 사람으로 보이기 때문에 안나 이모의 경우처럼 조종하려는 사람들에게 쉽게 노출된다. 남을 이용하려는 사람들은 상대를 굴복시키기 위해 다양한 방법으로 압박한다.

어떤 사람이 안 좋은 감정을 가지거나 기뻐하지 않는다는 이유만으로 거절하면 안 되는 경우는 없다. 그들에게 남을 괴롭혀 자신을 기쁘게 할 권리가 있는 것도 아니다. 마찬가지로 그들이 행복하지 않은 것이 우리 잘못도 아니며, 불편을 감수해가며 주변 환경을 조정해서 그들을 만족시켜줄 책임이 우리에게 있지도 않다. 주저하지 말고 자신의 이익을 최우선으로 여기자.

그렇다고 도움이 필요한 사람의 부탁을 들어주지 말라는 얘기가 아니다. 이기적인 행동이나 상대를 휘두르기 위한 요청에 대해 거절의 의사를 밝히며 "아니요"라고 말하는 것을 이야기하는 것이다. 이는 '가해자'가 우연히 유명인이거나 권위적인 위치에 있는 경우에도 해당한다. 중요한 사람 앞이라고 해도 주눅들지 말고 당당히 거절하자.

국제적으로 권위 있는 퓰리처상을 수상한 언론인이 우리 대학의 '문예의 날(Arts and Letters Day)' 행사에서 기조 연설을 맡았던 적이 있다. 연설이 끝난 후, 교직원인 카라는 그를 마이애미 국제공항으로 데려다주었다. 그 언론인은 거만했고 카라의 친근한 대화 시도에 짜증이 난 것 같았다. 차에서 내리기 전, 그는 들고 있던 더러운 종이컵을 카라의 차 바닥에 버려도 되는지 물었다. 카라는 그 요청에 크게 당황했지만 순순히 대답했다. "괜찮습니다." 그녀가 정말로 하고 싶은 말은 "아니요, 그러지 않았으면 좋겠네요. 다른 쓰레기통을 찾아보세요"였다. 하지만 단호하게 대답할 용기가 없었다. 그녀는 대학에서 초청한 존경받는 손님을 불쾌하게 만들고 싶지는 않았다. 하지만 카라는 오늘날까지도 자기의 기분대로 진심으로 말할 수 있는 용기가 있었다면 좋았을 거라고 후회한다.

그 유명 작가가 유쾌한 사람이었다면, 카라도 더러운 컵을 처리해주는 마음이 그렇게 불쾌하지는 않았을 것이다. 하지만 카라는 거들먹거리는 그의 태도에 몹시 화가 났으며 단호하지 못했던 자신의 행동을 나중에서야 후회했다.

한번은 내 워크숍 참가자였던 게일이 자신이 했던 행동을 전해주었다. 나는 그 이야기가 무척 만족스러웠다. 그녀는 유부남 상사가 은밀한 관계를 제안했을 때 자신의 입장을 단호하게 강조했다. 분노하거나 "성희롱이에요"라고 소리치는 대신, 조용히 그러나 단호하게 말했다. "다시는 나를 건드리지 않는다면, 이번 일은 없던 것으로 하겠습니다. 저는 누군가의 은밀한 연인이 될 생각이 없습니다." 상사는 1년 후 전근 갈 때까지 다시는 그녀를 괴롭히지 않았으며 존중하는 태도를 보였다. 게일의 단어 선택은 확실하고 명확했다. 하지만 앞서 말한 것처럼 "아니요. 관심 없습니다"라고 딱 잘라 말하는 것도 목적에 부합했을 것이다.

막 대학 강사가 된 스물네 살 무렵의 일이다. 고위 관리자가 아무도 없는 복도에서 나를 붙잡았다. 그는 "너에게 키스해주길 원하지, 그렇지?"라고 말하며 나를 껴안았다. 나는 화가 나서 뿌리치며 말했다. "아니요. 그런 건 생각해본 적도 없어요. 다신 날 건드리지 않는 게 좋을 겁니다." 그는 다시는 그런 짓을 하지 않았다. 하지만 단호하게 거절하지 못해 운이 좋지 않았던 다른 여직원들도 많았던 것 같다. 그의 야비한 행동은 성희롱 혐의로 공식 기소되어 주 윤리위원회에서 유죄 판결을 받기 전까지 수년간 지속되었으니까 말이다.

심리학자들은 '아니요'라는 말로 대답을 시작할 것을 권장한다. 그렇지 않으면 '그렇겠죠'나 '네'라고 대답할 가능성이 커지기 때문이다. 다음과 같이 다양하게 '아니요'를 말할 수 있다.

- 사양하겠습니다.
- 관심 없어요.
- 아니요. 그러고 싶지 않아요.
- 아니요. 불편합니다.
- 아니요. 더 이상 그 사안에 대해 논의하고 싶지 않습니다.
- 아니요. 참석할 수는 없지만 초대해주셔서 감사합니다.
- 아니요. 동의할 수 없습니다. 다른 걸 추천해주시면 감사하겠습니다.
- 아니요. 전 괜찮아요.

고개를 좌우로 저으며 시선은 상대방을 똑바로 마주친 상태를 유지하자. 어떤 여성들은 유머를 섞거나 농담조로 말하며 혹은 유쾌하게 얼버무리기도 한다. 어떤 때는 눈썹을 치켜올린 채 오랫동안 응시하는 것으로 '아니요'를 더욱 편하게 전달할 수 있다. 이런 식으로 반응하는 것은 재밌으면서도 효과적으로 자신의 입장을 분명히 밝히는 방법이다. 그렇게 하면 분위기를 가볍게 하면서 악의가 없다는 것을 보여줄 수 있다. 예를 들어, 그 유명한 언론인이 카라의 차에 더러운 컵을 버려도 되는지 물었을 때, 다음과 같이 유쾌하게 대답할 수 있었을 것이다. "이 근처에 쓰레기통이 부족한가요?", "분명히 공항에 편리한 쓰레기통이 있을 거예요", "제 차가 새것처럼 깨끗하지 않은 건 알지만,

쓰레기통 같지는 않다고 생각해요!" 또는 "제 차가 페라리라면 분명 그렇게 묻지 않으셨겠죠!"라고 말할 수 있다.

대답해야 한다는 압박감을 버려라

여성들은 종종 질문받았다는 이유만으로 모든 정보를 말해야 한다는 압박감을 느낀다. 앨런 올더먼(Ellen Alderman)과 캐롤라인 케네디(Caroline Kennedy)는 공동저서 『사생활을 지킬 권리』(The Right to Privacy)에서 우리가 얼마나 놀라울 정도로 많은 정보를 자발적으로 제공하는지 지적한다. 비밀로 간직하고 싶은 정보라고 할지라도 우리는 마치 상대가 요청한 것처럼 해당 정보를 남에게 제공한다.

우리에게는 사생활을 지킬 권리와 '아니요'라고 거절할 권리가 있다는 사실을 명심하는 것이 매우 중요하다. 도나는 나의 회계사다. 그녀는 전자제품 매장을 자주 이용했는데 구매할 때 고객에게 이름과 이메일, 전화번호를 물어보는 일반적인 관행에 대해 불평했다. 왜 그냥 거절하지 않았냐고 물었더니, "그래도 되는지 몰랐어요"라는 대답이 돌아왔다. 나는 말했다. "도나, 개인정보를 노출하고 싶지 않다면, 공개하지 않아도 돼요. 그래도 매장 측에서는 당신이 지불하는 돈을 기꺼이 가져갈 거라고

요!" 몇 주 후, 도나는 적극적으로 자신의 입장을 밝힌 일화를 자랑스럽게 들려주었다. 도나가 "아니요. 제 개인정보가 그 컴퓨터에 저장되는 건 원치 않아요. 그냥 계산만 해주세요"라고 말하자 직원은 어깨를 으쓱하며 말했다. "네, 알겠습니다." 도나는 이제껏 '아니요'라고 말하는 것이 얼마나 쉬운지 알지 못했고, 이제는 그렇게 할 수 있게 된 자신을 아주 자랑스럽게 느꼈다.

이 주제를 논하고 있는 와중에도 자신의 주민번호를 제공하는 것에 대해 '아니요'라고 말할 일이 있을 것이다. 거의 매일 개인정보를 요구받고, 항상 그래왔기 때문에 개인정보를 공유하고 있지는 않은가? 그렇다면 이제 멈추자! 고용주와 금융기관, 그리고 정부기관을 제외하고는 우리의 개인정보를 제공하지 않아도 된다. 개인정보를 요청하는 기업 측에 다음과 같은 질문을 해보고, 정말로 정보를 제공할 필요가 있는지 알아보자.

- 개인정보가 필요한 이유는 무엇입니까?
- 개인정보는 어떻게 사용됩니까?
- 개인정보 제공을 거부하면 어떻게 됩니까?

또한 우리에게는 누군가로부터 은밀하거나 사적인 질문을 받았을 때 거절할 권리가 있다. 남 일에 참견하기 좋아하는 사람에게 그들이 듣고 싶어하는 것을 말할 의무를 느끼지 마라. 우리 대답은 자기 자신을 기분좋게 하는 것이어야 한다. 우선 스스로 얼마나 많이 알려주고 싶은지 결정해보자. 예를 들어, 누군가가 몸무게를 묻거나 왜 아이가 없느냐고 질문한다면 자신이 원하는 대로 대답하면 된다. 모든 걸 말하고 싶다면 그건 나 자신의 선택이다. 하지만 대답을 거부하는 것도 나의 선택이다.

개인적이거나 은밀한 정보를 요청받았을 때 유머와 유쾌한 얼버무리기 방법을 사용하는 것도 꽤 효과적이다. 예를 들어, 연봉이나 나이에 대한 질문을 받았을 때 예전부터 많이 써온 "충분하진 않아요"나 "스물한 살보다는 많죠"라는 유머러스한 말은 좋은 선택이다. 만약 얼마나 많은 연인을 사귀었는지에 관한 질문을 받는다면, "오지랖이 넓네요. 그렇지 않아요?" 또는 "한 명보다는 많고 100만 명보다는 적어요"라는 식의 대답은 캐묻기 바쁜 사람들에게 정보를 주지 않기로 선택한 자신의 뜻을 분명히 드러낸다.

나만의 재미있는 대답을 만들어보자. 내 경우, 부적절한 개인적인 질문을 받으면 나의 트레이드마크인 묘한 모나리자 미소를 지으며 말한다. "나는 말하고 싶지 않아요" 혹은 "그 질문에 묵비권을 행사하죠." 부적절한 질문에 자신만의 방법으로 대답하는 것은 바람직한 행동이다. 상담 칼럼니스트 앤 랜더스(Ann Landers)는 한 여성이 자신에게 보낸 편지를 소개하며 이 요령이 어떻게 성공적으로 사용되었는지 설명한다.

앤에게.

모르는 사람들의 무례한 질문에 질린 세쌍둥이와 생후 6개월짜리 아이를 둔 엄마에게서 온 편지에 답장을 하기 위해 이 글을 씁니다. 아이가 없는 여성이라면 "언제 아이를 가질 거야? 왜 아이가 없는 거야?" 같은 질문을 받습니다. 아이가 하나인 여성이라면 이런 질문을 받습니다. "둘째는 언제 가질 거야? 아이가 외롭게 자라는 걸 원하는 건 아니지?" 만약 연년생으로 여러 자녀를 가졌다면, 활발한 성생활이나 남편의 호르몬 분비량 같은 저급한 말을 듣습니다. 몰상식한 사람들이 개인적인 질문을 해온다면 꼭 응답할 의무를 느낄 필요는 없습니다. "왜 그런 데 관심 있는 거야?" 정도는 완벽한 대답이 됩니다!

물론 장난기 어린 반응이나 유쾌한 얼버무리기 혹은 "왜 그런 데 관심 있는 거야?"라는 수사적인 질문이 효과가 없을지도 모른다. 눈치 없고 무례한 사람들이 생각보다 많으므로 이런 사람들을 이해시키기 위해서는 반응 수준을 높여야 할 수도 있다. 다음 일화들이 보여주듯이, 어떤 사람들에게는 우리의 입장을 단호하고 직접적으로 말하는 것이 유일한 방법일 수 있다. 그들이 요구하는 정보를 제공할 마음이 없다는 점을 분명히 전달하는 것이다.

내가 열아홉 살 때였다. 여름방학 동안 파크 애비뉴에 있는

유명한 TV 광고 감독의 스튜디오에서 접수처 직원으로 일하게 되었다. 그 감독은 종종 여직원들에게 사생활을 물어봤다. 비가 오는 어느 지루한 오후, 재미있는 일을 찾아 무언가 흥미진진한 대화를 이어가려는 듯, 그는 건너편 방에서 나를 불렀다. "폴렛, 성생활 좀 얘기해봐. 아직도 처녀야?" 나는 기겁을 해서 중얼거렸다. "전 묵비권을 행사하겠어요!" 이 대답에 그는 고압적으로 "이 사무실에서는 내가 질문할 때 아무도 묵비권을 행사할 수 없지"라며 다시 한번 똑같은 질문을 했다. 이번에 나는 "그런 개인적인 질문에는 대답하지 않겠어요"라고 더 강하게 대답했다. 놀랍게도 그는 고집을 꺾지 않고, 무슨 일이 있어도 내 대답을 듣고야 말겠다는 끔찍한 태도를 보였다.

이제 대답을 한층 더 강하게 하는 수밖에 없었다. 침을 꿀꺽 삼키고, 눈을 똑바로 응시하면서 대답했다. "그건 당신이 상관할 바가 아니에요. 다시는 그런 걸 묻지 마세요." 나는 쫓겨날 각오가 되어 있었다. 하지만 그는 잠시 나를 노려보더니 말없이 방을 나갔다. 그리고 가을 학기에 내가 대학으로 돌아갈 때까지 완전히 나를 무시했다.

60대 후반인 로라 할머니는 평생을 사람들을 즐겁게 해주며 살아온 사람이다. 할머니는 정부 보조금을 받는 노인용 임대주택에서 생활했는데, 지인들이 개인적으로 얼마의 임대료를 내는지 묻는 것을 싫어했다. 하지만 대개는 원하지 않더라도 모

든 질문에 성실하게 대답해야 할 의무를 느꼈다. 최근 참견하기 좋아하는 친구 미니 할머니가 주거비에 대해 질문하자, "왜 그걸 알고 싶어하는 거야?"라고 반문했다. "그냥 궁금해서." 미니 할머니는 아랑곳하지 않고 웃으면서 다시 질문했다. 이번에 로라 할머니는 강도를 높여 대답하되, 일단은 정중하게 시작했다. "미니, 집세는 정말 내 개인적인 일이야. 이야기하고 싶지 않아." 나중에 로라 할머니는 타인이 자신에게 기대하는 답이 아니라 스스로 원한 말을 내뱉던 순간, 놀라운 힘이 솟아오르는 것을 느꼈다고 말했다.

이처럼 '아니요'라고 말하는 능력은 나이를 먹고 성숙해지면 자동으로 생기는 것이 아니다. 그건 배울 필요가 있으며, 연습하면 어느 연령에서나 습득할 수 있다. 로라 할머니의 경우처럼 자기 자신을 긍정적으로 느낄 힘을 얻는 데 결코 늦은 때란 없다.

설명하지 말고
그냥 '아니요'라고만 말하라

우리는 수많은 이유나 장황한 설명으로 자신의 답변을 정당화하려는 압박감에 시달린다. 어떤 이유에서인지, 진실하고 솔직한 설명이 상대방의 사고방식에 영향을 미치리라는 헛된 희망에 매달린다. 그래서 종종 기부를 원하는 자선단체의 표적이 되기도 한다. 그런 단체들은 우리를 어디서 어떻게 찾을지 알고 있다. 직장과 집 심지어 차 안에 있는 우리에게 연락한다. "안 좋은 때에 연락하셨네요"라고 말하는 것은 아무런 소용이 없다. 좋은 때가 올 때까지 우리를 노리며 쫓아다닐 테니 말이다.

거절에 서투른 내 친구 엠마는 싫어하는 자선단체에 적어도 20달러 정도를 기부하곤 한다. 그녀는 기부 요청을 받을 때 자신이 보통 어떻게 반응하는지 들려주었다. "지금은 정말 기부를 할 수 없어요. 요새 지출이 너무 많아서요. 지붕이 새고 자동차 보험도 만기가 돌아오고요." 그러면 상대방은 이렇게 대답한다. "물론 그렇겠지요." 엠마는 그 후 상황을 내게 계속 설명했다. "그래도 계속하더라고. 결국 내가 질 때까지 말이야. 그래서 하고 싶지도 않은 기부를 약속하게 돼."

나는 말했다. "엠마, 개인적인 재정문제에 관해 호들갑스럽게 떠벌이지 마. 그런 단체들은 너희 집 지붕이 망가진 거나 자동차 보험 같은 건 신경도 쓰지 않는다고. 그저 네가 기부에 동의할 때까지 참고 기다리도록 훈련받았을 뿐이야. 그러니 그런 상대에게 사과하고 변명하는 말은 당장 그만둬. 다음부터는 그냥 '아니요. 기부할 수 없어요'라고만 말해." 그리고 덧붙일 말까지 알려주었다. "전화해줘서 고맙지만 다시는 이런 일로 연락하지 말아주세요."

여러 요청을 다 받아주다 보면 정작 자신이 하고 싶은 일을 할 시간이 없다. 섀넌 브럼필드(Shannon Brumfield) 박사는 『망가지기 전에 고쳐라』(Fix it Before it Breaks)에서 앨시아가 친구 셸리에게 받은 소중한 조언을 소개한다.

앨시아는 학교와 교회 그리고 지역사회 봉사활동에 참여해달라는 요청으로 항상 바쁜 학부모였다. 그녀는 도움을 요청하는 단체들에 늘 둘러싸여 있었다. 그런 불평을 들은 친구 셸리는 앨시아에게 너 자신을 위한 시간이 없다고 지적하며, 더 이상 자원봉사를 맡지 말라고 조언했다. 앨시아는 다음에 누군가 도움을 요청하면, 자신의 시간이 왜 소중한지 정확하게 설명하겠다고 말했다. 그러자 셸리는 적절한 조언을 건넸다. "앨시아, 사람들은 네가 원하는 것이나 희망 그리고 목표에 대한 장황한 설명에는 관심이 없어! 낸시 레이건(Nancy Reagan, 로널드 레이건 전 미국 대통령의 부인으로, 유명한 마약 퇴치 캠페인 '아니요라고 말하라(Just say no)' 운동을 주도했다.—옮긴이) 여사의 충고를 받아들여. 상냥하지만 단호하게 '안 하겠어요'라고 말하라고."

우리를 불편하게 하는 여러 부탁이 있다. 하지만 한 가지는 절대 변하지 않는다. 상대방의 거절을 받아들이지 않는 사람들은 변명을 듣고 싶어하지 않는다는 것이다. 자신의 이익에만 매달리는 사람들에게는 우리의 설명이 에너지 낭비일 뿐이다. 나를 떠올려줘서 고맙다고 말한 후, 그냥 '아니요'라고 말하라!

전문가들에게 주눅들지 말자

많은 여성은 전문가, 특히 의사들을 대할 때 "아니요"라고 말하는 선택권을 행사하기를 유독 꺼린다. 심지어 상식에 어긋나는 지시를 받을 때조차 항의하거나 질문하지 않으며 반대하지도 않고 의사의 조언을 맹목적으로 믿고 따라야 한다고 세뇌되었다. 아마도 권위에 대한 존중, 비위를 맞추려는 욕구 또는 의사를 불쾌하게 할지 모른다는 두려움 때문에 이렇게 행동할 것이다.

나 역시 '어쨌거나 나는 환자 아닌가?', '내가 무얼 알겠는가?' 하면서 의사들과 적극적으로 말하는 것을 꺼렸었다. 그러던 중 티모시 매콜(Timothy B. McCall) 의학박사의 『당신의 의사를 진찰하다』(Examining Your Doctor)를 읽은 후, 적극적인 환자가 더 나은 치료를 받는다는 사실을 배웠다.

매콜 박사는 보스톤에 위치한 뉴잉글랜드 메디컬센터에서 수행한 연구를 요약하여 전한다. 연구원들은 한 환자 그룹을 통제하여, 의사들에게 자신의 감정을 표현하고 질문하게 함으로써 의사와 환자의 관계를 제어할 수 있도록 훈련시켰다. 그러자 이런 적극적인 환자들이 적극성을 배우지 않은 비슷한 증상의 환자들보다 더 빨리 회복된다는 사실을 발견했다.

매콜 박사는 주치의가 선호하기 때문이 아니라, 우리가 옳다

| 사례 1 | 네 살짜리 아이의 부러진 팔에 깁스를 해준 정형외과 의사는 매주 엑스레이 촬영을 해야 한다는 진단을 내렸다. 아이의 부모는 그 진단이 다소 과하게 느껴져서 꼭 필요한 게 아니라면 아이에게 그토록 자주 엑스레이를 찍게 하고 싶지 않았다. 그래서 권고를 그대로 받아들이는 대신 의사에게 그렇게나 많은 엑스레이 촬영이 필요한 이유를 설명해달라고 부탁했다. 의사는 즉시 진단을 변경하여 치료 기간 6주 동안 엑스레이 촬영을 줄이도록 일정을 조율했다.

| 사례 2 | 주치의가 내 인후염에 항생제를 처방했다. 나는 이 특정 약이 이전에 불쾌한 부작용을 일으킨 적이 있다고 말했다. 의사는 곧바로 내 걱정을 무시해버리고는, 그 약에는 내가 말한 결과를 가져올 만한 성분이 없으므로 불편함은 다른 요인들 때문일 거라고 말했다. 나는 동의하지 않았고, 다른 항생제를 처방해달라고 부탁했다. 의사는 그렇게 해주었고, 증상은 며칠 만에 아주 좋아졌다.

고 느낄 때만 특정 치료법이나 행동 방침에 동의해야 한다고 충고한다. 치료받지 않고 돌아가는 것이 자신의 생각을 표현하는 가장 확실한 방법이라고 제안하면서, 의사에게 "아직 결정을 내리지 못했으니 결심이 서면 다시 치료받으러 오겠다"고 말하라고 조언한다. 이는 삶의 질에 상당한 영향을 미칠 수 있는 큰 수술이나 치료 계획에 대한 결정을 내려야 할 때 확실히 최선의 행동 방침이다.

단지 '전문가'가 내린 권고라는 이유만으로 무조건 동의하고 받아들여야만 한다는 부담감을 느끼지 말자. 자신의 판단을 믿고 무엇이 자신에게 가장 잘 맞는지 스스로 알고 있다는 자신감을 가져야 한다.

가족이라는 이유로
의무감을 느끼지 말자

친구나 가족에게 거절의 말을 하는 것은 종종 어려운 문제다. 하지만 정신을 건강하고 온전하게 유지하고 싶다면, 정당한 경우에는 기지를 발휘해야 한다. 나를 포함해서 내가 아는 플로리다에 사는 사람들은 대부분 며칠씩 묵어가는 불청객들을 상대해야 하는 딜레마에 자주 직면한다.

우리는 번번이 "물론 우리 집에 묵어야지. 너희가 온다니 기뻐"라고 입에 발린 소리를 하게 되는데, 속마음은 "아니, 제발 호텔을 잡아!"라고 소리친다.

해마다 우리는 자신에게 말한다. "다시는 그러지 않겠어. 내년에는 반드시 내 마음을 말하고 말 테야." 하지만 그러지 못한다. 유명 인사인 앤 랜더스는 단호하고 적극적인 의사소통에 대해 확고한 신념을 가지고 있다. 그녀는 은퇴하기 전,《마이애미 헤럴드》에 상담 사례를 소개하는 칼럼을 실었다. 앤의 조언은 언제나 귀 기울일 가치가 있다.

친애하는 앤에게

최근 해변에 있는 집을 한 채 샀습니다. 저는 독신 여성으로 항상 스스로 생계를 책임지고 학교를 졸업하기 위해 열심히 일해왔으며, 이곳에 저의 첫 집을 장만했습니다. 문제는 결혼한 제 여동생입니다. 동생은 저의 제 새집에서 제부와 제멋대로인 아이들을 데리고 2주간의 휴가를 계획하고 있다고 알려왔습니다. 여동생 '마고'는 평생 일한 적이 한 번도 없으며 제가 고군분투할 때도 전혀 도와주지 않았습니다. 저는 마고와 그 가족들이 주말 한 번 정도는 괜찮지만, 제 집에서 2주 동안이나 머무는 것이 싫습니다. 그 가족을 즐겁게 해주고 먹여주고 그들을 시중들며 휴가를 보내고 싶지는 않아요. 어떻게 하면 동생에게 좋게 말할 수 있을까요?

앤의 답장

우리말 할 줄 아시지요? 동생에게 아직 손님을 맞을 준비가 되지 않았고, 우리 집을 방문해도 될 때가 되면 알려주겠다고 분명히 말하세요. 그러고 나서 마음이 내킬 때 동생과 그 가족들을 주말에 초대하면 됩니다.

보다시피 앤의 제안은 간단명료하고 직접적이며 핵심만 말하고 있다. 불필요한 사과도 없으며 변명도 없다.

여성들은 대부분 아마도 직접적이고 명확하게 "아니요. 싫어요"나 "아니요. 불편해요" 등과 같이 솔직하게 말하는 것을 좋아하지 않는다. 또 그런 말을 하기 위해서는 상대를 이해시킬 만한 더 나은 이유가 있어야 한다고 느낀다. 하지만 무언가를 하기 싫다는 것은 그것만으로도 하지 않을 충분한 이유가 된다. 불편하거나 무리한 요청에 '아니요'라고 말하는 것에는 중요한 이점이 있다. 이렇게 하면 자신을 이용하도록 허용해놓고 나중에 스스로 분개하거나 짜증을 내기보다는 강해졌다는 느낌을 가질 수 있다.

'도움이 필요한' 자녀에게 거절을 말하는 것은 매우 어려운 일이다. 결국 부모란 자녀를 구하기 위해 달려가게 되곤 한다. 《마이애미 헤럴드》의 칼럼니스트 아나 베시아나 수아레즈(Ana Veciana-Suarez)는 다음과 같이 썼다.

다른 많은 부모와 마찬가지로 저 역시 아이들 일에 관여합니다. 전 이걸 수색 구조 임무라고 부르죠. 우리는 "힘들겠구나! 네가 스스로 저지른 일이니, 이제 여기에서 벗어나는 방법을 배워야 해"라고 말하는 대신 급히 아이들을 구조해냅니다. 우리는 자녀를 위한다는 이유로 그들이 응당 스스로 해야 할 일을 대신해줍니다. 사전을 가져다주는 게 아니라 단어의 철자를 대신 써주고, 성 아우구스티누스에 관한 보고서 작성을 제출 마감일까지 미루는 아이들을 도서관에 태워다주고는 그날 함께 밤을 새우며 보고서 작성을 봐줍니다. 우리는 우리만의 시간과 욕구를 평가절하해버리고, 24시간 비상대기 상태가 됩니다. 자녀를 돕는 것과 그들의 만만한 상대가 되는 것은 분명 다릅니다.

아나는 모든 상황에 적용되는 예리한 관찰을 제시한다. 누군가를 돕는 것과 그의 노예가 되는 것 사이에는 차이가 있다. 여성들은 종종 "좋아요"라고 말하면서 자신의 시간과 욕구를 평가절하한다. 하지만 그렇게 해서는 안 된다. 변화를 원한다면 자기 자신을 최우선 순위에 둬라. 이는 당황스러운 상황에서 순간적인 결정을 내려야 할 때를 대비하게 도와준다. 입 안에서 맴돌고 있는 '아니요'를 말하는 효과적인 여러 방법을 알고 있어야 한다. 앞 장들에서 제시된 '아니요'라고 말하는 많은 형식들을 연습해보자. 그리고 자신에게 가장 잘 맞는 것을 고르자.

| 사례 1 | 집에서 쉬고 있을 때 텔레마케터가 휴식을 방해한다면, 장황한 판매 멘트를 들으며 당신의 귀중한 시간을 낭비할 이유가 있을까? 그냥 상품에 관심이 없다고 말하면 된다. "다시는 집으로 전화하지 마세요"라고 덧붙일 수도 있다. 원치 않는 전화를 하는 사람들이 당신의 시간을 강요하는 것을 거부하는 건 무례한 행동이 아니라는 걸 명심하라.

| 사례 2 | 대형 백화점의 향수 코너를 지나가다가 영업 담당자가 샘플을 뿌리려고 하면, "아니요. 괜찮아요"라고 말하자. 더 용기를 낼 수 있다면, "집에서 해볼 수 있는 샘플을 주실 수 있나요?"라고 말해보자.

| 사례 3 | 다음번에 회사에 전화를 걸었을 때 교환원이 "잠시만 기다려주시겠습니까?"라고 물으면, "아니요. 저는 기다릴 수 없습니다"라고 말해보자. 잃을 것이 뭐 있겠는가? 최악의 시나리오는 어쨌든 기다리게 된다는 것뿐이다! 한번 해보자. 그리고 어떤 일이 벌어지는지 보자.

거절도 연습이 필요하다

다음에 제시된 연습활동을 시도해보고, 비교적 위협적이지 않은 상황에서 '아니요'라고 말하는 성공을 경험해보자. 우선 제시된 사례를 읽어보고 어렵지 않다고 생각되는 것부터 시작하면 된다. 이런 상황들에서 '아니요'라고 말하는 것이 편해지면, 더 어렵게 느껴지는 상황까지 단계적으로 시도해 나가자.

자녀, 직장 동료, 친구들로부터의 불편한 요청을 거절하는 연습을 해보자. 다음에 친구의 애완동물이 나에게 뛰어오르려고 하면, 싫다고 말하는 것을 연습해보자. 내 입에서 나오는 '아니요'라는 단어를 듣는 것에 익숙해져야 한다.

우리는 더 이상 상황의 희생자가 될 필요가 없다. 단호한 반응을 큰 소리로 연습해보자. 여느 때와 달리 자기 자신을 챙긴 기분이 아주 좋지 않은가?

익숙지 않은 상태에서 단호하게 '아니요'라고 말하는 일이 매우 어렵다는 걸 잘 알고 있다. 처음에는 그 단어들이 목에 턱 걸릴지 모른다. 그래도 괜찮다. 하다 보면 점점 더 쉬워지고 그 결과로 경험하게 될 자연스럽게 높아진 자존감이 우리에게 필요한 강력한 보상이 될 것이다. 대화를 나눌 때 '아니요'라는 단어를 자주 사용하려고 의식적으로 노력하다 보면, 곧 쉽고 자연스럽게 단호한 의사소통이 가능해질 것이다.

- "아니요"라고 말하고 싶었지만 그러지 못했던 상황을 생각해보자. 하고 싶지 않은 일을 해야 하는 불편한 요청이나 제안을 받았을 때가 그런 상황이다.

| 예시 1 | 시내에서 딱 하룻밤 머무를 거라며 갑자기 연락한 지인을 잠깐 만나기 위해 두 시간이나 운전하고 싶지 않았다. 그것도 중요한 프로젝트를 남겨두고 말이다.

| 예시 2 | 다음날까지 학교 숙제를 마무리하려는 아들을 도서관에 태워다주기 위해 테니스 게임을 취소했던 일이 마음에 걸린다.

- 이번에는 위에서 확인한 각각의 상황에서 어떻게 단호하게 말할 수 있을지 생각해보자. 무슨 말을 하고 싶은가?

| 예시 1 연습 | 지금은 프로젝트 중이어서 갈 수는 없지만, 전화해줘서 고마워. 다음에 네가 시내에 오면 꼭 만날 수 있도록 해볼게. 오기 전에 미리 알려주면 좋겠어. 정말 만나고 싶어.

| 예시 2 연습 | 안 돼, 제레미. 그렇게 촉박하게 도서관에 데려다줄 수 없어. 엄마에게는 이미 테니스 게임 선약이 있어. 다음번에는 반드시 숙제 마감일 전에 도움을 요청하렴.

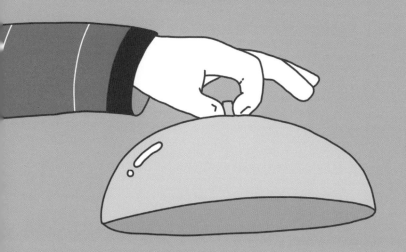

6장

대답하기 전에
시간을 벌어라

"생각 좀 해볼게요"

예비 신부 프랜신은 넬슨과의 결혼으로 흥분해 있었다. 15분 후면 목사님의 주례로 결혼식이 거행될 것이고, 하객들은 신랑 신부가 나타나기를 기다리고 있었다. 그때 넬슨의 변호사가 뜻밖에도 프랜신에게 혼전 계약서를 내밀며 서명을 종용했다. 그녀는 넬슨이 이전에 이런 일을 의논한 적이 없었기 때문에 어안이 벙벙했다. 프랜신은 충격에 휩싸여 어쩔 줄을 몰랐다.

　변호사는 "프랜신, 목사님이 방금 도착하셨어요. 서류에 어서 서명하세요. 하객들을 기다리게 하고 싶지는 않으시겠죠?"라고 재촉했다. 프랜신은 침착함을 되찾으며, "생각할 시간이 필요해요. 하객들이 기다려줘야 할 것 같군요. 넬슨한테 가서 오늘 결혼식은 없을 거라고 하객들에게 알리라고 말하세요"라고 대답했다.

며칠 후, 많은 눈물을 흘리며 깊이 생각한 프랜신은 넬슨과 결혼하지 않기로 마음먹었다. 그녀는 상황을 현명하게 숙고해 볼 시간을 가졌다. 혼전 계약 자체가 불쾌한 건 아니었지만, 마지막 순간에 그것을 내민 넬슨의 태도에 앞으로 계속 화가 풀리지 않으리라는 것을 알았다.

프랜신은 하객들을 돌려보낸다는 생각이 수치스러워서 혼전 계약서에 서명하고 그날 결혼식을 치를 뻔했다고 털어놓았다. 하지만 그처럼 냉담하고 무분별한 책략을 쓰는 사람과 결혼하는 것을 불안해하고 있는 자기 자신이 느껴졌다. 또 자신이 정말 화가 나 있어서 상황을 따져보기 위해서는 마음을 가라앉힐 시간이 필요하다는 것을 깨달았다. 프랜신은 평생을 후회할 수도 있는 결정을 내리도록 자기 자신을 몰아붙이지 않았다.

결정하기 전에
"생각해 볼게요"라고 말하라

결정을 내리기 전에 선택 사항들을 숙고할 시간을 가지는 것은 많은 상황에서 도움이 된다. 가끔 친구나 친척들이 갑작스럽게 부탁을 하거나 어떤 의견을 말하고는 불쑥 그렇게 행동해서 당황스러울 때가 있다. 이럴 때는 내가 어떤 행동을 하기에 앞서 생각할 시간을 가져야 한다.

바로 대답할 준비가 되지 않았다면, 있는 그대로 그렇게 말하고 시간을 갖자. 일부러 계획적으로 시간을 끌거나 상대방이 반기지 않을 결정을 내놓기 꺼려져서 미루려고 하는 것이 아니다. 한발 물러서서 상황을 더 잘 판단하고 자신의 감정을 살펴볼 시간을 버는 것이다.

대답을 잠시 미루면 나중에 후회할지도 모를 약속을 하는 일을 막을 수 있다. 이렇게 하면 나 자신과 내가 내린 결정에 대해 좋은 감정을 가질 수 있다. 시간을 요구하는 것은 중요한 결정을 내려야 할 때뿐 아니라, 누군가에게 비난이나 지적을 받았을 때도 활용할 수 있다. 스스로 감정이 너무 앞선다고 느껴지면, 상대방의 의견이나 비난을 생각해보기 위해 대응을 미루는 편이 훨씬 더 합리적이다.

레나타는 충동적으로 대응하기보다는 잠시 침묵하는 쪽을 택했다. 레나타와 카일은 둘 다 전국적으로 체인망을 둔 편의점의 부매니저였다. 카일은 틈만 나면 레나타를 모욕했는데, 어느 날은 "백치가 그것보다는 더 잘하겠네요"라며 자극한 적도 있었다. 너무 화가 난 레나타는 하마터면 "그렇게 잘하면 당신이 하지 그래요?"라고 쏘아붙일 뻔했지만 후회할 짓을 하고 싶지는

않았다. 언젠가는 카일에게 제대로 말할 기회가 있으리라고 생각했고, 그때를 준비하고 싶었다.

그다음 주 회의에서 카일은 여느 때처럼 심술궂게 굴었다. 레나타가 새로운 정책을 제안하자, 카일은 "오, 진짜 아이디어 왕이시네"라고 빈정거렸다. 레나타는 이 기회를 이용해 단호하게 말하기로 했다. "카일, 나를 모욕하지 마세요. 매번 나를 깔아뭉갤 기회만 노리는군요. 내가 어떻게 했길래 이렇게 못되게 구는 건가요?"

레나타는 원래 맞불을 놓으며 싸우려고 했지만, 결국 그렇게 하지 않았다. 만약 그녀가 성급하게 카일과 같은 방법으로 반응하여 똑같이 되돌려주었더라면, 갈등은 더 커졌을 것이다. 다행히도 레나타는 자신의 선택과 그 결과를 고려하는 데 충분한 시간을 가졌다.

나 역시도 누군가 나를 모욕하거나 부당하게 비난할 때 무분별하게 대응하는 경향이 있다. 대개는 감정에 휘둘려 충동적으로 반응하거나 종종 역효과를 내는 방식으로 대응하게 된다. 그 순간이 바로 분별력을 발휘해 마음이 진정될 때까지 입을 다물고 있어야 할 때다. 나는 화가 나거나 혼란스러울 때마다 나만의 원칙을 따라야 한다고 스스로 다독인다.

어떤 대응이 가장 좋을지 결정하기 위해 시간을 달라고 요구하는 데 효과적인 여러 방법들이 있다. 그중 선택할 만한 몇 가지 예시들은 다음과 같다.

- 저는 이 문제를 찬찬히 생각해보고 싶습니다.
- 지금 결정을 내릴 준비가 되어 있지 않습니다.
- 결정하고 알려줄게요.
- 헷갈리네요. 대답하기 전에 제 생각을 정리하고 싶습니다.
- 네가 한 말을 생각해보고 나중에 다시 얘기해줄게.
- 지금은 정말 화가 나니 답하기 전에 진정할 시간이 필요합니다.
- 너무 갑작스러워서 놀랍군요. 대답하기 전에 생각해볼 시간이 필요해요.

의사결정은 가슴이 아니라 머리로

로버트와 나는 오랫동안 동료 사이였다. 우리 사이에 강렬한 끌림이 생기기 전까지는 엄격하게 직장동료 관계였다. 우리 모두 이혼한 상태였지만, 로버트에게는 만나는 여성이 있었고 두 사람은 아직 관계를 끝내지 못하고 있었다. 어느 날, 로버트가 저녁식사에 나를 초대하며 그의 여자 친구인 레베카가 눈치채지 못하도록 몰래 만나야 한다는 것을 분명히 했다.

내 심장은 "알겠어요!"라고 외치고 있었다. 어쨌거나 로버트는 매력적이었고 지적이며 사려 깊고 유머 감각도 뛰어났다. 그리고 그가 결혼한 것도 아니지 않은가! 나는 로맨스에 대한 열망 때문에 어떠한 문제도 없으리라고 스스로 합리화했다. 로버트와 레베카는 결국 관계를 정리할 테고, 그러고 나면 나와 그는 정직하고 공공연한 관계를 가질 수 있으리라 생각했다. 하지만 마음속 깊은 곳에는 끈질긴 의심이 남아 있었다.

나는 나중에 후회하지 않을 대답을 하기 위해서는 생각할 시간이 필요하다는 걸 깨달았고 로버트에게 다음날 만나서 이야기를 나누자고 말했다. 그는 "난 당신에게 푹 빠져 있어요. 어째서 지금 말해주지 않는 거죠?"라며 부담을 주었다. 나는 결심이 흔들릴까 봐 얼른 자리를 뜨면서 어깨너머로 외쳤다. "내일 알려주겠다고 말했잖아요."

다행히도 나에게는 분별력이 남아 있었고, 이런 관계가 득이 되지 않는다는 것을 깨달았다. 나는 다음날 전할 말을 신중하게 고르고 연습하며 저녁 시간을 보냈다. "로버트, 나는 당신이 아주 좋아요. 하지만 친구들과 가족들에게 나와의 관계를 떳떳하게 밝힐 수 없는 사람과 사귀는 것은 제 강한 자존심이 허락하지 않아요. 당신과 레베카가 헤어지고도, 우리가 여전히 같은 감정이라면 그때 다시 생각해봐요."

우리 모두 논리적인 사고보다는 감정에 치우쳐 의사결정을 내리는 상황을 경험해왔다. 무언가를 몹시 원한 나머지 그것이

전혀 옳지 않다는 직감을 인정하고 싶어하지 않기 때문이다. 당장의 감정적인 만족을 갈망하면서 "너는 후회할 거야"라고 말하는 내면의 목소리를 무시한다. 이런 상황에서 시간을 갖는 습관을 들이면 복잡한 감정을 정리하는 데 도움이 된다. 머릿속에서 감성과 이성 사이에 균형을 잡도록 해줄 것이다. 아마도 '지금' 원하는 것이 나중에는 최선이 아니었음을 깨닫게 될 것이다.

휴가 중이던 모린과 톰은 사은행사를 하는 어느 콘도 리조트의 회원권 프로모션에 홀딱 넘어갔다. 담수 및 해수 수영장과 테니스 코트, 골프 코스, 그리고 전용 해변 같은 리조트에서 제공하는 각종 편의시설에 폭 빠져들고 말았다. 네 시간 후, 두 사람은 앞으로 절대 사용하지 않을 콘도 회원권을 7,000달러에 구입하고, 자랑스러운 콘도 회원권 소유자이자 7,000달러만큼 더 가난해진 채로 자리를 떴다.

도대체 어떻게 된 일일까? 모린과 톰은 그 리조트의 눈부신 화려함에 매료되어 잠깐 정신이 팔린 나머지 감정이 앞서 논리적이고 현실적인 판단을 할 수 없었던 것이다. 결국 몇 년 후 그들은 상당한 손실을 감수하고 남은 일수의 '이용권'을 팔 수밖에 없었다. 며칠만 더 생각했더라면, 그 투자를 객관적으로 고려할 시간이 있었을 테고, 아마 특정 장소를 소유하는 것이 장점보다는 단점이 훨씬 많다는 것을 판단할 수 있었을 것이다. 두 사람은 뒤늦게서야 리조트로 가는 길이 불편하고 차비도 많이

드는 데다 매년 같은 장소에 가야 하는 의무감이 드는 것도 원하지 않았다. 또한 연간 유지비와 관리비도 꽤 높았다.

때로는 즉각적으로 만족감을 얻고자 하는 충동이 현명한 판단력을 가리고는 한다. 약속을 하기 전에 생각할 시간을 갖는다면, 나중에 자신이 한 어리석은 선택을 두고 허공에 발길질하며 자책하는 일을 피할 수 있다. 톰과 모린은 회원권 매수의 장단점을 따져볼 시간을 가질 때까지 결정을 미뤘어야 했다. 결제할 수표를 내밀기 전에 시간을 벌었다면 감정과 이성적 판단 사이의 불균형을 조정할 수 있었을 것이다.

강요에 못 이겨 결정하지 마라

어느 토요일 오후였다. 나는 새 차를 구입할 마음으로 한 자동차 대리점에서 어떤 모델을 살 것인지 고민하며 몇 시간을 보냈다. 영업사원인 할과 나는 여느 대리점들처럼 칸막이가 있는 테이블 하나에 앉아 있었다. 할은 내가 원하는 기능을 갖춘 마지막 자동차라고 강조하면서 '특별' 가격을 제시했다. 나는 그 차가 마음에 들어서 그 자리에서 당장 거래를 끝내고 싶었다. 하지만 내 머릿속의 작은 목소리가 결정을 내리기 전에 조금 더 둘러보라고 속삭였다.

할은 일어서서 나를 내려다보며 또박또박 말했다. "지금 결정하셔야만 합니다. 이 특별 가격은 오늘 그 차를 구매해야만 제공됩니다. 지금 떠나셨다가 다시 돌아온다면, 같은 가격으로 드릴 수 없어요." 나도 일어서서 그의 눈을 바라보며 말했다. "시간 내줘서 고마워요, 할. 난 그런 식으로는 거래하고 싶지 않아요. 강요받는 기분이 들어서 불편하네요. 안녕히 계세요." 나는 결국 다른 대리점에서 더 마음에 드는 자동차를 더 저렴한 가격으로 구입할 수 있었다.

선택하기 전에 생각해볼 시간을 가져야 한다는 사실을 존중하지 않는 사람들이 있다. 그들은 결정을 내리기 전에 문제를 더 생각해보겠다는 우리를 비웃는다. 남을 조종하려는 사람들은 자신들의 요구나 제안에 즉시 동의하라며 압박한다. 상황이 그렇게 되도록 내버려두지 말자. 준비가 다될 때까지 결코 성급하게 결정을 내리거나 대답을 해야 할 필요는 없다.

권력을 가진 사람 중에는 죄책감을 불러일으켜 성급한 결정을 내리도록 압박하는 스타일이 있다. 상류층 아이들이 다니는 사립학교의 소여 교장이 그런 경우였다. 그녀는 바버라와 브래드 부부에게 아들 필립이 유치원 과정을 한 번 더 다닐 것을 권했다. 소여 교장이 보기에 필립은 초등 1학년으로 바로 진급하기에는 사회성 면에서나 정서적으로 아직 미성숙하다고 판단했기 때문이다.

바버라와 브래드는 그 권고를 수용하기에 앞서 그 과정이 어떤 장단점을 가지는지 생각해보고 싶었다. 하지만 소여 교장은 학교 행정부가 유치원과 1학년 수업의 내년 등록 인원을 계획해야 한다고 주장하며, 다음날까지 결정해달라고 독촉했다. 그리고 필립이 유치원 과정을 반복하지 않는다면, 성적 부진에 대해 학교 측에서 책임지지 않을 것이라고 경고했다.

바버라가 내게 의견을 물어왔다. 당연히 바버라는 아들에게 제일 좋은 방향으로 선택하고 싶었지만, 엄마 입장에서는 필립이 1학년에 올라가는 다른 여섯 살짜리 아이들보다 미성숙하다고 느끼지 않았다. 나는 다른 아동심리학자와 상담해서 의견을 구해볼 것을 추천했다. 바버라와 브래드는 소여 교장에게 그다음 주에 필립이 검사를 받고 나서 1학년 진급을 결정하겠다고 알렸다. 부부가 정당하게 주장하자, 소여 교장도 마지못해 받아들였다.

나중에 밝혀진 바로는 다른 심리학자도 필립이 1학년으로 진급하기 위해서는 1년 정도를 더 기다리는 것을 추천했다. 부부는 모든 것을 확인한 후에 소여 교장의 추천을 따르게 되었다. 여기서 중요한 건, 부부의 결정이 소여 교장의 압박에 따른 것이 아니라는 점이다.

바버라와 브래드 부부는 자신들의 뜻을 분명히 말하고, 다른 의견을 구하기 위해 시간을 들인 덕분에 나중에 자신들의 결정이 옳다고 확신할 수 있었다.

늦더라도 할 말은 하자

오래전, 나는 마이애미 데이드 대학의 스피치 커뮤니케이션 강사로 임용되었다. 학장은 다른 학과의 강의도 부탁했고, 나는 흔쾌히 동의했다. 그리고 학과장인 월트를 만났는데 그는 우리가 만난 자리에서 마치 자신이 호의를 베풀어 내게 가르칠 기회를 준 것처럼 행동하며 무례하게 굴었다. 나는 잠자코 그 오만함을 참고 견디다가 사무실을 나왔다.

그로부터 몇 년 후, 한 회의에서 우연히 옆자리에 앉은 월트를 발견했다. 우리는 유쾌하고 우호적인 대화를 나누었다. 나는 첫 만남에서 내가 그의 태도에 얼마나 상처받았는지 털어놓았다. 월트는 진심으로 뉘우치며 거듭 사과했고, 우리 두 사람은 마주보고 웃었다. 마침내 나는 20년 동안 월트에게 품고 있던 원한을 털어낼 수 있었다.

애니타는 의과대학을 졸업한 후에야 자신이 가르치는 일을 더 좋아한다는 것을 깨닫고, 고등학교 생물 교사가 되었다. 그녀는 자신의 직업이 좋았다. 가족 모임이 있던 날, 플로 이모가 큰 소리로 말했다.

"데이브 삼촌과 나는 네가 그렇게 임금이 낮은 직장에 가게 될 줄은 꿈에도 생각하지 못했어." 모욕감을 느낀 애니타는 다음 말을 잇지도 못한 채 자리에서 일어나 나가버렸다. 그 후 며칠 동안, 애니타는 자신이 어떻게 반응했어야 하는지 생각했다. 어느 날 오후, 애니타는 차를 몰고 퇴근하면서 "저는 훌륭한 선생님이고, 제가 하는 일을 사랑해요!"라고 말했으면 좋았을 거라고 생각했다.

그날 저녁, 애니타는 마침내 침묵을 깨고 플로 이모에게 전화를 걸었다. 그리고 지난 가족 모임에서 이모가 했던 농담을 상기시키며 늦었지만 자신의 생각을 전달했다. 플로 이모는 마지못해 사과하고 전화를 끊었다. 애니타는 일주일 동안 '이모에게 무슨 말을 했어야 했을까'라고 찜찜해하던 마음을 털어내고 한결 기분이 좋아졌다.

많은 여성이 그 자리에서 즉시 대응하지 못하면 나중에는 자기 입장을 주장할 권리를 영영 잃어버린다고 믿는다. 그리고 몇 주, 몇 달, 심지어 몇 년 전에 있었던 상황을 두고두고 떠올리며 자신의 감정을 표현하지 않은 것에 좌절하고 짜증을 낸다. 하지만 적절한 주장을 할 기회를 영영 잃어버렸다고 생각하지 말자. 그 주장을 다시 입 밖으로 꺼내기에는 너무 많은 시간이 흘렀다거나, 너무 늦어버렸다고 생각하지 않기를 바란다. 아무리 많은 시간이 흘렀어도 감정 표현을 하기에 늦은 때란 결코 없기 때문

이다! 스스로 긍정적인 감정을 갖는 일은 언제 해도 늦지 않다.

한때 너무 소심해서 말할 수 없었던 생각을 이제라도 표현하는 것은 스스로에게 큰 안도감을 가져다준다. 그리고 마침내 자기 자신을 옹호할 용기를 갖게 되었다는 사실에 멋진 기분을 느낄 수 있을 것이다.

마이클과 그의 쌍둥이 여동생 레슬리가 치과대학을 졸업하자 사이가 소원하던 아버지 앨이 마이클에게는 1,000달러를, 레슬리에게는 500달러를 졸업선물로 보내왔다. 두 사람은 공동명의로 병원을 개업할 생각이었으므로, 마이클은 자금을 모아 공동 계좌에 예금하는 방안을 제안했다. 그제서야 레슬리는 마이클이 자신보다 더 많은 금액을 받은 사실을 알게 되었고, 아버지가 보여준 편애에 충격을 받았다. 어릴 때도 항상 상처받았지만, 그때는 자신의 감정을 드러낼 만큼 자신감이 넘치지 않았다.

3년 후, 레슬리는 아버지에게 자신의 기분을 표현해야겠다는 생각이 들었고, 그런 내용으로 편지를 썼다. 그녀는 마침내 해방감을 느꼈고, 항상 하고 싶었던 말을 드디어 하게 된 자기 자신이 자랑스러웠다.

이렇듯 이제는 더 이상 '그때 내가 이렇게 말했더라면…' 증후군으로 괴로워할 필요가 없다. 이틀, 2주일 혹은 20년이 지났더라도 상관없다. 편지를 써도 되고 전화를 해도 된다. 이렇게 크게 외쳐보자! 늦는 것이 안 하는 것보다 낫다.

연습활동

자신감이 부족해서 자신에게 화가 났던 세 가지 상황을 떠올려보자. 상황을 적어보고, 그때 해야 했을 대답을 공식화해보자.

| 예시 | 내 친구 섀넌은 암 수술을 받고 막 회복한 상태다. 나는 섀넌과 함께 현 상태를 진단받기 위해 뉴올리언스를 출발해 세계적으로 유명한 암 센터가 있는 텍사스까지 운전해 갔다. 우리가 섀넌의 항암치료에 사용되는 특정 약물의 이름을 묻자, 의사는 거들먹거리며 대답했다. "제가 말해도 어차피 기억도 못 하실 거예요." 우리는 놀라서 입이 떡 벌어졌다. 하지만 둘 다 대꾸할 말을 생각해낼 수 없었다. 그 의사는 뉴올리언스에 있는 섀넌의 전문의에게 추천서를 보낼 것이라고 말하며 진료를 끝냈다. 우리는 루이지애나로 돌아가는 차 안에서 '우리가 할 수 있었던 말'들을 브레인스토밍하며 기분을 풀 수밖에 없었다. 그때 이렇게 말할 수 있었다. "우리는 매우 지적인 여성들이며, 기억력도 아주 좋습니다" 혹은 "우리는 정말 매우 똑똑합니다. 우리가 얼마나 기억력이 좋은지 알게 되면 당신도 놀랄 거예요"라고 말이다.

마음을 바꿔도 괜찮다

코니는 서점에서 우연히 친구 에이드리엔을 만났다. 에이드리엔은 코니에게 몇 권의 여행 책자와 자신이 예약한 전국 일주의 상세 일정을 보여주었다. 코니가 여행에 관심을 보이자, 에이드리엔은 1인용 숙박비보다 2인용 숙박비의 1인당 비용이 현저히 저렴하다는 점을 지적하며 여행 룸메이트를 제안했다. 코니는 그 제안을 받아들였다.

며칠 후, 코니는 자신이 너무 성급했다는 사실을 깨달았다. 여행 일정이 완벽히 마음에 들지도 않았고 여행사 직원이 선택한 항공사도 좋은 곳이 아니었다. 코니는 여행을 가지 않기로 결심했지만, 마음이 바뀌었다는 걸 에이드리엔에게 말하기가 두려웠다. 망설이던 코니가 결국 자신의 결심을 전했을 때, 에이드리엔은 친절하게 반응했다. "걱정하지 마. 지금이라도 말해줘서 기뻐. 아직 다른 룸메이트를 찾을 시간이 충분하니까 말이야."

만약 성급하게 대답했다는 걸 깨달았다면, 우리에게는 마음을 바꿀 권리가 있다! 그런데 불행하게도 많은 여성이 그렇게 하는 것을 주저한다. 우유부단하거나 흐리멍덩하다고 여겨지는 것을 두려워하기 때문이다. 너무 일찍 내린 결정을 다시 생각해보는 건 지극히 정상이다. 스스로에게 마음을 바꿀 권리를 허용하자.

리디아는 대형 온라인 소매업체의 고객서비스 책임자였다. 그녀는 맡은 일을 속속들이 꿰고 있으며 자신의 위치에 매우 만족했다. 그런데 아메리카 영업이사 자리가 공석이 되자, 리디아의 상사는 그녀에게 지원해볼 것을 종용했다. 리디아는 모든 지원서를 접수한 후에야 자신이 그 일에 관심이 없다는 걸 깨달았다. 비록 현재보다 훨씬 높은 임금이 보장될 테지만, 더 오랜 시간 근무하고 잦은 출장으로 가족과도 멀리 떨어져 있어야 했다. 하지만 그녀는 마음이 바뀌었다는 사실을 인정함으로써 우유부단해 보이고 싶지 않았기 때문에 지원서를 철회하지 않았다. 어쨌든 그 자리에 자신이 채용되지 않을 거라고 짐작했다.

그런데 뜻밖에도 그녀가 선발되고 말았다! 리디아는 그녀보다 뛰어난 자격을 갖춘 11명의 쟁쟁한 후보자들을 제치고 선발되었으며, 그 승진을 수락해야 할 의무를 느꼈다. 우려했던 대로 그녀는 새 직위 때문에 행복하지 않았다. 5주 후, 리디아는 그 자리에서 내려오기 위해 상사에게 간청해야만 했다.

리디아에게는 지원서를 제출한 후에도 마음을 바꾸고 지원을 철회할 권리가 있었다. 처음 마음을 바꾸고 싶었을 때 알렸더라면, 아무도 불편을 겪지 않았을 것이며 개인적으로도 괴로워하며 마음 졸이는 일을 면했을 것이다.

우리 모두는 마음을 바꾸고 싶지만 그렇게 하기를 주저했던 경험이 있을 것이다. 마음을 바꾸는 것에는 아무 문제가 없다는 것을 믿기 바란다. 핵심은 일단 결심했다면 즉시 말하라는 것이다. 마음이 바뀐 것을 알리는 데 주저하고 머뭇거리는 것은 리디아의 경우처럼 상황을 더 악화시킬 뿐이다. 자신의 결정에 영향을 받을 사람들의 입장에서는 미리 알았더라면 부당하다고 느끼지 않았을 일도 뒤늦게 알게 되면 부당하다고 느낄 것이다.

마음을 바꾸는 것은 약속을 어기는 것과는 다르다. 약속은 무언가를 하기로 하거나 하지 않겠다고 서로 정하는 것이다. 그래서 대개 상대방은 약속이 아니었다면 하지 않아도 될 계획을 세우게 되고, 우리가 약속을 지키리라는 기대 속에서 무언가를 하게 된다. 약속을 어기는 것은 종종 한 사람 혹은 그 이상의 사람들에게 지나친 불편을 주기 때문에 긴급 상황이나 극단적인 상황이 아니라면 약속을 깨는 일은 피해야 한다. 피치 못한 경우에는 진심을 다해 설명해야 한다. 반면, 생각을 바꾸는 것은 다른 사람에게 피해를 주지 않는다. 마음 변화에 영향을 받는 단한 사람은 오직 자기 자신뿐이다!

예를 들어, 이웃의 아이를 돌봐주기로 한 약속을 막판에 어긴다면 이웃에게 피해를 준다. 갑작스럽게 일정 변경을 통보하면 새로운 사람을 구하기 어렵기 때문에, 아마도 이웃은 일정을 취소해야 할 처지가 될 것이다. 하지만 친구들을 만나 커피를 마시려는 마음을 막판에 바꾼다고 해서 누구에게도 불편함을 주지는 않는다. 비록 친구들이 실망할 테지만, 그들은 계획을 바꿀 필요 없이 예정대로 모임을 가질 수 있다.

누군가에게 요청을 받았을 때 그 요청을 생각해보는 데 시간을 투자하면 나중에 결정을 바꿀 일이 크게 줄어든다. 하지만 우리는 그저 인간일 뿐이다. 모두 성급한 선택을 하고 나중에 그 결정에 대해 끊임없이 의구심을 품는다. 친구의 부탁을 수락하고 전화를 끊으면서, 속으로 '도대체 내가 왜 그러겠다고 동의했을까?'라고 후회한다. 이미 해버린 응답에 회의가 들 때, 끝났다고 느낄 필요가 없다. 우리에게는 마음을 바꿀 권리가 있다. 필요할 때 그 권리를 주장하자.

조건부 '네'라고 말하기

나탈리는 생명을 위협하던 병에서 막 회복한 참이었고, 언어병리학자로서 운영해온 개인 진료를 포기하고 새로운 도시로 이사했다. 그녀는 일을 새로 시작하고 싶은 마음이 컸지만, 한편으로는 너무 많은 일을 맡기에는 아직 이른 것 같아 주저하고 있었다. 때마침 이사 간 지역의 대학에서 언어병리학 실습생들을 감독하는 정규직 자리를 제안했다. 나탈리는 체력을 완전히 회복하지 못했기에 매일 출근하는 일이 너무 벅찰까 봐 걱정했다. 그녀가 제안을 거절하려는 것을 눈치 챈 대학 측에서 이렇게 말했다. "나탈리, 당장 결정할 필요는 없어요. 우리는 기꺼이 당신과 함께 일할 겁니다. 잘 생각해보세요."

나탈리는 남편과 이 문제를 두고 이야기를 나눴다. 남편은 나탈리가 그 일을 좋아할 거라고 확신했으며, 좋은 기회를 섣불리 놓치기를 원하지 않았다. 그래서 일주일에 3일만 일할 수 있다면 그 자리를 받아들이라고 격려했다. 나탈리는 골똘히 생각하고 말했다. "당신 말이 맞아. 난 더 이상 잃을 것도 없어." 대학에서도 동의했으므로, 주 3일 일정은 완벽하게 해결되었다. 몇 달 후, 나탈리는 이제 일주일에 5일 근무를 시작해도 괜찮겠다고 느꼈다. 그 결정에 모두가 만족했다.

제안이나 요청이 들어왔을 때, 기본적으로 동의할 만한 사안이더라도 100퍼센트 확신하지 못할 때가 있다. 어떤 면이 마음에 걸려 무조건 '네'라고 대답하기 꺼려질 수 있다. 이럴 때는 부탁을 들어주거나 제안에 동의하기에 앞서 생각해볼 시간을 달라고 요구하기 바란다. 그 제안에서 자신을 불안하게 만드는 불리한 측면을 바꿀 권리와 책임은 전적으로 자신에게 있다.

"그거 꽤 괜찮은 것 같네요. 생각 좀 해볼게요." 또는 "좋은 생각인 것 같아요. 하루 이틀 생각해보고 연락드릴게요"는 조건을 두고 '네'라고 말하고 싶을 때 사용할 수 있는 좋은 표현들이다.

뉴욕에 사는 필리스가 친한 친구인 셸리에게 전화를 걸어왔다. "프랭크와 나는 플로리다에서 휴가를 보내려고 해. 2주 정도 너희 집에 묵어도 될까? 네가 신경 쓰지 않게 할게. 렌터카를 빌려서 우리끼리 알아서 다닐 거야. 그런데 우리 강아지 맥시를 집에 묶어두고 싶지는 않아서 데려가려고 해." 셸리는 며칠 동안 생각해보았다. 처음부터 친구들이 방문하는 건 괜찮다고 생각했지만, 훈련이 덜 된 개에 대해서는 썩 내키지 않았다. 그리고 동물을 자기 집에 들이기는 싫다는 결론에 이르렀다. 셸리는 자기 집 근처에 필리스와 프랭크가 맥시를 맡기고 매일 찾아가 볼 수 있는 안전한 애완동물 호텔을 찾아냈다. 그녀는 자신이 원하는 것을 희생하지 않는 선에서 정말로 친구를 기쁘게 해주고 싶었다. 만약 제멋대로인 개가 집을 마구 휘젓고 다니게 허락했다면 그런 자신에게 짜증이 났을 것이다. 셸리는 자신의 조건에 따라 '네'라고 말함으로써 윈-윈 상황을 조성해낼 수 있었다.

조건부로 '네'라고 말하는 것이 나탈리와 셸리의 경우처럼 항상 윈-윈 상황이 되지는 않는다. 알베르티와 에몬스는 공동저서 『일어나라, 말하라, 대꾸하라!』(Stand Up, Speak Out, Talk Back!)에서 이렇게 언급한다. "간혹 우리 목표와 다른 사람의 목표가 너무 달라서 서로 양립할 수 없을 때가 있다. 또 사람들은 비합리적이어서 서로 양보하지 않거나 아무리 주장해도 소용없을 때가 있다."

대학 측은 나탈리에게 이렇게 말할 수도 있었다. "나탈리, 그게 우리 제안의 조건입니다. 조건을 받아들이든지, 그냥 포기하세요." 필리스도 셸리에게 이렇게 말할 수 있었다. "우리를 사랑한다면, 우리 강아지도 사랑해줘. 맥스는 어디든 우리와 함께할 거야. 그러니 너희 집에는 못 갈 것 같구나."

다행히도 이런 시나리오는 모두 일어나지 않았지만, 가능한 상황이었다. 그래도 괜찮다! 항상 모두를 만족시킬 수는 없는 법이다. 단호한 의사소통은 대개 효과적이며 자신뿐 아니라 상대방도 만족시킨다는 걸 알게 될 것이다. 단, 이것만 기억하자. 우리에게는 스스로 원하는 것과 자신의 기분을 생각해볼 시간을 요청할 권리가 있다. 비록 바라던 대로 일이 풀리지 않더라도, 우리는 여러 가지 면에서 자신에 대해 긍정적인 기분을 느낄 것이며 옳은 일을 했다는 걸 알게 될 것이다.

연습활동

다음과 같은 상황을 생각해보자. 깊이 생각하지 않고 즉각적으로 떠오른 대답이 무엇인가? 너무 많이 생각하면 안 된다. 가장 먼저 떠오른 대답은 무엇인가?

| 상황 1 | 한 친구가 공항으로 자신을 데리러 오라고 요청한다.

나는 비행기가 도착하기로 되어 있는 시간에 회의에 참석할 예정이다.

| 상황 2 | 아들은 토요일 밤에 집에서 가장 친구 친구의 열여덟 번째 생일을 위한 깜짝 파티를 열고 싶어한다. 내가 그날 저녁 약속이 있어서 자신들을 감시할 사람이 집에 없다는 걸 아는 아들은 방해받지 않고 파티를 열게 해달라고 조른다.

| 상황 3 | 가까이에 사는 딸이 이제는 '할머니'가 된 나에게 세 살짜리 쌍둥이를 집으로 데리고 와서 일주일 동안 돌봐달라고 부탁한다. 재택근무를 하는 딸은 방해받지 않고 중요한 프로젝트를 끝낼 수 있는 시간을 원한다. 나는 친구들과 먼저 계획한 몇 건의 저녁 약속을 기대하고 있었고, 이를 취소하고 싶지 않다.

이제 상황을 다시 살펴보고 생각할 시간을 요청하자. 가능한 한 도움을 주고 싶지만, 자신의 계획을 맞추기 위해서는 요청의 일부 측면을 변경해야 한다. 그 상황을 어떻게 승낙하겠는가? 다음 해결책을 읽기 전에, 자신의 감정과 욕구를 고려한 응답을 생각해보자.

| 상황 1의 가능한 해결책 |

- 친구에게 더 늦은 비행기로 도착할 수 있는지 물어본다.
- 친구가 기다릴 만한 장소를 제안하고 회의 후에 기꺼이 데리러 갈 것이라고 말한다.
- 친구가 편안하게 기다릴 수 있도록 우리 집이나 사무실로 오는 택시비를 지불하겠다고 제안한다.
- 친구에게 다른 사람에게 픽업을 부탁했다고 말한다.

| 상황 2의 가능한 해결책 |

- 금요일 밤이나 일요일에 파티를 여는 것을 허락한다.
- 다음 토요일에 파티를 열 것을 제안한다.
- 신뢰할 수 있는 어른이나 가족이 감독할 수 있는 경우에만 저녁에 파티를 열도록 허용한다.

| 상황 3의 가능한 해결책 |

- 낮에만 손주들을 돌봐준다.
- 저녁에 베이비시터를 고용할 경우에만 요청을 들어준다.
- 선약이 있는 저녁에 베이비시터를 고용하게 해준다면 딸의 요청에 동의한다.

누군가를 기쁘게 하려는 마음으로 성급한 결정을 내리는 것이 유익한 경우는 없다는 것을 반드시 기억하기 바란다. 어떻게 대답할지 생각해볼 시간을 요청하면 감정과 이성의 불균형을 조율해볼 수 있으며, 나중에 후회할지도 모르는 발언이나 약속을 하는 것도 막을 수 있다.

충분히 생각해보기 위해 결정을 미루는 것이 우유부단함을 의미하지 않는다. 조금 더 생각한다면 나중에 훨씬 더 좋은 결과를 얻을 수 있다. 게다가 적절한 주장을 하기에 너무 늦은 경우란 거의 없다. 비록 몇 달 전에 발생한 일이더라도 자신을 괴롭혔던 상황에 대해 감정을 자유롭게 표현하도록 하자. 그리고 만약 스스로 내린 결정에 불만이 생긴다면, 언제든 마음을 바꿀 권리가 우리 자신에게 있다는 사실을 잊지 말자!

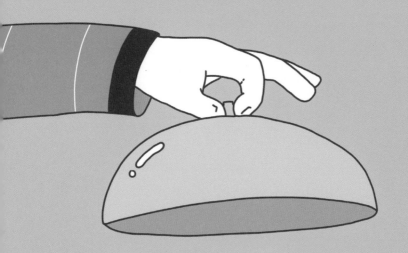

7장

원하는 것을 요구하고
주장하고 타협하라

"그건 받아들일 수 없습니다"

나는 파리에서 하루종일 관광을 한 후, 호텔로 돌아온 후에야 현금과 여행자 수표를 도난당한 사실을 깨달았다. 도난 신고를 하기 위해 수표를 발행한 회사에 전화를 걸자, 고객서비스 담당자인 매튜가 응대했다. 그는 가장 가까운 사무실을 알려주며 택시를 타고 이동해서 대체수표를 수령하라고 안내했다. 수표를 호텔까지 배달해줄 수 있는지 문의했지만 불가능하다는 대답이 돌아왔다. 속으로 끓어오르는 화를 가까스로 참으며 나는 스스로 정한 규칙에 따라 대응했다.

"그건 받아들일 수 없어요, 매튜. 나는 택시는 고사하고 지하철을 탈 돈도 없어요." 매튜가 말했다. "죄송합니다, 부인. 그게 제가 할 수 있는 최선입니다. 당신이 머무는 호텔 근처의 사무실은 현재 문을 닫았습니다." 나는 거듭 말했다. "매튜, 당신이 개인적으로 나에게 수표를 전달하지 않는다는 것을 받아들일 수 없군요. 나는 현금과 여행자 수표를 모두 도둑맞았습니다. 나에겐 돈이 없어요. 그 회사는 분명히 고객이 원하는 곳, 사실상 전 세계 어디에서나 대체수표를 직접 배달해준다고 광고했어요. 나는 당신이 고객에 대한 약속을 지키고 내가 머무는 호텔로 수표를 전달해줬으면 좋겠어요. 그렇게 해준다면 진심으로 감사드리겠습니다!"

아주 다행스럽게도 매튜가 대답했다. "부인, 걱정하지 마세요. 말씀하신 취지를 알겠습니다. 불편을 드려 죄송합니다. 한 시간 안에 수표를 전달해드리라고 배달원에게 말하겠습니다." 그의 말대로 한 시간 후에 한 배달원이 수표를 가지고 도착했다.

끈질긴 요구가 결실을 맺는다

일부 기업과 개인들은 그냥 내버려두면 우리에게 최선이 아닌 그들 자신에게 가장 쉬운 것을 하려고 든다. 우리의 불만사항을 해결하는 데 시간과 비용이 가장 적게 드는 방법을 택할 것이며, 필요하지 않다면 자신들이 불편해지는 상황을 피하거나 어떤 비용도 들이지 않을 것이다. 그들은 작은 당근 하나를 던져주면 우리가 만족해서 떠날 것이라고 생각한다. 여기서 중요한 것은 끈기를 가지고 자신이 받아야 할 것을 받아내는 것이다. 더 큰 당근을 위해 버텨라. 우리가 받아야 할 것보다 작은 것에 만족하지 마라. 그렇게 쉽게 포기해서는 안 된다.

내 친구 달린은 사업차 뉴올리언스로 날아가 공항에서 SUV를 빌렸다. 다음날 엔진에서 덜컹거리는 큰 소리가 나자, 렌트 대리점에 전화를 걸어 다른 차를 가져다달라고 요청했다. 대리점 측에서는 달린이 직접 차를 몰고 공항까지 와야 한다고 말했다. 달린은 상황을 설명했다. 그리고 자신이 수년간 이 회사를 이용해왔으며 앞으로도 계속해서 거래하기를 원한다고 말했다. 하지만 관리자는 여전히 차를 직접 반납해야 한다는 말만 되풀이했다. 달린은 관리자에게 말했다. "대리점에서 내 렌터카를 교환해줄 사람을 보내지 않는 일처리는 받아들일 수 없어요. 이 차에는 결함이 있다고요. 엔진에서는 덜컹거리는 소리가 나고 핸들은 흔들거려요. 겁이 나서 운전을 할 수가 없어요. 이런 위험한 차로 공항까지 운전하라니요. 말도 안 돼요. 다른 SUV를 가져다주고 이 차를 반납해줄 사람을 보내주세요. 그렇지 않으면, 이 차를 주차된 차고에 그대로 두고 차 열쇠는 우편으로 부치겠어요." 관리자는 결함이 있는 SUV를 제대로 된 차로 교환해주기 위해 마지못해 직원을 보냈다.

달린과 나의 상황 모두에서 해당 회사들은 우리의 이익을 희생하여 그들에게 쉬운 길을 택하려고 했다. 하지만 우리는 우리의 취약한 부분을 이용하게 놔두지 않았다. 이 두 가지 사례를 통해 자신의 판단을 믿고 주장하면, 마땅히 받아야 할 것을 얻어낼 수 있다는 사실을 알았다. 이때 무엇보다 끈질겨야 한다. 남에게 폐를 끼친다거나 성가시게 한다는 걱정은 하지 말자. 우리는 단지 '다른 사람들'은 해주지 않을 것이 분명하기 때문에 최선의 이익을 스스로 찾을 뿐이다! 끈질긴 요구가 결실을 맺는다! 우리 권리를 주장하자. 그렇게 할 때, 일이 내 뜻대로 되는 경우가 더 많다는 사실을 알게 될 것이다.

원하는 것을 얻으려면
두려움을 감수하라

수많은 여성이 마땅히 받아야 하거나 충분히 기대할 자격이 있었던 것을 제대로 받지 못했을 때, 항의하기보다는 무력감을 느낀다. 부당한 대우, 조잡한 품질 그리고 형편없는 서비스를 그대로 받아들인다. 우리 역시 마땅히 그럴 권리가 있을 때조차 항의하기를 꺼리지 않는가. 그 결과 이용당하거나 쓸데없이 불편함을 겪어야 할지 모른다. 내가 아는 대부분의 여성은 2등 시민 취급을 받는 것에 질렸지만, 정작 어떻게 대응해야 할지는 모른다. "왜 사람들이 나에게 함부로 대할까요?"라고 묻던 인테리어 디자이너 이브를 기억할 것이다. 그때 나는 이렇게 대답했다. "당신이 그렇게 하도록 허용했기 때문이죠. 사람들은 당신이 가르쳐준 방식대로 당신을 대할 거예요." 나는 이 장을 위해 그 조언을 수정하고 싶다. "사람들이 어떻게 대하느냐는 당신이 어떻게 요구하느냐에 달려 있어요!"

『알라딘 팩터』(The Aladdin Factor)의 공동 저자 잭 캔필드(Jack Canfield)는 다음과 같이 썼다.

내가 원하는 것을 요구할 수 있다는 사실을 깨닫기 전까지, 나는 인정받지 못해도 체념하고 살았다. 즉, 아무에게도 방해가 되지 않는 것에 암묵적으로 동의했었다. 누구에게도 성가신 존재가 되지 않고, 누구도 간섭하지 않으며, 누구의 시간도 빼앗지 않고, 누구에게도 해로운 존재가 되지 않기로 말이다! 극장에서는 중간 좌석, 식당에서는 찬바람이 들어오는 좌석 등 항상 중간 수준에 만족했다. 차갑게 식거나 준비가 미흡한 음식도 다시 돌려보내지 않았다. 호텔에서는 수준 이하의 객실에 그냥 머물렀고, 일등석으로 업그레이드 할 수 있을 때도 이코노미석에 앉았다. 조잡한 기술과 형편없는 성과도 받아들였다. 맞지 않는 옷을 입었고 종종 너무 꽉 끼는 신발을 신었다. 그러면서 스스로에게 이렇게 말했다. '걱정 마. 신다 보면 늘어나

겠지 뭐.' 원치 않는 선물을 반품하거나 교환하는 것이 두려웠고, 점원에게 물건을 찾는 걸 도와달라고 요구하는 일도 거의 없었다.

잭 캔필드는 "그건 받아들일 수 없습니다"라고 말하는 법을 몰랐다. 자신이 원하거나 필요한 것을 요구할 수 있다는 사실을 알지 못했고 정중하고 공정한 대우를 받을 권리를 주장할 수 있는지도 몰랐다. 자, 이제 잭은 알게 되었다! 그는 세계적으로 유명한 연설가이자 베스트셀러 작가로서 원하는 것을 요구하는 법을 사람들에게 전파하는 데 전념하고 있다.

『거절할 줄 아는 여자』(How to Be an Assertive [Not Aggressive] Woman in Life, Love, and on the Job, 햇빛출판사, 1987)의 저자인 진 베어(Jean Baer)는 바버라 월터스와 〈투데이 쇼〉의 공동 진행을 맡았을 때 월터스를 인터뷰한 적이 있다. 그리고 책에서 인터뷰 내용을 이렇게 인용했다. "제 직장생활은 제가 요구하지 않았기 때문에 얻지 못한 기회들로 가득했습니다. 나는 내 주장을 하면 너무 공격적으로 비칠까 봐 늘 두려웠죠. 이제는 스스로 자신감이 생겼을 뿐 아니라 주변 분위기가 바뀌었고 그런 것들이 가능하다는 것을 깨달았어요."

많은 여성이 "그건 받아들일 수 없어요"라고 말하거나 원하는 것을 요구하는 것을 불편하게 느끼고 심지어 겁내기까지 한다. 그들은 그로 인해 발생할 위험을 두려워한다. 어떤 위험이 두려운 걸까? 사람들과 대립해야 하는 위험? 거절당할 위험?

기억하자. 현 상황을 바꾸려는 시도는 그게 무엇이든 위험이 따르는 법이다. 하지만 너무 소심해서 위험을 감수할 수 없다면, 자기 자신을 과소평가하는 셈이다. 예를 들어, 직장 동료에게 '자기'라고 부르지 말라고 요청하거나 상사에게 임금 인상을 요구하거나 부당하게 청구된 전화 요금에 대해 통신사에 항의하는 위험을 감수하지 못하고 두려워한다면, 항상 패배자일 수밖에 없다. 이런 종류의 위험 부담을 감수하지 않는다면, 우리는 자신의 소심함을 비난하는 내면의 소리를 들으며 살아야 한다.

우리 안의 비평가들은 계속해서 자존감을 깎아내리려고 할 것이다. 그러니 원하는 것을 요구하는 것을 최우선으로 삼자. 수잔 제퍼스(Susan Jeffers)의 베스트셀러 『도전하라 한 번도 실패하지 않은 것처럼』(Feel the fear and do it anyway, 리더스북, 2007)이라는 원서 제목처럼 '두려움을 느끼고 어쨌든 해내자.' 결국 두려워할 게 뭐가 있겠는가? 우리가 요구한 것을 얻지 못하는 것? 그래서 어떻다는 말인가? 우리는 지금도 그것을 가지고 있지 않다. 요구가 거절되더라도 지금보다 나빠질 건 없다.

원하는 것을 요구하기 위해서는 인내와 연습이 필요하다. 어쩌면 시도할 때마다 계속해서 다시 용기를 내야 할지도 모른다. 하지만 하면 할수록 점점 더 쉬워지니 자주 시도하자. 스스로 해냈다는 사실에 기쁨을 느낄 것이다.

원하는 것을 요구하는 6단계 접근법

여기 누구나 쉽게 따라해볼 수 있는 간단한 방법이 있다. 이는 샤론 A. 바우어(Sharon A. Bower)와 고든 H. 바우어(Gordon H. Bower)의 공동저서 『나만의 캐릭터로 승부하라』(Asserting Your Self, 와이즈브릭스, 2010)에서 묘사한 데스크(DESC, Descript-Express-Specify-Cequences)라는 각본 작성 기법에서 영감을 받았다. 마땅히 주장해야 할 권리를 얻기 위한 시도가 성공하지 못할 때 해볼 만한 방법이다.

> 1단계: 상대방의 대응을 받아들일 수 없다는 자신의 입장을 분명히 주장한다.
> 2단계: 상황을 간략하게 설명한다
> 3단계: 요구를 정당화한다.
> 4단계: 원하는 것을 요구한다.
> 5단계: 요구가 승인되면 발생할 긍정적인 결과를 언급한다.
> 6단계: 요구가 거부되면 발생할 부정적인 결과를 언급한다. (최후의 수단으로만 사용한다.)

여행자 수표를 도난당했던 경험으로 돌아가서 이런 접근 방식이 어떻게 작용했는지 분석해보자.

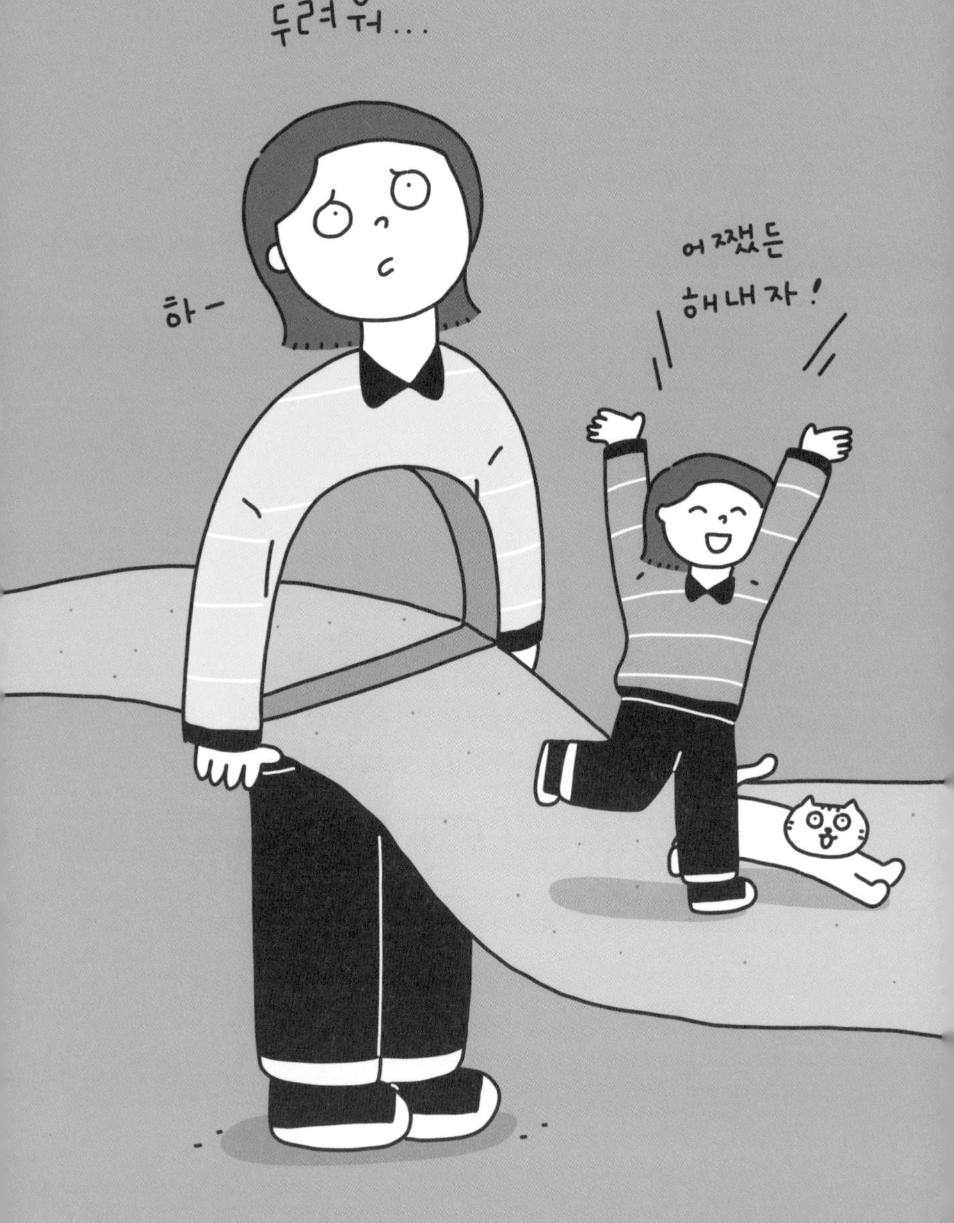
두려워...
하-
어쨌든
해내자!

- "매튜, 당신이 나한테 직접 수표를 전달하지 않는 건 받아들일 수 없어요." (1. 매튜의 대응을 받아들일 수 없다는 입장을 분명히 했다.)
- "나는 현금과 여행자 수표를 모두 도둑맞았어요. 나에게는 돈이 없어요." (2. 상황을 설명했다.)
- "당신의 회사는 분명히 새로 발행한 수표를 원하는 곳 어디나, 사실상 전 세계 어디에나 직접 배달해준다고 광고했어요." (3. 요구를 정당화했다.)
- "나는 당신이 고객에 대한 약속을 지키고 내 호텔까지 수표를 배달해주기를 기대합니다." (4. 원하는 것을 요구했다.)
- "그렇게 해준다면 진심으로 감사드리겠습니다." (5. 요구가 승인되면 발생할 긍정적인 결과를 언급했다.)

달린이 렌터카 대리점의 매니저를 상대할 때도 기본적인 접근법은 같았다.

- "대리점에서 렌터카를 교환해줄 사람을 보내지 않는 것은 받아들일 수 없어요." (1. 매니저의 대응을 받아들일 수 없다고 주장했다.)
- "차에 결함이 있어요. 엔진에서 덜컹거리는 소리가 나고 핸들은 흔들거립니다." (2. 상황을 설명했다.)
- "겁이 나서 운전을 할 수가 없어요. 이런 위험한 차로 공항까지 운전해 가다니요. 말도 안 돼요." (3. 요구를 정당화했다.)

- "나는 누군가가 다른 차를 가져다주고 이 차를 다시 가져가길 원해요." (4. 원하는 것을 요구했다.)
- "그렇지 않으면, 이 차를 주차된 차고에 그대로 세워두고 열쇠를 우편으로 보내겠어요." (5. 요구가 거부되면 발생할 부정적인 결과를 언급했다.)

항상 6단계를 모두 사용할 필요는 없다. 대부분은 우리가 분명하게 요구하면 사람들이 즉시 들어줄 테니 말이다. 지금 당장 시작해보자. 그 결과에 기분 좋게 놀라게 될 것이다.

애리조나에 사는 내 아들의 대모 토미가 왔을 때, 우리는 점심식사를 하러 사우스 마이애미 비치에 있는 멋진 레스토랑에 갔다. 마커스라는 웨이터가 모든 음료가 가격에 포함되어 있다고 안내해주고, 우리가 디저트를 주문할 때가 되자 카푸치노를 마실지 물었다. 음료가 점심값에 포함된 줄 알았던 우리는 "물론이요!" 하고 맞장구를 치고 모두 두 잔씩 마셨다! 그런데 나중에 계산서를 보니 음료 가격이 30달러나 청구된 게 아닌가. 토미가 그 '실수'를 마커스에게 알려주자, 그는 설명했다. "오, 그건 실수가 아닙니다. 음료수는 탄산음료나 생수를 의미한 거였어요." 토미는 상냥하게 계속 우리 입장을 말했다. "식사도 맛있고 서비스도 아주 훌륭했어요. 하지만 카푸치노가 한 잔당 7달러 50센트라는 것을 알았더라면, 주문하지 않았을 거예요. 제

생각에 카푸치노는 계산서에서 빼야 할 것 같군요." 마커스는
정중하게 사과했다. "손님 말씀이 맞습니다. 실수를 용서해주시
면 감사하겠습니다. 카푸치노는 무료로 제공하겠습니다."

토미와 나는 정중하고 공정한 대우를 받았다. 토미가 한 일은
문제를 설명하고 자신이 원하는 바를 요구한 게 전부였다.

다이앤은 지붕 수리를 맡긴 회사로부터 부당한 청구서를 받
았다. 지붕에서 물이 새는 상태를 점검한 매닝 사장은 1,450달
러의 수리 견적서를 써주었는데, 수리공 미구엘은 지붕을 직접
수리한 후 매닝 사장의 예상보다 문제가 덜 심각했다고 말했다.
지붕 타일을 교체할 필요가 없어서 미구엘은 빠르고 능숙하게
일을 마쳤다. 다이앤은 회사에 전화를 걸어 실제 작업한 비용만
큼만 지불하도록 청구서를 조정해줄 수 있는지 차분하게 물었
다. 하지만 사무장인 매닝 부인은 1,450달러를 모두 지불해야
한다고 주장하며 가격 조정이 불가능하다고 했다. 그러자 화가
난 다이앤은 나에게 조언을 구했다.

나는 그녀에게 이 장의 초안을 읽어보고 '그건 받아들일 수
없습니다' 대응법을 공식화해서 지붕수리 회사에 다시 전화해
볼 것을 권했다. 그리고 6단계 접근법을 알려주고 가이드로 참
고하라고 했다. 다이앤이 생각해낸 것은 다음과 같다.

- "청구 비용 감액 요청을 거부하는 것을 받아들일 수 없습니다."

(1. 상황을 받아들일 수 없다고 주장한다.)

- "지붕 타일은 교체할 필요가 없었습니다. 견적서에 설명된 것보다 작업 비용과 시간이 적게 진행되었습니다." (2. 상황을 설명한다.)

- "지붕 수리는 처음 예상보다 덜 복잡했습니다. 매닝 씨는 당초 견적에 타일 교체 비용을 포함시켰지만, 실제 사용하지 않은 자재와 노동 비용을 요구하는 것은 비윤리적입니다." (3. 요구를 정당화한다.)

- "청구서를 조정해서 실제 실행된 작업에 대해서만 청구하기 바랍니다."(4. 원하는 것을 요구한다.)

- "이 회사의 수리공은 매우 전문적이었습니다. 다른 사람들에게 추천하고 싶습니다." (5. 요청이 승인되면 일어날 긍정적인 결과를 언급한다.)

- "변호사의 지시가 있을 때까지 금액을 지불하지 않을 겁니다. 더나아가 소비자보호원에 전화하고, 부정적인 온라인 리뷰를 남길 생각입니다." (6. 요청이 거부되면 발생할 부정적인 결과를 언급한다.)

결론은 사무장 매닝 부인이 계속해서 완강하고 단호하게 다이앤에게 전액을 지불할 것을 요구했다는 것이다. 다이앤은 매닝 씨와 직접 통화했지만, 그 역시 다이앤의 정당한 요구를 들어줄 생각이 없었다. 하지만 결국 다이앤이 말하는 부정적인 결과를 듣자마자, 청구서를 950달러로 줄이는 데 동의했다.

긍정적인 결과를
먼저 강조하라

긍정적인 생각은 언제나 가장 좋은 결과를 가져온다. 내가 요구한 대로 받아들여질 것이라고 가정하고, 그 결과로 나타날 긍정적인 결과를 강조하자. 예를 들어, 임금 인상을 요구하는 직원은 "저는 앞으로 여기서 오랫동안 일하고 싶습니다"라고 협상을 마무리 지을 수 있다.

케이블 회사에 고장난 TV 케이블을 신속하게 고쳐달라고 요구하면서 "우리 가족이 정말 고마워할 겁니다. 우리는 이 회사의 고객으로 계속 남고 싶습니다"라고 말하거나 "이웃들에게이 회사를 추천하겠습니다"라고 말할 수 있다. 내가 매튜에게했던 것처럼, "그렇게 해준다면 진심으로 감사드리겠습니다!"라고 말할 수도 있다.

상대방이 우리가 요구한 바를 수행하기 전에 미리 감사나 충성심을 약속하면, 대개 그 사람은 우리를 만족시키려는 동기부여를 받은 것이다. 상대방은 우리를 행복하게 해주고 싶다는 진심을 갖게 되거나, 아니면 '부탁'을 들어준 것에 우리가 감사하기를 바랄 것이다.

하지만 그렇다고 해서 상대방이 우리에게 호의를 베풀고 있다고 생각해서는 안 된다. 처음부터 우리를 위해 했어야 할 일

을 했을 뿐이다. 우리의 요구를 수락한 상대방의 동기가 무엇인가는 중요하지 않다. 가장 중요한 건 나 자신이 마땅히 받아야 할 것을 얻는 것이다. 요구를 들어준 상대에게 미소 지으며 고맙다고 말하고 원하는 것을 얻어내면 된다!

가능하다면 부정적인 결과를 언급하는 단계는 피하는 것이 좋다. 이는 최후통첩처럼 보일 수 있어서 원하는 것을 얻는 대신 상대방을 방어적으로 만들거나 분노하게 할 수 있다. 할 수 있다면, 결과를 긍정적인 용어로 설명하는 편이 더 좋은 결과를 가져온다. 어쨌든 긍정적인 결과를 말하더라도 대개는 부정적인 결과가 은근히 암시되기 마련이다. 예를 들어, "이 불량품을 교환해주면 앞으로 여기서 계속 쇼핑하겠습니다"는 말은 불량품을 교환해주지 않으면 다시는 그 가게에서 쇼핑하지 않는다는 뜻이다.

부정적인 용어로 결과를 말하는 것은 가급적 피해야 하는 게 맞지만, 때때로 절대적으로 필요하기도 하다. 예를 들어 달린과 다이앤에게는 다른 방법이 없었다. 그들은 공정한 대우를 받을 다른 모든 가능성을 다 써버렸다. 그들에게는 정당한 요청이 거부되면 발생할 부정적인 결과를 언급하는 마지막 단계만이 남아 있었다. 달린은 차를 차고에 그대로 두겠다는 의사를 밝히고, 다이앤은 소비자보호원에 전화하겠다고 강하게 말하고 나서야 원하는 것을 얻었다.

다음과 같은 상황에서 어떻게 원하는 것을 요구할지 생각해보자. 부당한 대우를 받거나 불편을 겪는 상황은 거부해야 한다. 다이앤이 응답을 공식화하기 위해 가이드로 사용한 것과 동일한 6단계 접근법을 따라해보자.

| 상황 1 | 우리 집에서 키우는 애완견의 발이 며칠 동안 부어 있다. 수의사인 워닉 박사가 손가락으로 검진을 하고 종양이라는 진단과 함께 수술을 권한다. 나는 애완견을 다른 수의사에게 데리고 가서 한 번 더 진료를 받고, 그곳에서 애완견 발에 박힌 큰 가시를 제거한다. 종양은 없었다. 나는 워닉 박사에게 그의 실수를 알리지만 워닉 박사는 여전히 진료비로 95달러를 청구한다.

。이 상황을 받아들일 수 없다고 주장하라:

。상황을 설명하라:

。요구를 정당화하라:

。원하는 것을 요구하라:

。요구가 승인되면 발생할 긍정적인 결과를 언급하라:

。요구가 거부되면 발생할 부정적인 결과를 언급하라:

| 상황 2 | 컴퓨터 수리 기술자인 네드가 전화를 걸어, 수리를 맡긴 컴퓨터가 오후 1시 이후에 언제든지 가져갈 수 있도록 준비가 될 것이라고 알려주었다. 오후 3시에 도착했을 때, 네드는 다른 고객에게 비디오 게임 방법을 알려주느라 바빴다. 컴퓨터는 이미 두 시간 전에 수리가 끝났지만, 그는 지금 하는 일을 끝낼 수 있도록 25분 정도 기다려달라고 말한다. 내가 학교로 아이들을 데리러 가야 하며, 약속 시간에도 맞춰 가야 한다고 말하자 네드는 다른 일들을 먼저 하고 오후 6시 전에 다시 와서 컴퓨터를 가지고 가라고 제안한다.

。 이 상황을 받아들일 수 없다고 주장하라:

。 상황을 설명하라:

。 요구를 정당화하라:

。 원하는 것을 요구하라:

。 요구가 승인되면 발생할 긍정적인 결과를 언급하라:

。 요구가 거부되면 발생할 부정적인 결과를 언급하라:

| 상황 3 | 휴가를 떠나기에 앞서, 집이 비어 있는 동안 외관을 페인트칠 하기로 도장공과 계약했다. 페인트를 선택하고 예산에 맞는 가격을 협상한 후 휴가를 떠났는데, 휴가에서 돌아와보니

도장공이 내가 선택한 것과 다른 색상을 사용했다는 것을 알게 됐다. 다행히 그 색도 마음에 들었으므로 기꺼이 받아들였지만, 도장공은 더 비싼 페인트를 사용했기 때문에 추가로 300달러를 지불해야 한다고 알린다. 이에 항의하자 정말로 더 높은 품질의 페인트를 사용했다는 것을 확인시키는 송장을 보여준다. 그리고 추가 비용을 지불할 것을 계속 요구한다.

◦ 이 상황을 받아들일 수 없다고 주장하라:

◦ 상황을 설명하라:

◦ 요구를 정당화하라:

◦ 원하는 것을 요구하라:

◦ 요구가 승인되면 발생할 긍정적인 결과를 언급하라:

◦ 요구가 거부되면 발생할 부정적인 결과를 언급하라:

자신만의 '그건 받아들일 수 없습니다' 상황을 그려보자. 개인적으로 직접 경험한 것이어야 한다. 그때 어떻게 대처했었는가? 6단계 접근법을 사용하여 지금이라면 어떻게 대응할지 상상해보자.

원하는 것을 얻으려면
묻고 또 물어라

이 장에서 설명한 사례들을 통해 알 수 있듯이, 어떤 사람들은 우리가 직접적으로 요구하지 않는 한 스스로 알아서 옳은 일을 하지 않으며 공정한 대우를 하지도 않는다. 하지만 우리가 요구한다면, 대개는 꽤 친절하고 기꺼이 요구사항을 수용해준다. 원하는 것을 요구하면 많은 이점이 있다. 자신의 목소리를 냈다는 점에서 스스로에게 만족할 수 있으며, 종종 원하는 것을 얻을 뿐 아니라 다른 사람들에게 옳은 일을 할 기회를 줄 수도 있다! 사람들은 때때로 도움을 주고 싶어도 방법을 알지 못한다. 따라서 원하는 것을 말해줄 필요가 있다.

예를 들어, 토미는 마커스에게 계산서에서 카푸치노 가격을 빼달라고 요구했고, 마커스는 실제로 공제해주었다. '요구하지 않으면 마땅히 받아야 할 것도 얻지 못하고, 요구해야 얻을 수 있다'는 것을 기억하자. 확실히 요구하지 않은 것은 얻지 못할 것이다. 나는 그 교훈을 어렵게 배웠다.

한번은 호텔에서 체크아웃하기 전날 밤에야 아침식사가 객실 요금에 포함되어 있다는 것을 알았다. 4일 전에 도착했을 때, 아무도 이 혜택에 대해 알려준 사람이 없었다. 매일 아침식사를 무료로 제공받을 자격이 있다는 것을 몰랐던 나는 길 아래에 있는 식당에서 식사를 했었다. 당직 직원에게 "왜 매일 무료 아침 식사가 가능하다는 사실을 말해주지 않은 거죠?"라고 물었다. 답은 어땠을까? "손님이 안 물어보셨으니까요!"

이런 경우도 있었다. 동네 컴퓨터 매장에서 비싼 컴퓨터 장비를 샀는데, 나중에 한 학생이 그곳에서 컴퓨터를 구매하면서 15퍼센트 할인을 받았다고 이야기하는 것을 우연히 들었다. 그녀는 모든 학생과 교사는 할인받을 자격이 있다고 설명했다. 나는 교육자 할인을 받을 수 있는지 모른 채 전액을 다 지불하고 컴퓨터 시스템을 구매했다. 매장 직원은 내게 말해줄 생각을 전혀 하지 않았고, 나도 묻지 않았다.

그러니 묻고 또 묻고 또 물어야 한다! 질문은 우리가 구체적으로 약속받았거나 받을 자격이 있는 것을 묻는 것에 국한되지 않는다. 원하는 것은 무엇이든 물어보자. 할인에 대해 질문하고 무료 아침식사에 대해 문의하고 이용 가능한 혜택에 대해 묻고 매니저와 이야기할 수 있는지 질문하고 더 좋은 좌석과 창가 테이블을 요구하고 추가 요금 없이 일등석으로 업그레이드해줄 수 있는지 질문하면 된다!

여기에는 어떤 불리한 면도 없다. 최악의 상황이라면 요구가 거절당하는 것인데, 그러면 어떤가? 목소리를 높여라! 끈질기게 물고 늘어져 원하는 것을 얻어내자. 실패해도 잃을 건 없고, 일이 잘되면 얻을 건 많다!

부당한 대우에는
등을 돌리고 떠나라

대학 교수인 린다는 부당한 대우를 받았을 때 항의하는 것을 두려워하지 않았다. 그녀는 약속한 것보다 적게 받는 것을 거부했다. 린다가 재직했던 대학의 학장인 맥에게서 6개월 동안 임시 학장이 되어달라는 부탁을 받았을 때, 그녀는 맡고 싶지 않았다. 하지만 임시직이었고 좋은 경험이 될 것 같다는 생각으로 요청을 수락했다. 맥은 린다의 급여를 인상한 후 6개월 후에 다시 일반 교수 급여로 조정해야 하는 행정적인 번거로움을 피하고 싶었다. 그래서 급여 인상의 대안으로 주 4일 근무와 그 해 말에 다른 지역에서 열릴 교수회의에 참석할 수 있는 경비를 대주는 조건을 제시했고, 린다는 그 제안에 동의했다.

일주일 후, 린다는 새로운 직위의 조건을 요약한 메모를 받았다. 린다가 주 4일 근무에 대한 내용이 빠졌다고 말하자, 맥이 대답했다. "글쎄요, 생각해봤는데 그건 어렵겠어요." 린다는 재빨리 둘이 나눴던 조건을 상기시켰다. "저는 우리가 합의한 내용에 따라 이 직위를 받아들였습니다. 금요일에 휴가를 낼 계획이었어요." 맥이 시선을 아래로 향하며 말했다. "린다, 선택지는 둘 중 하나예요. 이 조건을 받아들이거나 이 직장에서 떠나는 거예요." 린다는 맥을 똑바로 쳐다보았다. "좋아요, 그렇다면 저는 떠나겠습니다."

맥은 린다가 그만둘 각오를 하고 있다는 것에 놀라서 격주로 금요일에 휴가를 주겠다고 제안했지만, 그녀는 관심을 보이지 않았다. 린다는 맥의 '양보'에 감사를 표하고는 강의실로 돌아가겠다고 말했다. 화가 난 학장이 마침내 고개를 들었다. "잠깐, 나는 타협할 용의가 있어요. 내가 말했듯이, 당신은 격주로 금요일에 쉴 수 있습니다. 그러니 당신도 반쯤 양보해야 하지 않나요?" 린다는 물러서지 않았다. "제가 타협할 이유는 없습니다. 그리고 학장님의 요구를 받아들일 수 없네요. 학장님은 주 4일 근무를 약속하셨어요. 그 점은 아주 분명합니다. 저는 우리가 합의한 것에 따르기를 원합니다." 결국 학장은 약속대로 해주었으며, 린다는 그 자리를 받아들였다.

맥이 두 사람이 합의한 이해 조건을 바꾸려고 했을 때, 린다는 반대의사를 제기할 자신이 있었다. 그녀는 그 자리에서 물러나고도 만족할 수 있는 만반의 준비가 되어 있었다. 린다는 자신이 약속받은 것보다 덜한 조건을 그대로 받아들인다면 나중에 허공에 발길질할 만큼 후회하리라는 사실을 알고 있었다. 다행히도 그런 과정은 필요치 않았다.

베티는 오후 내내 휴대폰 대리점에서 시간을 보냈다. 그녀는 점원에게 이것저것 질문하고 서로 다른 스마트폰을 비교했다. 계약서와 서비스 협약서를 읽고 여러 양식을 작성한 후, 마침내 휴대폰을 선택했다. 이제 돈을 지불하고 매장을 나설 준비가 되었다. 점원에게 신용카드를 건네려던 순간, 갑자기 50달러의 프로그래밍 요금에 대해 들었다. 놀란 베티는 상냥한 태도로 항의했다. "지금까지 프로그래밍 요금에 대해 들은 적이 없는데요. 계약서에도 전혀 언급되지 않았잖아요." 점원은 입심 좋게 대답했다. "우리 방침이에요. 모두 지불하는 요금이죠. 아무도 불평한 사람이 없어요." 베티는 요금을 지불했고, 나중에 그런 자신에게 짜증이 났다.

우리는 모두 베티와 비슷한 경험을 해봤을 것이다. 예상 못했던 특정 물건이나 서비스를 제공받거나 약속된 것과 다른 물건이 배달된 경우, 또는 막판에 미리 듣지 못했던 새로운 조건이 갑자기 붙은 적이 있지 않은가? 주의하지 않으면 유쾌하지 않은 상황에 굴복해야 하는 일을 자주 경험한다. 그런 상황에서 많은 여성이 어떻게 대답해야 할지 몰라 꼼짝 못 하고 당황한다. 베티에게 일어난 일이 바로 그런 경우였다.

베티는 아직도 프로그래밍 요금을 떠올리면 후회가 된다. 그리고 다음에 같은 상황에 놓인다면 꼭 이렇게 말하기로 다짐했다. "추가 요금은 받아들일 수 없어요. 합의된 사항도 아니고 설명을 듣지도 못했거든요. 만약 숨겨진 수수료를 청구하겠다고 고집한다면, 저는 다른 곳에서 휴대폰을 구매하겠습니다."

베티는 강력하고 간단명료한 언어로 마지막 결과를 전달하는 자신의 모습을 상상한다. 막판에 고객들에게 숨겨진 요금을 들이미는 방식으로 장사하는 사람과는 거래하지 않을 것이라는 걸 확실하게 전달하고 작별 인사를 한 후 속 시원하게 자리를 떠날 기회를 즐기는 자신의 모습을 말이다.

베티가 지금 깨달았듯이, 우리에게는 예상치 않게 부과된 조건들을 거부할 권리가 있다. 당연히 다 버리고 새롭게 시작하는 건 귀찮은 일이다. 많은 시간과 감정적 에너지를 쏟아부은 사안을 중단하고 싶지는 않을 것이다. 하지만 종종 불편함을 감수할 가치가 있다. 불공정하게 행동하는 사람들이 그들의 관행을 재고하고 미래에 다른 사람들에게는 더 정직하게 행동하도록 만들 수 있다. 게다가 스스로 불공정한 상황에서 벗어나는 것은 나 자신이 해냈다는 자부심과 자존감을 부여할 것이다. 한번 시도해보면 무슨 말인지 알게 될 것이다.

"그건 받아들일 수 없습니다"라고 말하고 그곳에서 떠날 준비를 해야 할 경우가 또 하나 있다. 바로 원하는 것을 정확히 받지 못했는데 제값을 치르고 있을 때다. 최고의 대우를 받을 자격이 충분하며, 그걸 기대하고 있는데 왜 차선으로 만족해야 하는가?

엘렌은 240페이지 분량의 박사 학위 논문 두 부가 필요했다. "복사본이 정말 멋지게 보여야 해요." 엘렌은 복사센터 직원인 클라우디아에게 말했다. "문제없어요" 클라우디아는 장담하며 대답했다. "완벽하게 만들어드릴게요." 복사본을 찾으러 간 엘렌은 모든 페이지에 작고 검은 얼룩이 있는 것을 발견했다. 엘렌은 다시 작업해달라고 정중하게 요청했다. 그러자 클라우디아는 이미 완성된 두 세트의 복사본 가격을 우선 지불해야 한다고 말했다. "복사본 품질이 떨어져서 값을 지불할 수 없어요. 정말 형편없어 보이는군요. 완벽하게 만들어주겠다고 장담했잖아요." 엘렌은 항의했다. "전 그렇게 말한 적 없어요." 클라우디아가 방어적으로 말하고 나섰다. 엘렌은 "이 복사본에 대해서는 값을 지불할 수 없어요. 빳빳하고 깨끗한 상태의 복사본을 원합니다. 당신이 완벽하게 만들어주겠다고 장담했었어요. 다시 해주셨으면 합니다. 그렇게 할 수 없다면, 매니저와 통화하게 해주세요. 저는 이 복사본 상태를 인정할 수도 없고, 돈을 지불할 수도 없습니다." 상황을 들은 매니저는 현명하게 대답했다. "당연히 추가 비용 없이 다시 복사해드리겠습니다. 계속 저희 매장을 이용해주셨으면 합니다."

엘렌은 만족스럽지 않다면 다른 매장으로 갈 만반의 준비를 하고 있었다. 다행히도 상황은 잘 처리되었고 다른 곳에서 복사할 필요는 없었다. 클라우디아가 "완벽하게 복사해주겠다고 말한 적이 없다"고 주장했을 때, 엘렌은 현명하게도 "네, 그렇군요"라고 대답하지 않았다. "아니요. 저는 그렇게 말한 적이 없어요"에 "아니요. 당신은 그렇게 말했어요"라고 대꾸하거나 "당신은 그렇게 말하지 않았잖아요"에 "아니요. 그렇게 말했어요"라고 반응하는 식의 말싸움에 말려드는 것은 승산이 없다. 가능하면 이런 종류의 언쟁은 피하도록 하자. 우리가 제기한 불만이나 문제를 생산적으로 해결할 가능성이 거의 없기 때문이다. 대신 엘렌이 했던 대로 해보자. 입장을 밝히고, 원하는 것을 요구하고, 필요하다면 떠날 준비를 하자.

부당한 대우를 그대로 받아들여야 할 의무를 느낄 이유가 전혀 없다. 배관공이든 점원이든 혹은 변호사나 의사든 그 어떤 사람에 대해서도 말이다. "그건 받아들일 수 없습니다"라고 말하고, 공정하며 공손하게 대하지 않는 사람에게 등을 돌리고 떠나는 것은 우리의 절대적인 권리다.

작가 진 베어는 『거절할 줄 아는 여자』에서 양보할 수 없는 여성의 기본적인 권리를 설명한다. 이 권리 중 두 가지는 '다른 사람뿐 아니라 자기 자신에게 존엄한 대우를 기대할 권리'와 '불합리한 상황을 거부할 권리'다. 베어는 "내 경우, 몇 년 동안 유명 산부인과 의사에게 진료를 받아왔다. 그는 약속을 계속 어기고, 때로는 나타나지도 않았으며, 나에게 소리를 지르기도 했다. 나는 화가 났지만 그렇게 유명한 사람을 판단할 권리는 내게 없다고 생각했다." 베어는 어쩔 수 없이 진료를 못 받는 날이 올 때까지 그의 환자로 남았다. 그 의사가 마약 금단으로 사망할 때까지 말이다!

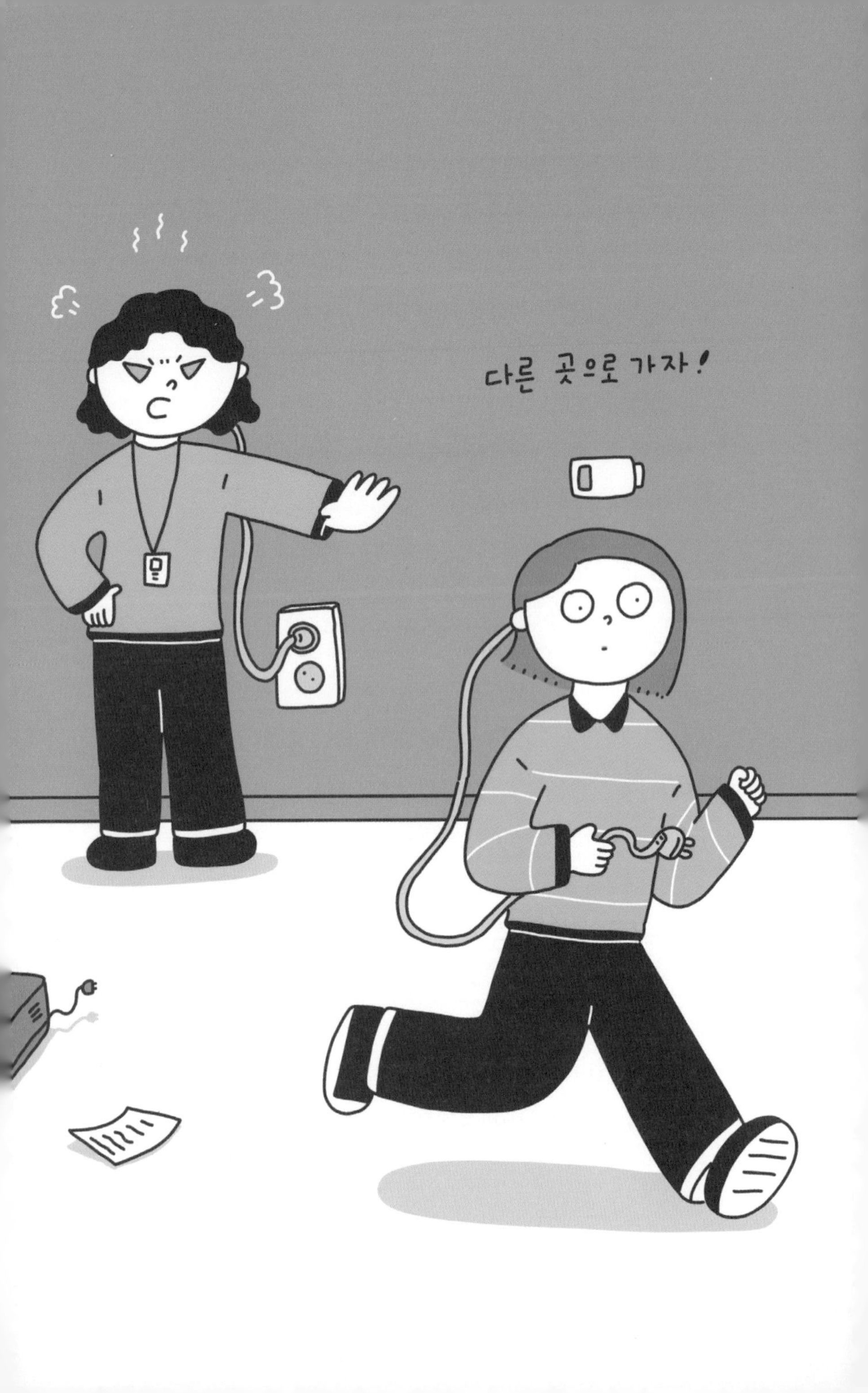
다른 곳으로 가자!

베어에게는 산부인과 의사에게 그런 행동을 용납할 수 없다고 말할 권리와 진료를 거부할 권리가 있었다. 실제로는 전혀 그렇게 하지 못했지만, 그녀는 스스로 그럴 수 있기를 바랐다. 그러니 무례하게 대하는 사람이 죽을 때까지 기다릴 것이 아니라, 그런 행동은 받아들일 수 없다는 사실을 알려주자. 사람들이 지금 우리를 위엄있고 존중하는 태도로 대하지 않는다면, 등을 돌리고 다른 곳에서 거래할 준비를 해야 한다.

분노가 가져오는 의외의 보상

"너무 짜증 나요." 웬디가 점심을 먹기 위해 앉으면서 투덜거렸다. "무슨 일이에요?" 내가 물었다. "샘이 내 머리를 너무 짧게 잘랐어요. 다시는 그에게 머리를 맡기지 않을 거예요. 새로운 미용사를 찾아야겠어요. 하지만 그동안은 샘이 해주는 머리가 정말 마음에 들었다고요."

우리 모두 이와 비슷한 상황을 겪어보았다. 특정 기준의 기대가 충족되지 않았을 때 실망을 경험하지만, 불행하게도 많은 여성이 불쾌감을 드러내는 대신 침묵을 택한다. 그저 회피하는 방식으로 실망감에 대처할 뿐, 목소리를 높여 자기 입장을 밝히지 않는 것이다. 그리하여 불쾌감을 유발한 상대방은 자신이 우리의 기대에 부응하지 못했다는 사실을 결코 알지 못한다. 샘도 그가 왜 웬디라는 고객을 잃었는지 영원히 알지 못할 것이다.

실망스러운 서비스에 대해 침묵하는 것은 개인에게 긴장감을 초래할 수 있다. 실제로 우리의 감정적 에너지를 축내고 불안을 야기한다. 나는 웬디에게, 샘에게 머리가 마음에 들지 않는다고 표현하고 상황을 바로잡을 기회를 주라고 권했다. 그리고 "샘이 이유도 모른 채 고객을 잃기 전에, 왜 그랬는지 알려주고 그가 사과하도록 하세요. 그리고 앞으로 어떻게 하는지 보는 게 좋을 거 같네요"라고 조언했다.

이와 비슷한 상황을 바브는 어떻게 대처했는지 살펴보자. 그녀는 애완견 루시를 예약 시간에 맞춰 애견미용사에게 데려갔다. 미용사는 루시를 단 몇 분도 '대기용' 철장에 넣지 않고 즉시 목욕시키겠다고 약속했다. 두 시간 후 바브가 루시를 데려가기 위해 도착했을 때, 실망스럽게도 루시는 여전히 미용 순서를 기다리며 갇혀 있었다. 바브는 속이 부글부글 끓었다. 그녀는 다시는 이곳을 이용하지 않겠다고 조용히 다짐했다. 하지만 항상 이 미용사에게 만족해왔기 때문에 다른 미용사를 찾고 싶지 않았다. 그래서 자신의 불쾌한 마음을 표현했다. 미용사는 진심으로 사과하고 즉시 미용 서비스를 완료한 후, 다시는 루시를 기다리게 하지 않겠다고 약속했다.

바브는 자신의 입장을 정확하게 밝힘으로써 성공적인 결과를 이끌어냈다. 분한 마음을 품지 않고 감정적으로 건강한 상태를 유지할 수 있었다. 애견 미용사와 맺었던 본래의 유쾌하고 전문적인 관계를 계속 유지했으며, 새로운 미용사를 찾아야 하는 스트레스를 피할 수 있었다.

실망스러운 서비스에 대한 자신의 입장을 표현하면 많은 혜택을 얻을 수 있다. 그러니 자신의 불쾌감을 털어놓도록 하자. 이는 스트레스를 줄여주고 더 큰 감정적 행복으로 이어지게 하며, 개인적이고 전문적인 관계를 건강하게 유지하는 데 매우 중요한 역할을 한다. 상대를 실망시킨 사람이 그 이유도 알지 못한 채 바로 외면당하기 전에, 그에게 상황을 바로잡을 기회를 주도록 하자.

타협의 여지를 보여주는 한마디의 효과

누군가가 타협을 요구하지만 타협에 응할 필요가 없는 상황이 있다. 합의 조건이 아주 명확했고 두 사람 모두 동의한 상황에서 갑자기 상대방이 중간에 새로운 규칙을 만들고 내가 동의하기를 요구할 때다. 그것에 대해 내가 용기를 내서 이의를 제기하면 상대방은 또 다른 어려움으로 타격을 가한다! "좋아, 네가 원한다면 타협할게"라고 회유하면서 예상보다 안 좋은 조건에 만족하도록 조종하려 든다. 하지만 나에겐 타협할 의무가 없으며, 모든 건 전적으로 나에게 달려 있다.

시간을 두고 이 타협이 정말 최선인지 따져보라. 타협의 보상으로 얻게 되는 것이 가치 있는지 결정하고, 가치가 있다면 타협하자. 그게 아니라면 타협해서는 안 된다. 왜 내가 약속받고 기대했던 것보다 적게 받아들여야 하는가? 자신의 입장을 고수하고, 린다가 학장에게 했던 것처럼 '전부가 아니면 아무것도 필요 없다는 태도'를 취하자. 우리는 약속받은 모든 것을 원하며, 그렇지 않다면 아무것도 필요 없다!

타협을 거부했다면, 이제 대결을 준비해야 한다. 종종 상대방은 우리를 비합리적인 사람처럼 보이게 하려 들 것이다. 다음과 같은 말들을 예상해볼 수 있다.

- 너무 억지 부리지 마세요.
- 얻기 위해서는 조금 양보해야만 해요.
- 저는 타협할 용의가 있어요.
- 서로 반씩 양보합시다.
- 좋은 생각이 있어요. 차액을 반씩 나눕시다.
- 너무 융통성 없이 굴지 마세요.
- 조금 양보할 줄도 알아야 해요.

상대의 허풍에 현혹되지 마라. 맥이 "저는 타협할 용의가 있어요. 당신도 반쯤 양보해야 하지 않나요?"라고 말했을 때, 린다가 했던 것처럼 "그건 받아들일 수 없어요"라고 대답할 수 있도록 마음의 준비를 하자.

자동차를 구매해본 적이 있다면 대학 신입생인 조시에게 일어난 일에 공감할 것이다. 조시의 할머니는 그에게 첫 차 구매 비용으로 1만 달러를 주었다. 조시는 꼼꼼하게 검색을 하던 중 신문 광고에 실린 중고 도요타 캠리를 발견했다. 차주인 그렉은 차 가격으로 1만 달러를 제시했다. 조시는 시험 운전을 해보자마자 곧바로 그 차와 사랑에 빠져버렸다. 조시는 차를 점검해본 뒤에 구매하겠다고 말했다. 정비사는 앞 타이어 교체를 추천하며 그 외에는 문제가 없다는 성능 보증서를 발급해주었다.

조시가 거래를 마무리하려고 그렉의 집으로 돌아왔을 때, 그렉은 뒤통수를 칠 준비를 하고 있었다. 그렉은 태도를 바꿔 가격을 1만 1,000달러로 올리면서, 할머니에게 더 많은 돈을 받아오라고 제안했다. 조시가 고개를 가로저으며 "저 차 가격이 1만 1,000달러면 너무 비쌉니다"라고 말하고 그곳을 떠나려고 등을 돌리자 그렉은 재빨리 "잠깐만요. 절충안으로 타협합시다. 1만 500달러 주세요"라고 흥정했다. 속상하고 실망한 조시는 "됐어요"라고 중얼거리며 자리를 떴다.

이런 상황에서 '그건 받아들일 수 없습니다' 6단계 접근법은 특히 효과적이다. 다음은 조시가 그렉에게 사용하면 좋았을 접근법이다.

- "지금 가격을 바꾸는 것을 받아들일 수 없습니다. 전 타협할 수 없어요." (그렉의 제안을 받아들일 수 없다는 자신의 입장을 밝힌다.)
- "당신은 1만 달러의 가격을 제시했습니다. 그리고 정비사가 차에 문제가 없다고 말하자, 가격을 1만 1,000달러로 올렸습니다." (상황을 설명한다.)
- "우리의 계약 조건을 변경하는 것은 매우 불공정합니다. 당신은 그 차를 1만 달러에 팔기로 약속했고, 나는 정비사에게 확인받은 후 구매하기로 약속했습니다. 나는 합의한 사안을 이행할 준비가 되어 있었습니다." (자신의 요구를 정당화한다.)
- "당신이 약속대로 그 차를 1만 달러에 팔기를 원합니다." (원하는 것을 요구한다.)
- "그렇지 않으면, 그냥 다른 사람의 차를 찾아보겠습니다. 다른 좋은 차를 찾을 수 있을 겁니다." (결과를 언급한다.)

조시는 너무 쉽게 포기했다. 떠나기 전에, '그건 받아들일 수 없습니다' 접근법을 시도했다면 좋았을 것이다. 그 접근법은 1만 달러에 캠리를 구매하게 해주지는 못했을지라도, 부당한 상황에서 목소리를 높이기를 바라는 자신을 만족시킬 수는 있었을 것이다. 린다와 조시 둘 다 예상보다 안 좋은 조건에 대해 타협하기를 거부하고 받아들이지 않았다. 두 사람 모두 떠날 준비가 되어 있었다. 그런데 알고 보니 린다는 그렇게까지 할 필요는 없었다. 물론 타협하고 싶을 때도 있다. 어쩌면 그 자리를 떠나고 싶지 않았을지도 모른다. 또 상대방이 약속했던 것 대신에 다른 것을 기꺼이 제시할 수도 있다. 그리고 어쩌면 자신이 원했던 것 중 일부를 양보하거나 희생하는 것에 대해 정말로 개의치 않았을 수도 있다. 괜찮다. 그렇다면 타협하는 것이 좋다. 단, 나 자신이 해야만 한다. 절충안을 협상하는 방법을 살펴보고 나에게 적합한 방법을 찾아보자.

인생은 협상의 연속이다

'협상'이라는 말을 들었을 때 몸서리치며 '협상이라고? 난 절대 그런 거 할 수 없어'라고 생각하는 사람이 있을지 모른다. 비록 협상이 자신의 능력 밖이라고 느낄 수도 있지만, 사실은 전혀 그렇지 않다. 우리는 이미 협상의 요령을 알고 있고 항상 협상하고 있으며 그것도 아주 잘하고 있다.

• 우리는 자녀와 협상한다: "네가 저녁밥을 다 먹으면, 우리는 아이

스크림을 먹으러 나갈 거야." 또는 "네가 수학시험에서 'A'를 받
으면, 디즈니월드에 데려갈게."

- 자녀는 우리와 협상한다: "오늘 밤에 TV를 한 시간 더 보게 해준
다면, 금요일이 아니라 내일 당장 방을 청소할게요."
- 연인이나 배우자와 협상한다: "나와 함께 테니스 레슨을 받는다
면, 축구 경기에 함께 가줄게요."
- 친구와 협상한다: "네가 오후에 아이들을 픽업해준다면, 오전에
는 내가 아이들을 학교까지 태워다줄게."

'협상'은 단지 '타협'을 의미할 뿐이며, 우리는 항상 타협을 하
고 있다. 결국 인생은 타협이나 협상의 연속이다. 이렇게 생각하
면 쉽게 협상할 수 있을 것이다.

'그건 받아들일 수 없습니다' 6단계 접근법을 이미 사용하고
원하는 것을 정중하고 단호하게 요구했다면, 상대방은 아마 두
가지 방식 중 하나로 반응할 것이다. 맥이 린다에게, 복사 센터
관리자가 엘렌에게 한 것처럼 본래 합의사항을 이행하고 우리
가 기대한 것을 주거나, 그렉이 조시에게 한 것처럼 우리의 요
구를 거절하는 것이다.

이제 떠나거나 남거나 둘 중 하나를 결정할 차례다. 그런데
거래를 중단하길 원하지 않거나 원하는 것을 얻기 위해 타협할
용의가 있다고 가정해보자. 그렇다면 이제 협상할 시간이다.

협상의 선택지는 다양하다

여성들은 종종 오직 '갖거나' 또는 '포기하거나'라는 두 가지 선택지밖에 없다는 생각으로 자신을 제한한다. 이외에 다른 가능성을 생각해보지 않는다. 다른 가능성은 어디에서 올까? 바로 자기 자신에게서 시작된다. 그건 스스로 만들어내야만 한다. 어떻게 해야 할까? 대가로 무언가를 요구하는 것이다. 양보하거나 타협하는 대가로 요구할 수 있는 몇 가지 것들의 목록을 만들어보자. 그러면 약속받은 것의 일부를 희생하는 대가로 원하는 것을 선택할 수 있다.

예를 들어, 금요일 이른 아침에 컴퓨터 모니터 수리를 맡기고 오후 5시까지 수리가 끝날 거라고 약속받았다. 주말 동안 모니터를 사용해야 한다고 강조하면서 제시간에 수리가 완성되어야 한다는 걸 두 번이나 확인했다. 모니터를 가지러 다시 갔을 때, 작업자는 이렇게 말한다. "정말 죄송합니다. 모니터 작업을 완전 잊고 있었어요. 주말에 놔두면 월요일 아침에 바로 고칠게요." 어떻게 해야 할까?

먼저, 시간을 갖고 상황을 고려해본 후 좋은 대안을 생각해내야 한다. 월요일까지 기다려서 모니터를 고치거나 정당하게 항의하고 다른 곳으로 수리할 모니터를 가지고 갈 수도 있다. 또 다른 대안으로는 작업자에게 늦게까지 남아 모니터를 고쳐달라고 요구할 수도 있다. 아니면 모니터가 수리될 때까지 다른 모니터를 대여해달라고 요구할 수도 있다. 불편을 겪게 된 것에 대한 보상으로 수리비 50퍼센트 할인을 요구할 수도 있으며, 심지어 모니터 수리를 무료로 요청하는 방법도 있다!

잠시 조시와 중고 도요타 사례로 돌아가보자. 조시가 정말로 도요타를 갖고 싶어서 약간의 양보를 할 마음이 있었다고 해보자. 조시에게는 어떤 선택지가 있었을까? 1만 100달러를 제시하거나 그렉이 원하는 1만 500달러보다 적은 금액으로 합의를 볼 수 있었다. 또는 그렉에게 추가 금액에 한해 6개월에 걸쳐 지불하게 해달라고 요청할 수도 있었다. 아니면 불량 타이어 두 개와 얼룩진 바닥 매트를 교체하는 조건을 제시할 수도 있었다. 그렉에게 12개월 동안 기계적 고장에 대한 수리를 보증하라고 요구하는 방법도 생각해볼 수 있다. 이와 유사한 상황에서 유리한 선택지는 매우 다양하다. 결코 둘 중 하나에 매달리지 말기 바란다.

다음 각 상황은 상대방이 나와 체결한 계약 조건을 이행하지 않거나 준수할 수 없는 경우들이다. 나는 그 자리에서 '떠나기' 보다는 타협을 위해 협상할 용의가 있다. 자신이 기대하고 원했던 것 중 일부를 포기하는 대가로 무엇을 요구할 것인가? 잠시 시간을 내어 각 상황을 살펴보고 자신에게 유리한 대안 목록을 작성해보자.

| 상황 1 | 예정된 비행 시간보다 먼저 공항에 도착했다. 예약이 확정된 것을 확인했지만, 현장에서 항공편 예약이 초과되어 탑승할 좌석이 없다는 알림을 받는다. 해당 항공사는 5시간 후의 항공편에 좌석을 마련해주겠다고 약속한다. 내가 항공사에 제안할 수 있는 요구사항은 무엇일까?

| 상황 2 | 외국에서 예약한 렌터카를 픽업하러 갔다. 그런데 예약한 특정 제조사의 모델을 이용할 수 없다. 같은 가격대의 비교 가능한 차도 없다. 자동차 렌털 대리점에 제시할 수 있는 선택지는 무엇일까?

| 상황 3 | 늦은 저녁식사 자리에 배정되는 조건으로 몇 달 전에 미리 크루즈를 예약했다. 일찍 자리를 잡고 싶지 않다는 것을 분명히 했다. 탑승 전날, 여행사 직원이 이른 저녁식사 자리로 변경되었음을 알려준다. 그녀는 사과하면서 컴퓨터 고장 탓을 한다. 여행사에 제안할 수 있는 요구사항은 무엇일까?

| 상황 4 | 큰 파티를 준비하고 있었다. 파티 일주일 전, 요리사는

내가 선택한 메뉴 비용이 낮게 책정되었다고 말하며 전채요리와 안주가 처음 말한 것보다 300달러 더 비싸질 것이라고 통보한다. 요리사에게 제안할 수 있는 요구사항은 무엇일까?

| 상황 5 | 바다가 보이는 발코니가 갖춰진 2인실을 예약했다. 호텔에 도착해보니, 오션뷰 2인실이 남아 있지 않다고 한다. 호텔 지배인은 가격이 두 배인 스위트룸이나 주차장이 내려다보이는 더 싼 방을 선택할 수 있다고 한다. 호텔 지배인에게 제안할 수 있는 요구사항은 무엇일까?

나에게 유리한
최선의 대안을 선택하자

가장 좋은 대안을 선택하기 전, 나 스스로 무엇을 원하는지 알아야 한다. 어디까지 타협할 의향이 있는가? 기꺼이 받아들일 수 있는 최소한의 조건은 무엇인가? 나의 목적과 목표는 무엇인가? 기본적으로 내가 반드시 지키고 싶은 핵심은 무엇인가? 협상을 시도하기에 앞서 이 모든 것을 반드시 마음속으로 정리해야 한다. 린다와 맥을 기억하는가? 린다는 매주 금요일마다 휴가를 내고 싶어했다. 주 4일 근무는 그녀에게 협상의 대상이 아니었다. 다른 것들은 기꺼이 포기할 수 있었지만, 그것만은 반드시 지켜야 할 핵심이었다. 린다는 금요일에 일을 하느니 기꺼이 그 자리에서 물러나려고 했다.

컴퓨터 모니터 수리 사례를 생각해보자. 내가 받아들일 수 있는 최소한의 조건은 무언가? 내 경우, 모니터가 수리될 때까지 다른 모니터를 무료로 대여받거나 컴퓨터를 완전히 '무료'로 수리하는 선택지는 기꺼이 받아들였을 것이다. 하지만 그 어떤 선택지보다 다른 곳으로 모니터를 가져갔을 가능성이 크다. 만약 주말 동안 컴퓨터를 사용할 계획이 아니라면, 아마 월요일에 모니터를 찾으러 왔을 수도 있다. 그건 내 선택이다. 내가 괜찮다면 그걸로 된 거다. 내 마음속에 상황을 설정하고 어느 정도까지 타협할 것인지 결정해보자.

남기로 선택했다면
원하는 것을 협상하라

지금까지 보았듯이, 사람들과의 합의는 항상 깨진다. 협상하고 양보하며 최선을 다해서 노력해도 여전히 우리에게 유리한 방향으로 문제를 해결하지 못할 수도 있다. 다른 곳에서 새롭게 거래하고 싶지만, 유익보다는 성가신 일이 더 많을 수 있다. 때로는 그냥 내버려두고 떠나기에는 그동안 쏟아부은 시간과 에너지가 아깝다. 이렇게 처음부터 다시 시작해야 하는 번거로움 때문에 받아들일 수 없는 것을 그저 받아들이게 된다. 하지만 괜찮다. 그것도 완벽하게 합리적인 선택이다.

하지만 상대방은 처음부터 우리에게 떠날 마음이 없다는 것을 알 필요가 없다. 당분간은 본심을 숨겨야 한다. 원하는 것을 얻지 않는다면 관계를 지속하지 않을 것이라고 상대방이 생각하게 만들어야 한다. 그러니 협상해보자. 실제로 받아들여야 했던 것보다 더 많은 것을 얻을 가능성이 높다.

브리타니가 여드름 때문에 피부과에 갔을 때 의사는 항생제를 처방했고, 한 달에 한 번 진료를 받으러 오라고 권했다. 8개월이 흐르자, 의사가 매달 브리타니를 진료하고자 했던 유일한 이유가 보험비 청구 때문이라는 사실이 분명해졌다. 브리타니가 재사용 가능한 처방전을 요구하자 제이콥스 박사는 머뭇거리며 "아니요. 저는 당신을 매달 봐야 합니다"라고 고집을 부렸다. 브리타니는 "무엇 때문에요? 당신이 하는 거라곤 진료실에 바삐 들어와 새로운 처방전을 건네주고 말없이 황급히 다시 나가는 것뿐이잖아요"라는 말을 내뱉고 싶었다. 하지만 그러는 대신 브리타니는 협상을 했다. "제이콥스 박사님, 제 처방전을 세

번 재사용할 수 있게 해주세요." 의사는 한 번의 재사용을 허용하는 것으로 타협했다. 브리타니는 이것이 최선이라는 것을 깨닫고 "감사합니다. 두 달 후에 뵈어요"라고 인사했다.

브리타니가 한 번 더 사용할 수 있는 처방전을 원하거나 처방전 요구가 그 상황에 합당하다고 생각한 것은 아니었다. 그녀는 다른 병원으로 떠나고 싶은 유혹을 느꼈지만, 새로운 피부과 의사를 찾아 문제를 처음부터 다시 설명해야 하는 번거로움이 싫었다. 결국 브리타니는 상황이 편해졌을 때를 기다렸다가 담당 의사를 바꾸기로 했다.

레지나는 밝은 빨간색 스포츠카를 주문했다. 그리고 영업사원 헬렌에게 계약금 5,000달러를 지불했다. 레지나는 헬렌에게서 자동차가 탁송되었다는 소식을 듣고 자신의 새로운 빨간 차를 운전할 기대에 부풀어 서둘러 영업점에 도착했다. 그곳에는 빨간색이 아니라 흰색 자동차가 있었다! 헬렌은 거듭 사과하며 말했다. "제가 할 수 있는 한 최선을 다했지만 고객님이 원하는 기능을 갖춘 빨간색 스포츠카는 없었어요. 이 흰색 차가 고객님에게 줄 수 있는 유일한 대안이었답니다." 레지나는 덫에 걸린 기분이었다. 그녀는 오래된 차를 판 지금 당장 다른 차가 필요했다. 빨간색 차를 마음에 두고 있긴 했지만 다른 곳에서 새롭게 차를 찾기 시작해야 하는 번거로운 상황이 되는 것을 원하지 않았다. 흰색 차에 만족하고 궁극적으로는 거래를 진행할 작정이었던 레지나는 한두 번의 양보를 받아낼 수 있을지 알아보기 위해 허세를 부렸다. 레지나는 "그렇다면 계약금을 돌려주세요. 저는 정말 빨간색 차를 원하거든요." 헬렌은 즉시 이렇게 제안했다. "그럼 이렇게 하죠. 흰색 차를 인수하시면, 저희가 임대 기간 동안 무료로 정비해드리겠습니다." 정말로 의기양양해진 레지나는 또 다른 양보를 요구한다고 해서 잃을 게 없다는 걸 알게 되었다. 그녀는 협상을 더 진전시켰다. "정비받을 때 렌터카를 무료로 대여해주신다면, 흰색 스포츠카를 인수하겠습니다." 헬렌은 레지나의 제안을 매니저와 상의했고, 마지못해 계약서에 새로운 조항을 넣었다.

브리타니와 레지나 둘 다 그들이 원하는 것보다 더 적은 것을 받아들일 의향이 있었다. 이미 많은 시간과 에너지를 투자한 시점에서 상황이 악화되는 것을 피하기 위해 둘 다 기꺼이 양보하고자 했다. 하지만 일단은 자신들의 의도를 숨겼다. 제이콥스 박사와 헬렌은 브리타니와 레지나가 그들의 요구가 받아들여지지 않는 상황을 묵인하리라는 걸 결코 알지 못했다.

브리타니와 레지나는 원하는 것을 희생하는 대가에 대한 선택지를 만들었고 상대방에게 양보를 요구했다. 상대방은 타협할 수밖에 없다고 느꼈다. 다시 말해, 브리타니와 레지나는 협상을 했으며, 그 대가로 무언가를 요구했고, 본래 받아들여야 했던 것보다 더 많은 것을 얻었다.

'그건 받아들일 수 없습니다'라는 값을 매길 수 없는 이 문장은 용기와 자존감을 심어줄 것이다. 이렇게 말함으로써 잘못된 상황을 바로잡기 위해 많은 것을 할 수 있다. 이 말과 함께 무엇을 기대하는지 분명하게 말하는 것은 대개 효과가 있다. 이 말은 수많은 상황에서 나를 구해주었다. 그러니 여러분에게도 효과가 있을 것이다. (그렇지 않다고 해서 무엇이 문제이겠는가? 내가 잃을 게 뭔가?) 우리에게는 아직 선택지가 남았다.

원하는 것을 얻기 위한 6단계 접근법이 효력을 발휘하지 못한다면, 언제든 떠날 수 있다. 그러니 차선책으로 만족해야만 하는 것은 아니다. 원하지 않는다면 그냥 받아들이거나 타협할 필요가 없다. 떠나고 싶다면 떠나면 되고 협상하고 싶다면 협상하면 된다! 단, 약속한 것보다 적게 받아들이기로 결정했다면, 반드시 그 대가로 무언가를 요구해야 한다는 것을 명심하자. 핵심은 자신이 원하는 것을 명확히 결정하는 것이다. 오직 자기 자신만이 그 결정을 내릴 수 있다.

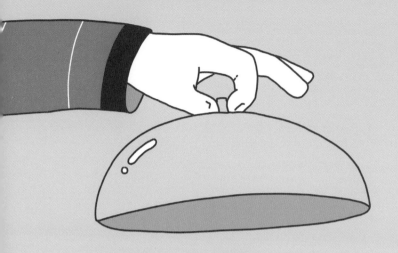

8장

남이 아닌
'나'의 의견을 말하라

"남편이 그러는데요…"는 이제 그만

나는 이혼한 친구 말라가 차를 수리하러 갈 때 동행했다. 서비스 부서장은 구두로 견적을 내주면서, 지금 바로 수리를 맡긴다면 10퍼센트 할인을 해주겠다고 제안했다. 나는 말라의 입에서 이런 말이 쏟아져나오는 것을 듣고 곤혹스러웠다. "남편이 견적을 받으라고 했어요. 그이는 결정을 내리기 전에 몇 군데에서 더 견적을 받아보기를 원해요. 아마도 남편은 이곳에서 할인을 해주더라도 조금 더 비싸다고 생각할 거예요."

말라는 이혼한 상태였지만, 자신의 말에 '권위'를 부여하기 위해 가상의 남편을 만들었다. 우리는 분명 다른 여성들이 다음과 같은 반응을 보이는 것을 들어본 적이 있다.

- 남편이 보일러 수리에 200달러 이상을 쓰면 안 된다고 말했어요.
- 저희 아버지는 다른 모델을 원하세요.
- 제 상사는 이 절차가 지나친 시간 낭비라고 생각하십니다.
- 내 남자친구는 그런 기능을 모두 갖춘 텔레비전은 필요 없다고 말했어요.

많은 여성이 자신의 생각과 감정을 제3자, 보통 남성에게 빗대어 드러내면서 스스로의 가치와 중요성을 깎아내린다.

남자친구나 남편 혹은 상사가 하는 말인 것처럼 자신의 생각을 전달해야 더 힘이 실리고 신뢰감이 생긴다고 믿는다. 왜 그런 걸까? 무엇이 그토록 많은 여성으로 하여금 자신의 정체성을 부정하도록 만든 걸까? 여성들은 종종 다른 사람과의 경험을 통해 자신의 말과 생각이 가치 없다고 느껴왔기 때문이다.

릴라는 자신의 아버지가 "여자들은 아무것도 몰라"라고 말하는 것을 듣고 자랐다. 그녀의 오빠도 아버지 영향을 받아서 자주 릴라를 놀렸다. "네가 뭘 알아? 너는 여자애잖아!"

대형 병원 이사인 안드레아가 자동차를 구매하러 갔을 때였다. 한 판매원은 그녀와의 대화를 거부하면서 말했다. "당신과만 이야기하는 것은 시간 낭비일 것 같군요. 결정을 내리기 전에 남편과 상의해야 한다고 말씀하실 거잖아요." 또 다른 판매원은 이렇게 제안하기도 했다. "남편과 함께 다시 오는 건 어떠세요? 그때 이야기하도록 하죠." 안드레아는 너무 불안해서 다음 자동차 대리점 방문에는 친구의 남편을 '빌려서' 동행했다.

이러한 불쾌한 경험들로 인해, 릴라와 안드레아가 자신감을 잃은 것은 어찌 보면 당연하다. 자신감이 부족한 여성들은 자기가 하는 말에는 남성과 같은 권위가 없으며 존중받을 가치가 없다고 느낀다.

우리가 스스로에게 느끼는 힘은 대부분 자신감 있게 나 자신을 표현하는 능력에서 나온다. 그러므로 자신의 목소리를 내는 능력을 개발하는 것은 존경심과 자기 확신을 얻는 과정에서 중요한 단계다. 우리가 표현하는 의견과 생각 그리고 취향이 우리만의 것임을 분명하게 표현해야 한다. 그리고 그 말에 대한 모든 책임을 질 용기를 가져야 한다. 자신의 의도와 감정은 오로지 나만의 것임을 명확하게 주장하자.

모든 것을 아는 사람은 없다!

우리는 늘 특정 분야에서 나보다 더 많은 정보나 지식을 가진 소위 전문가들과 마주친다. 그럴 때면 많은 여성이 열등감을 느낀 나머지 상대에게 제대로 대응하지 못한다. 상대와 대화하며 스스로 주눅이 들다가 결국 자신감 부족으로 자신의 입장을 주

장해야 할 때 제대로 하지 못한다.

이렇게 생각해보자. 누구나 모르는 것이 하나씩 있다. 의학 분야에 관한 것일 수도 있고, 와인이나 지리, 요리나 축구 혹은 지붕 수리나 타이어 구입에 관할 것일 수도 있다. 그저 서로 다른 분야에 관해서는 잘 알지 못할 뿐이다. 누구도 모든 것을 다 아는 것은 불가능하다. 정치인이자 영화배우, 저널리스트인 윌 로저스도 이렇게 말하지 않았는가. "사람들은 모두 무지하다. 다만 그 무지한 분야가 서로 다를 뿐이다."

단호하고 적극적인 의사소통 능력은 얼마나 많은 것을 알고 있는지 여부에 좌우되어서는 안 된다. 우리가 스스로를 얼마나 확신하고 있는지에 기초해야 한다. 정보가 부족할 때도 결코 자신이 부족하다고 느끼지 않길 바란다. 상대방이 더 많은 것을 알고 있더라도 겁먹지 말자.

정보가 부족하더라도 자신감은 가질 수 있다. 스스로를 깎아내리지 말고 스스로의 발언을 부인하는 말도 하지 말자. 나의 신념과 감정, 그리고 행동에 자신감 있는 모습을 보여줘라. 용기를 내어 자신감을 갖고, "저는 잘 모릅니다", "저는 조언을 듣고 싶습니다", "정보가 더 필요합니다" 혹은 "현명한 결정을 내릴 수 있도록 다른 의견도 알고 싶습니다"라고 말하자. 모든 것을 아는 사람은 아무도 없다는 사실을 기억하자. 누구나 마찬가지다.

'나' 언어를 자주 사용하라

많은 여성이 말할 때 '나'라는 대명사 사용을 어려워한다. 명확하고 직접적인 발언을 하면 다른 사람들이 이상하게 생각하거나 좋아하지 않을 수도 있다고 생각하기 때문이다. 여성들은 종종 '나는 그것을 원해' 또는 '나는 그렇게 하고 싶어'라고 말하는 것이 이기적이거나 자기중심적이라고 믿도록 사회화되어왔다.

주변 사람들은 우리 속을 꿰뚫어보는 독심술사가 아니다. 사람들에게 우리 감정을 알릴 유일한 방법은 직접적으로 말하는 것이다. 우리가 말하고 싶을 때가 바로 하고 싶은 말을 해야 할 순간이다. 이 순간만큼은 자신을 위해 목소리를 내는 것에 자제력을 잃어도 된다. '나'라는 대명사를 의식적으로 자꾸 사용하려고 노력함으로써 우리의 생각과 감정에 힘을 실어주자.

다음 문장이 '나' 언어를 사용하여 어떻게 표현될 수 있는지 알아보자.

관찰자 문장	'나' 언어를 사용한 문장
당신은 목소리 좀 낮추는 게 좋겠어요.	나는 당신이 목소리를 좀 낮춰주셨으면 좋겠어요.
반박하지 마세요.	나는 당신이 반박하지 않았으면 합니다.

이 여사는 비협조적이에요.	나는 이 여사가 비협조적이라고 생각해요.
다시 시작하는 것이 좋을 것 같아요.	나는 우리가 다시 시작할 것을 추천합니다.

'나' 언어는 매우 단호하고 적극적인 언어다. 이는 의견이나 생각을 표현하면서도 상대방의 행동이나 발언을 직접적으로 공격하지 않는다. 반면 '당신' 언어는 공격적일 수 있다. '당신은 그래야만 한다'거나 '당신은 항상' 혹은 '당신은 절대'와 같은 '당신' 언어는 비난처럼 들리며 그 말을 듣는 사람들을 방어적으로 만든다.

다음 예시문에서 '당신' 언어와 '나' 언어의 차이를 생각해보자.

공격적인 '당신' 언어	적극적인 '나' 언어
당신은 틀렸어요.	저는 당신 말에 동의하지 않아요.
당신은 회의에서 저를 지명한 적이 없어요.	저는 당신이 회의 때 저를 지명해주셨으면 합니다.
당신은 항상 제 아이디어를 가져가는군요.	저는 제 아이디어를 인정받고 싶습니다.

로버트 브램슨(Robert Bramson) 박사는 저서 『말이 안 통하는 사람과 일하는 법』(Coping with Difficult People, 북하이브, 2011)에서 이렇게 말한다.

'나' 언어를 사용한다는 것이 상대방에게 무엇을 해야 하며, 어떻게 느끼고 생각해야 하는지 지시하거나 심지어 상대방이 틀렸다고 말하는 것을 의미하지 않는다. 나의 견해나 생각을 표현하고 있다는 뜻을 상대방에게 전달할 뿐이다.

여성들은 직접적인 의사소통을 피하려고 종종 수동형 말투를 사용한다. 수동형 말투를 사용하여 자신의 행동에 대한 책임을 회피하는 것이다. 이제는 실수뿐만 아니라 성공도 말투로 드러내보자. 수동적인 표현이 어떻게 능동적 '나' 언어로 바뀌는지 관찰해보자.

수동적인 표현	능동적인 '나' 언어 문장
영수증이 제공되지 않았습니다.	나는 영수증을 받지 못했습니다.
그 보고서는 명확하게 작성되었습니다.	나는 그 보고서를 명확하게 썼습니다.
파일이 잘못 놓여 있었습니다.	제가 파일을 잘못 놓았습니다.
철저한 작업이 이뤄졌습니다.	저는 철저하게 일을 마쳤습니다.

이제 어떻게 해야 하는지 알았다면, '나' 언어로 말하는 것을 연습하자. '내가', '나는 원합니다', '나는 좋아합니다', '나는 이렇게 느낍니다', '나는 필요합니다', '나는 동의합니다', '나는 동의하지 않습니다' 등 '나' 언어로 감정을 표현해보자. 그리고 '제

가 작성했습니다', '제가 마무리했습니다', '제가 추천했습니다', '제가 했습니다'와 같은 표현을 통해 노력에 대한 정당한 공로를 인정하는 말도 연습하자.

가상의 남편은 필요없다

많은 여성이 직접적인 자기주장을 피하기 위해 사용하는 또 다른 전략은 말을 빙빙 돌리거나 선호하는 내용을 질문으로 표현하여 원하는 것을 암시하는 것이다.

데보라 태넌 박사는 《워싱턴 포스트》에 기고한 글에서 자신이 원하는 것을 에둘러 질문으로 표현하는 여성들의 완벽한 사례를 제시한다.

한 부부가 차를 타고 가면서 대화를 나누고 있었다. 아내가 물었다. "잠깐 차를 세우고 음료수 마시고 싶지 않아요?" 남편은 "아니"라고 대답했고, 중간에 차를 세우지 않고 계속 운전해 갔다. 나중에 남편은 아내가 차를 세우고 음료수를 마시러 가지 않아서 짜증이 났다는 것을 알고 당황했다. 남편은 "왜 아내는 그냥 원하는 것을 바로 말하지 않는 걸까? 왜 나랑 수수께끼 같은 게임을 하는 걸까?"라고 의아해했다.

보다시피 자신의 요구를 질문으로 표현하는 것은 종종 혼란

| 예시 1 | 십대 자녀 방에 들어가서 "음악이 좀 시끄럽다고 생각하지 않니?"라고 묻는다. 이때 정말로 의도한 뜻은 이렇다. "소리 좀 줄여주면 좋겠구나."

| 예시 2 | 상사에게 제안하고 싶은 아이디어가 있다. 그래서 괜히 이렇게 묻는다. "영업 피크 시간대에 추가 인력을 고용하는게 좋은 아이디어라고 생각하십니까?" 정말로 원하는 것은 이렇게 주장하는 것이다. "영업 피크 시간대에 추가 보조 인력을 고용할 것을 추천합니다."

| 예시 3 | 식당에서 안내해준 테이블의 위치가 마음에 들지 않는다. 그래서 묻는다. "이 테이블은 너무 구석에 붙어 있지 않나요?" 정말로 의도한 뜻은 이렇다. "저는 좀 더 가운데 쪽 테이블을 원합니다."

| 예시 4 | 몇 시간 동안 파티에 참석하느라 피곤에 지친 나는 지금 몹시 집에 가고 싶은 마음이다. 그래서 동석자에게 묻는다. "아직 떠날 준비가 안 되었나요?" 정말로 의도한 뜻은 이렇다. "난 완전히 지쳤어요. 지금 바로 떠나고 싶어요."

과 오해를 초래한다. 만약 적극적인 '나' 언어로 표현했다면 다른 사람들은 우리가 원하는 것을 훨씬 더 진지하게 받아들였을 것이다.

'나' 언어를 사용할 모든 기회를 활용하자. 자신의 의견과 감정 그리고 성취를 표현하기 위해 대명사 '나'를 사용하고 그 횟수를 기록해보자. 걱정할 것 없다. 이것은 나를 이기적이거나 독선적으로 보이게 하지 않는다. 대신 자신감 있고 자연스러우며 직접적으로 목소리를 내도록 도와줄 것이다.

내 친구 말라와 그녀의 가상 남편을 기억하는가? 말라는 너무 소심해서 수리비에 대한 서면 견적서를 원한다는 것을 서비스 부서장에게 알리지 못했다. 그가 부른 가격이 너무 비싸다고 느끼고, 결정을 내리기 전에 다른 대리점들과 비교해보고 싶었던 건 그녀 자신이었다. 하지만 말라는 자기 의견이 얼마나 가치 있게 보일지 불안했기 때문에 다른 사람, 특히 남편의 의견인 양 말하게 되었다. 그래서 독신임에도 불구하고 자신의 판단에 더 신뢰감을 줄 가상의 남편을 만들기에 이르렀다.

자신의 진심을 다른 사람의 말인 듯 간접적으로 돌려 말하는 습관은 자존감을 더 악화시킬 뿐이다. 말라에게는 직접적인 말하기와 스스로 책임지는 말하기가 필요하다. 그렇게 말하더라도 앞서 남자들을 내세워 말했던 것과 같은 결과를 얻을 것이며, 그 과정에서 스스로 성취감도 느낄 것이다. 말라는 자신의 말에 책임이 있음을 나타내는 직접적인 '나' 언어를 사용해 다음과 같이 대답할 수 있다.

"저는 서면으로 작성된 견적서 없이는 결정하지 않을 겁니다. 견적서를 하나 써주시기 바랍니다. 할인을 해도 당신이 제시한 가격은 좀 비싼 것 같습니다. 자동차 수리를 진행하기에 앞서 몇 군데 더 견적을 받아야겠어요. 그래도 당신이 제시한 가격이 좋으면, 여기에서 진행할게요. 시간 내주셔서 감사합니다."

대학교수 라라도 비슷한 대응 방식을 보여준다. 라라가 강의실에서 수업을 하고 있는데, 지도교수 폴이 수강신청 등록이 늦은 한 학생을 데리고 나타나 수업을 듣게 해달라고 요청했다. 그 학생은 이미 2주나 수업을 놓친 상태였으므로, 라라는 학생에게 새로운 학기가 시작할 때까지 기다렸다가 수강신청을 하라고 권했다. 하지만 폴은 그 학생만 예외로 해줄 것을 계속 요구했다. 당황한 라라는 "학과장님이 첫주 강의가 끝나면 새로운 학생의 수강신청을 받지 말라고 하셨습니다. 빠진 수업 내용을 모두 따라가는 것이 불가능하다고 말이죠. 그래서 예외를 둘 수 있는지 없는지는 학과장님과 상의해봐야 알 것 같습니다"라고 말했다.

라라는 수년간 교단에 서온 정교수였다. 그런데도 자신의 결정을 직접적으로 주장하는 데 자신감이 부족했다. 그래서 자신에게 결정을 내릴 권한이 있었음에도, 학과장을 핑계로 학생의 수강신청을 받지 않았다. 라라에게는 의사소통을 관리해줄 개인 트레이너가 필요했다.

그녀는 두려움을 느낀 자신에게 화가 나서, 이런 유사한 상황이 발생했을 때 어떻게 대응해야 하는지 나에게 조언을 구했다. 나는 일단 이전의 소심함에 대해 자책하지 말라고 격려하며 자신감을 가질 기회는 앞으로 수없이 많을 것이라고 확신시켰다. 그건 '만약'의 문제가 아니라 '언제'의 문제였다. 나는 그녀에게 확고하고 단호한 '나' 언어법으로 대응할 마음의 준비를 하라고 조언했다.

"죄송합니다, 폴. 저는 수업 중입니다. 당신도 알다시피, 특별한 사정이 없는 한 저는 어떤 학생도 제 강의가 시작된 지 2주 후에는 신규 등록을 허용하지 않습니다. 이 문제는 나중에 논의하면 좋겠네요."

물론 적극적인 '나' 언어 의사소통을 해도 항상 원하는 것을 얻거나 내 의견이 존중받는다고 보장할 수는 없다. 하지만 내게 유리해질 확률은 높아진다. '나' 언어를 규칙적으로 사용할 때의 장점은 결과에 상관없이 자존감을 유지하고 성취감을 느낄 수 있다는 것이다.

내 친구의 열아홉 살짜리 딸 조안나가 나와 점심식사를 같이 하기 위해 차로 나를 데리러 왔다. 그 애는 식당 주차직원에게 차를 넘기면서 "라디오를 가지고 장난치지 말아주세요. 아버지

차거든요. 아버지는 자신이 좋아하는 라디오 채널을 다시 맞춰야 할 때 무척 화를 내세요."

나는 그 차가 조안나의 아버지 차가 아니라 그녀의 것이라는 걸 알고 깜짝 놀랐다. 조안나에게 왜 단순히 "라디오는 손대지 말고 가만두세요"라거나 "제발 차 의 라디오 채널을 바꾸지 마세요"라고 말하지 않았는지 물었다. 조안나는 어깨를 으쓱하며 대답했다. "그렇게 말하면 결코 내 말에는 귀를 기울이지 않을 테니까요."

나는 조안나에게 '나' 언어 사용의 중요성에 대해 말해주었다. 조안나는 생각에 잠겨 잠자코 들었다. 점심식사 후, 주차직원이 차를 가져왔고 우리가 차를 몰고 떠날 때 조안나는 라디오 채널이 바뀐 것을 알아차렸다. 그 애는 갑자기 차를 세우고 내리더니 급히 주차직원을 찾았다.

잠시 후 내 귀에 조안나의 목소리가 들렸다. "제가 차의 라디오 채널을 바꾸지 말라고 특별히 부탁했는데요. 제 부탁을 들어주지 않은 이유를 말씀해주세요." 주차직원이 머뭇거리며 대답했다. "죄송합니다. 다시는 그런 일이 없도록 하겠습니다." 조안나는 상황을 짚어주지 않은 채 그대로 차를 몰고 가지 않고 자신의 감정을 표현한 것에 대해 한껏 의기양양해졌다. 그러니 '나' 언어를 자주 사용하도록 노력해보자. 새로운 힘과 자신감에 놀라게 될 것이다.

나는 어떤
의사소통 스타일일까?

연습을 계속하기 전에 제2장에서 소개한 전형적인 의사소통 방식들 사이의 차이점을 살펴보자. 여기에서는 좀 더 구체적으로 소심하고 간접적인 스타일을 추가하여 네 가지의 일반적 응답 유형으로 구분했다. 스스로 어떤 의사소통 유형을 사용하는지, 지인들은 어떤 유형인지를 쉽게 판단할 수 있을 것이다.

- 수동적: 난 중요하지 않아요. / 당신이 중요해요
- 소심하고 간접적: 나 자신이 중요하긴 하지만, 확신은 없습니다.
- 단호하고 적극적: 우리 둘 다 중요합니다.
- 공격적: 나는 중요합니다. / 당신은 중요하지 않습니다.

수동적인 반응은 종종 전혀 대응하지 않는 형태로 나타난다. 이는 자기 자신을 후순위로 두고 다른 사람들보다 열등하다고 생각한다는 것을 보여준다. 다른 모든 사람의 필요와 욕구를 충족시키기 위해서라면 자신의 권리를 기꺼이 포기할 것임을 나타낸다.

소심하고 간접적인 반응은 자신의 판단에 대한 믿음이 부족하다는 것을 의미한다. 자신의 입장을 주장하려는 작은 노력은 엿보이지만, 자신감이나 신념이 부족한 사람으로 보이게 한다. 다른 누군가의 권위에 기대어 자신의 생각과 감정에 힘을 실으려는 반응이라고 할 수 있다.

단호하고 적극적인 반응은 의견과 생각을 명확하고 직접적으로 표현하는 것으로, 건강한 자아 개념을 가졌음을 드러낸다. 이는 다른 사람들과 자기 자신을 동등하다고 생각하므로 서로의 희망사항과 욕구를 존중하겠다는 의미를 나타낸다. 단호하고 적극적인 반응의 목적은 자기 자신을 위해 말하고, 스스로 선택하겠다는 의지를 보여주는 것이다. 따라서 수동적이고 간접적인 의사소통이나 공격적인 의사소통의 부정적인 영향에서 벗어날 수 있게 해준다.

공격적인 반응의 본질은 다소 호전적이며 전투적이다. 크고 적대적인 목소리가 나오기 쉽기 때문이다. 이는 자기 자신의 의견과 감정만이 중요하며 사람들이 자신의 바람대로 따라야만 한다는 의지를 보여준다. 공격적인 반응은 종종 정직한 감정을 직접적으로 전달하기보다는 상대방을 당황하게 하거나 모욕을 주는 것으로 끝난다. 공격적인 사람들은 협박으로 자신의 의도를 관철하려고 한다.

여기 셜리의 사례를 보자. 그녀는 성공한 전문직 여성들이 사람들의 요구에 수동적이고 소심한 방식으로 대응한 뒤 자기 자신에게 화가 나는 사례를 완벽하게 보여준다. 그녀는 손 전문

재활클리닉 체인을 운영하는 전문 치료사다.

어느 날, 치료를 마치고 환자에게 초음파 치료에 대한 통상적인 비용 45달러를 청구했다. 환자는 30달러만 지불하게 해달라고 요청했다. 셜리는 환자들과 진료비를 '협상'하는 것을 극도로 불편하게 생각하기 때문에, 결국 그 말에 수긍해 치료비를 깎아줬다. 나중에 그녀는 다른 환자들이 동일한 치료에 더 많은 요금을 내고 있다고 항의할까 봐 전전긍긍했을 뿐 아니라 강하게 자기주장을 펼치지 못한 스스로에게 짜증이 났다.

셜리는 한 환자에게만 진료비를 깎아준 것이 다른 환자들에게 불공평할 뿐 아니라 직업적으로도 자신의 이익에 전혀 부합하지 않는다는 사실을 깨달았다. 그리고 비슷한 상황이 오면 다시는 묵인하지 않겠다고 맹세했다. 다음번에 환자가 진료비 인하를 요청했을 때, 셜리는 더 많은 준비를 한 상태였다. 그녀는 이렇게 대답했다. "아, 제 사무실 관리자에게 말해보셔야 할 것 같습니다. 그분이 진료비 수수료를 책정하고 징수하는 일을 담당하고 계세요." 셜리는 이번에도 소심하고 간접적인 반응을 한 자기 자신에게 짜증이 났다. 결국 상사는 그녀였다. 그녀가 결정을 내릴 권한을 가진 사람이었다. 나는 셜리에게 말했다. "셜리, 당신이 여기 책임자입니다. 책임을 떠넘기지 말아요. 이제 적극적인 '나' 언어 의사소통법을 연습할 시간입니다."

셜리와 나는 함께 미래에 사용할 수 있는 완벽한 대응법을 브레인스토밍했다. 우리가 생각해낸 것은 다음과 같다. "우리는 진료비를 협상하지 않습니다. 만약 재정적으로 힘드시다면, 기꺼이 편리한 지불계획을 마련해드리겠습니다. 그렇지 않으면 다른 치료사를 소개해드릴 수도 있습니다. 우리 클리닉의 진료비가 통상적이며 합리적임을 확인하실 거라 확신합니다."

연습활동

다음의 시나리오를 읽어보고, 자신이 각각의 상황에 등장하는 여성이라고 가정해보자. 그리고 스스로 하는 말을 신뢰하고 있다는 것을 보여주는 적극적인 '나' 언어 대응법을 생각해보자. 제시된 예시 응답은 네 가지 전형적 의사소통 유형 간의 차이를 비교하는 데 도움이 될 것이다.

| 상황 1 | 전자제품 매장에서 한 젊은 여성이 블루레이 플레이어(고화질 영상 재생기) 구입을 고려하고 있다. 점원은 특히 고가 모델의 다양한 기능(HDM1 포트 번들, 멀티 포맷, 4K 스트리밍, 초고화질 등)을 설명하는 데 많은 시간을 들였다. 그 여성은 점원이 구매 권유를 하는 내내 공손하게 귀를 기울이고 있었다. '장

광설'을 끝낸 점원은 "현금, 수표, 신용카드 중에서 어떻게 지불하시겠습니까?"라고 묻는다. 이때 나라면 어떻게 대응하겠는가?

| 예시 응답 |

◦ 수동적: 여성은 점원과 너무 많은 시간을 보냈다는 생각에 의무감을 느껴, "신용카드로 지불해야 할 것 같아요"라고 대답한다. 사실 그 모델이 필요한지 확신할 수 없음에도 불구하고 일단 구입한 뒤 집에 돌아온 그녀는 필요 없는 기능을 가진 블루레이 플레이어에 너무 많은 돈을 지출한 것에 죄책감을 느끼고, 환불하기 위해 매장에 함께 가줄 친구를 찾는다.

◦ 소심하고 간접적: "제 남편이 블루레이 플레이어 구입에 200 달러 이상을 쓰면 안 된다고 말했어요. 그 가격보다 비싼 기기라면 우리가 절대 사용하지 않을 많은 기능을 가지고 있을 거라고 했어요."

◦ 공격적: "관심도 없는 것들을 보여주며 너무 쓸데없이 시간을 낭비하는 거 아닌가요? 제가 당신에게 무엇이든 구매할 거라고 그렇게 함부로 장담하다니요? 당신 배짱이 보통이 아니네요. 저는 분명 원하는 기능을 가진 제품을 말하려고 했는데, 당신은 듣지도 않네요. 저는 당신에게서는 어떤 것도 살 생각

이 없어요."

○ 단호하고 적극적: "솔직히 아직 어떤 것도 구매할 준비가 되어 있지 않아요. 판매하려는 당신의 마음은 이해하지만, 그 모델에는 관심이 없어요. 절대 사용하지 않을 기능이 너무 많아요. 조금 더 기본적인 모델은 없나요? 200달러 이하의 모델들을 보여주세요."

| 상황 2 | 한 여성은 부동산 중개인의 태도에 짜증이 났다. 부동산 중개인은 그녀의 남편에게만 이야기하며, 계속해서 그녀를 '작은 숙녀'라고 부른다. 나라면 어떻게 대응할 것인가?

| 예시 응답 |

○ 수동적: 어떤 상황에서도 이 부동산 중개인을 통해서는 집을 사지 않겠다고 속으로 다짐하면서도 겉으로는 아무 말도 하지 않는다. 질문도 하지 않고, 그를 무시한다.

○ 소심하고 간접적: 부동산 중개인에게 소리가 들리지 않을 때까지 기다렸다가, 남편에게 속삭인다. "나를 '작은 숙녀'라고 부르지 말라고 좀 해줘요. 아주 난감하다고요."

○ 공격적: 부동산 중개인에게 소리를 지른다. "저를 작은 숙녀라고 부르지 마세요. 이 불쾌하고 잘난 체하는 남성우월주의자

같으니. 당신이 이 마을의 유일한 부동산 중개인이라 해도 당신한텐 집을 사지 않을 거예요!"

。단호하고 적극적: 부동산 중개업자를 똑바로 보면서 말한다. "당신이 잘난 체할 의도는 없다는 건 알지만 저는 제 남편만큼 새집 매매 결정에 관여하고 있습니다. 그리고 저를 '작은 숙녀'라고 부르지 말아주세요. 제 이름은 하웰입니다."

| 상황 3 | 기숙사에 사는 한 대학생이 다른 두 명의 룸메이트로부터 캠퍼스 외부에 아파트를 얻어 함께 쓰자는 압력을 받고 있다. 두 룸메이트는 새 학기 시작에 맞춰 새 아파트에 살기를 원한다. 반면, 그 대학생은 다양한 이유로 기숙사 생활을 아주 선호하고 있다. 하지만 룸메이트들의 요청을 거절하여 셋이 흩어지게 된다면 그들이 자신을 원망할까 봐 걱정된다. 나라면 어떻게 대응하겠는가?

| 예시 응답 |

。수동적: 자신의 바른 판단을 뒤로하고 친구들과 아파트로 이사하는 것에 동의한다. 그녀는 룸메이트들이 마음을 바꾸기를 계속 바라고 있지만 그런 일은 일어나지 않는다. 자신의 결정에 만족하지 못한 그녀는 남은 학기 동안 너무 긴장하고

자신에게 화가 난 나머지 성적도 떨어진다.

- 소심하고 간접적: 아버지에게 '엄한' 사람이 되어달라고 부탁하여 친구들에게 캠퍼스 밖으로의 이사를 허락하지 않을 것이라고 말해달라고 한다. 그리고 나중에 친구들에게 이렇게 한탄한다. "아빠 때문에 정말 화가 나지만 내가 할 수 있는 게 아무것도 없어. 아빠는 마음을 바꾸시지 않을 거야."

- 공격적: "나는 캠퍼스를 떠나고 싶지 않아. 우리가 룸메이트가 되기로 합의했을 때, 너희 모두 알고 있었잖아. 너희 두 사람은 의리가 없구나. 어서 아파트로 이사 가버려. 이제 우리 우정은 깨졌어."

- 단호하고 적극적: "나를 생각해줘서 고마워. 하지만 나는 기숙사에 사는 게 더 좋아. 여기가 더 안전하게 느껴지고, 아파트 관리 책임과 비용도 부담스러워. 너희들이 떠난다면 그립겠지만, 그 결정을 이해할 수 있어. 우리 모두 좋은 친구로 남을 수 있도록 노력하자."

여기까지다. 자신의 가상 응답을 예시들과 비교해보니 어떤가? 내 조언을 잘 따라왔다면, 그 응답은 각 상황의 단호하고 적극적인 반응과 비슷할 것이다. 이처럼 이상적인 응답 유형은 등장 여성들이 공손하면서도 직접적이고 간단명료한 '나' 언어를 사용하여 자기 자신을 주장하는 태도를 보여준다.

한편, 의사소통할 때 소심하고 간접적인 방식을 취하고 자기주장을 피하는 사람이 늘 여성인 것은 아니다. 헨리 워즈워스 롱펠로가 1800년대에 쓴 「마일즈 스탠디시의 구애」(The Courtship of Miles Standish)라는 시를 들어봤을 것이다.

그 시에는 플리머스에 사는 홀아비이자 청교도인 선장 마일즈 스탠디시가 등장한다. 그는 사랑스러운 프리실라와 결혼하고 싶어하지만 너무 소심한 나머지 그녀에게 직접 말을 걸 수 없었다. 그래서 소중한 친구인 존 알든에게 자신을 대신해 그녀에게 다가가 달라고 간청한다.

존 알든은 자신도 몰래 프리실라를 사랑하고 있었지만, 친한 친구의 부탁을 거절하지 못한다. 그는 몹시 무거운 마음으로 친구의 아내가 되어달라고 프리실라를 간곡하게 설득한다. 롱펠로우는 다음과 같이 썼다.

하지만 그는 단순하고 유창한 말속에서 따뜻하고 빛났으며 자기 자신을 망각하고 경쟁자의 칭찬을 쏟아냈다.

그러자 아가씨는 웃음으로 가득 찬 눈으로 재미있다는 듯 미소 지으며, 떨리는 목소리로 말했다. "존, 당신 자신을 위해 말해보는 게 어때요?"

메시지 뒤에 있는 건
자기 자신

우리도 할 수 있다! 자기 자신을 위해 말하고 자신이 한 말을 스스로 신뢰하는 습관을 들이자. 그러면 스스로가 발산하는 자신감의 아우라에 놀라게 될 것이며, 자신감 넘치는 태도와 침착함이 그것을 증명해줄 것이다. 이는 듣는 사람에게 우리가 스스로의 결정을 신뢰하고 있으며 진심이라는 느낌을 전달한다.

기억하자. 나의 믿음은 다른 사람들의 믿음만큼 중요하고 가치 있다. 완벽한 대응이 단순한 "아니요"든 혹은 "그건 받아들일 수 없어요"든 그 말을 한 사람이 남자친구나 아버지, 혹은 아들이나 가상의 남편이 아니라 자기 자신이어야 한다!

만약 텔레마케터가 제안한 제품을 구매하지 않기로 선택했다면, 나 자신의 언어로 그렇게 말하고 남편은 대화에서 빼라. '나' 언어를 자주 사용할 수 있도록 심혈을 기울이자. '나' 언어를 사용해서 감정을 표현하고 그 행동에 개인적인 책임을 지도록 하자. '제10장 직장에서 목소리를 내라'에서는 업무 환경에서 '나' 언어를 사용하고 자신의 업적에 대한 공로를 스스로 인정하는 것의 중요성을 다룬다.

'나' 언어로 말한다면 그 메시지 뒤에 있는 사람이 자기 자신이라는 걸 보여준다. 만약 스스로 한 말에 책임을 지지 않는 표현을 사용하고 신뢰를 보내지 않는다면, 자신의 가치를 스스로 부정하는 것이다. 듣는 사람의 마음속에 내가 주장하는 의견과 아이디어가 다른 사람의 것일지도 모른다는 의문이 생겨서는 절대 안 된다. 자신감 있고 당당하게 말한다면, 사람들은 내 말에 귀 기울이고 존경을 보낼 것이다. 남이 아닌 자기 자신의 의견을 말할 때 용기와 자신감을 얻는다.

그러니 '나' 언어를 의식적으로 자주 사용하자. 새로운 힘과 자신감을 가지게 될 것이다.

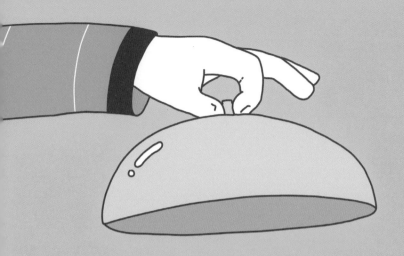

9장

괴롭힘을 참지 마라

"당신은 선을 넘었어요"

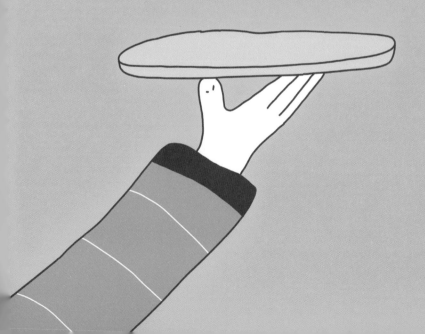

학교 교감인 비키는 통학구역 행정위원회의 유일한 여성이었다. 그런데 비키가 제안할 때마다 다른 학교 교장인 마크는 눈을 굴리며, "모두 들어보세요. 그레이시(미국 코미디 쇼 〈조지 번즈와 그레이시 앨런〉에서 '푼수' 아내의 이름)가 할 말이 있다는군요"라며 비꼬았다. 비키는 자신의 아이디어를 평가절하하려는 마크의 끈질긴 노력에 진절머리가 나서 마침내 자기 자신을 위해 목소리를 내기로 결심했다.

그녀는 침착함을 유지하려고 애쓰면서 장난스럽게 말했다. "실례합니다만 조지. 더 이상 할 일이 없다면 구석에 앉아서 시가나 한 대 피우는 게 어때요?" 결국 마크는 "내가 졌네요"라고 대답하고는 비키가 더 이상 방해받지 않고 발언을 이어나갈 수 있도록 배려했다. 그리고 교수 휴게실에서 비키를 만났을 때, 감탄하며 말했다. "저는 당신이 그레이시라고 부르는 걸 언제까지 내버려둘지 궁금했어요!" 그 후 마크는 존경과 경의를 담아 비키를 대했다.

괴롭히는 사람이
친구가 될 수도 있다

'자신을 괴롭히는 사람에게 맞서면, 그와 친구가 될 수도 있는' 현상은 계속해서 몇 번이고 증명되었다. 언어폭력자들은 자신들이 조종하거나 깔아뭉갤 수 없는 사람들에게는 협박과 부당한 요구를 하거나 무례하게 행동하지 않는다.

심리학자들은 이런 현상의 원인에 대해 괴롭힘을 당하는 사람들이 자신보다 강하다고 생각하는 사람들을 존중해주기 때문이라고 설명한다. 폭력적인 사람들은 우리가 다른 피해자들처럼 순종적이기를 기대하며, 앞으로 얼마나 많은 괴롭힘을 받아들일지 시험하려고 든다. 특이하게도 이런 까다로운 유형의 사람들은 "당신은 선을 넘었습니다. 나에게 그런 말을 하면 안 됩니다"라고 말해주는 사람들만 존중하는 경향이 있다. 비키가 마크에게 맞서고 나서야 비키를 존중할 가치가 있다고 여겼던 것처럼 말이다.

한 웨이트리스의 사례를 살펴보자. 어느 날 아침, 그녀가 휴식을 취하고 있는데 앞서 저지른 사소한 실수를 두고 상사가 소리를 질렀다. 그녀는 일어서서 상사의 눈을 똑바로 바라보며 말했다. "다시는 저에게 그런 식으로 말씀하지 마세요." 나에게 그녀는 이렇게 전했다. "그 상사는 나에게 사과했고, 1년 만에 나를 주임으로 승진시켰으며, 5년 후 내가 일을 그만둘 때까지 나를 정중하게 대했어요."

무엇이 폭언하는 사람들을 자극하는가?

당시 네 살이었던 내 아들이 유치원에서 울면서 집으로 돌아왔다. "콜린이 나에게 '멍청이'라고 말했어요." 아들은 눈물을 훌쩍이며 물었다. "엄마, 사람들은 왜 아무 이유도 없이 서로에게 나쁜 말을 하는 걸까요?" 그때는 아들에게 적절한 대답을 하지 못했지만, 노터데임대학교의 유명 풋살코치 루 홀츠와 수많은 심리학 책들 덕분에 지금은 좋은 대답을 알게 되었다.

루 홀츠는 마이애미 아레나에서 열린 앤서니 로빈스 성공 세미나의 주요 연사였다. 그는 2만 5,000명이 넘는 청중에게 자신이 틈틈이 아내를 모욕하고 비난하곤 했다고 고백했다. 점심시간 동안, 개인적으로 그와 이야기를 나눌 기회를 갖게 된 나는 그에게 이유를 물었다. 그러자 루는 대답했다. "제가 자존감이 아주 낮았기 때문입니다. 저는 제 아내도 스스로 가치가 없다고 느끼게 하고 싶었어요. 그래야 저 같은 남자와 함께 있는 것에 대해 감사할 테니까요." 나는 솔직한 답변에 감사하다고 말하고 혼자 생각했다. '와! 그는 2만 5,000명의 낯선 사람들뿐 아니라 스스로에게도 자신의 잘못을 인정하는 정말 용감한 사람이구나.'

사람들은 여러 가지 이유로 비열하고 무신경하며 무례한 말을 한다. 언어폭력자들은 종종 자존감이 매우 낮기에 자기 자신을 좋게 여기지 않는다. 자기 자신이 불행한 탓에 상대방도 불행하게 만들기 위해 우리를 깔아뭉갠다. 상대를 기분 나쁘게 하면 자신의 기분이 좋아지기 때문이다. 속담에도 있듯이, "불행은 동반자를 원한다." 지배하고 통제하려는 욕구가 있는 사람들도 일부 있다. 그들은 힘과 우월감을 증명하기 위해 상대를 모욕한다. 결국 어떤 욕구를 충족시키기 위한 것이 아니라면 굳이 상대를 비하하거나 모욕적인 발언을 하지 않을 것이다. 우리를 깔아뭉개는 일부 못된 사람들은 질투가 나거나 일진이 나쁜 하루를 보냈거나 누군가가 그들에게 심술궂게 대했기 때문에 앙

갚음하려고 상대에게 못된 말을 한다.

나는 모든 사람이 스스로 비참하다고 느끼거나 악의를 품거나 혹은 질투심이 많다고 해서 나쁜 말을 하지는 않는다고 확신한다. 그보다 그들은 단지 무신경하고 다른 사람들의 감정을 알지 못할 뿐이라고 생각한다. 그런 사람들은 아무 의미 없이 어리석은 말을 한다. 이 눈치 없는 사람들은 특정 상황에서 해야 할 것과 하지 말아야 할 것을 아는 사회적 우아함이 부족하다. 우리가 '제2장 함부로 대할 여지를 주지 마라'에서 논의했듯, 모욕적인 발언을 정중하게 지적하는 것이 언어폭력자들을 바른 길로 들어서게 하는 데 꼭 필요하다. 남을 괴롭히는 사람들은 대개 자신들의 행동을 깨닫게 되면 사과하고 변화한다. 하지만 변화의 조짐이 없다면 '플러그를 뺄' 때가 된 것이다.

간접적 비꼬기와 비언어적 괴롭힘

불행하게도, 세상은 위에서 거론한 이유들로 다른 사람을 모욕하거나 언어적으로 학대하는 사람들로 가득하다. 언어는 그러한 까다로운 사람들이 다른 사람들을 비하하는 수많은 방법을 제공한다. 그들은 언어를 활용해 직접적으로 공격하거나 빈정거리는 질문을 하거나 혹은 거들먹거리고 잘난 체한다.

　괴롭힘은 직접적으로 일어날 수도 있고 간접적으로 일어날 수도 있다. 직접적 비하는 알아채기 쉽다. 노골적인 모욕을 공격적으로 전달하기 때문이다. "당신 정말 멍청하네", "멍청이라도 이보다는 더 잘할 거야" 혹은 "당신은 내가 만난 사람 중 가장 게으르고 무책임해" 등이 직접적인 말로 비난하는 예다.

　집단 괴롭힘은 직접적 괴롭힘의 한 유형이다. 그들은 일부 사람들이 특정 집단이나 소수 집단에 속한다는 이유로 열등하게 여기고 비난의 목표로 삼는다. 그런 집단에는 여성, 유대인, 아프리카계 미국인, 지적 장애인, 신체 장애인 그리고 노인 등이 포함된다. '멍청한 금발'이란 유머와 인종차별적 농담, 또는 "당신이 무엇을 알겠어? 당신은 여자잖아"나 "아일랜드인이면서 술을 못 마신다니 놀랍군요" 같은 언어폭력은 집단 괴롭힘의 대표적 사례다.

　간접적인 괴롭힘은 빈정거림, 거들먹거림, 잘난 체하는 발언이나 질문이 포함된다. 간접적 비꼬기는 종종 우회적이며 칭찬으로 가장되기에 알아채기가 쉽지 않다. 언어폭력자들은 교묘하게 풍자하고 미묘하게 비꼬기 때문에 그 비난을 이해하기 어렵게 만든다. "헤어스타일이 멋지네요. 그 덕에 코가 너무 커 보이지는 않아요"라는 말이나 "색상이 잘 어울리네요. 열 살은 젊어 보여요", "이 요리법은 질 좋은 고기로 요리해야 제맛이 나겠어요" 혹은 "요즘은 사회생활 할 만하신가요?" 등이 간접적 비꼬기의 사례들이다.

비언어적인 괴롭힘은 소리 내어 말하지 않으므로 가장 애매모호한 괴롭힘이다. 몇몇 괴롭히는 사람들은 상대를 깔아뭉개기 위해 말 대신 표정과 태도 그리고 몸짓을 동원해서 생각지도 못한 창의적인 방식으로 상대의 생각을 비하한다. 예를 들어, 대화에서 상대를 없는 사람 취급하거나 계속 상대의 배우자에게만 말하는 것이다. 눈을 위로 치켜뜬 채 눈동자를 굴리는 것, 고개를 부정적으로 절레절레 흔드는 것, 엄지손가락을 아래로 내리는 것, 상대를 향해 주먹을 흔드는 것, 격앙된 한숨을 내쉬는 것, 지나치게 큰 하품을 하는 것, 말하는 동안 계속해서 허공을 응시하는 것 등이 비언어적인 비하의 다양한 예들이다.

연습활동

다른 사람에게 지시받았거나 들은 적 있는 경멸적 혹은 냉소적인 발언의 몇 가지 예를 생각해보자. 그리고 영역별로 하나씩 생각하고 적어보자. 이 장의 뒷부분에 있는 연습활동을 완료하려면 이 과정이 필요하다.

| 직접적 괴롭힘 |

예시: "어떻게 지갑을 잃어버릴 정도로 멍청할 수 있어?"

나의 예시:

| 집단 괴롭힘 |

예시: 질문 - 다섯 명의 금발이 동그랗게 앉아 있는 것을 뭐라고

하는 줄 알아? / 답변 - 얼간이 집단

나의 예시:

| 간접적 괴롭힘 |

예시: "그런 다리를 내놓고 다니다니 용감하군요."

나의 예시:

| 비언어적 괴롭힘 |

예시: 내 친구의 상사는 내 친구가 회의 중 발언하기 위해 손을

들어도 노골적으로 못 본 체했다.

나의 예시:

부당한 비판과
험악한 발언을 피하는 방법

우리를 모욕하는 언어폭력자의 동기나 그들의 본성이 무엇이든 상관없이 우리는 상대에게 맞서서 자기 자신을 지켜야 할 책임이 있다. 그렇게 하지 않으면, 한 인간으로서 자기 자신을 부정하는 것이며, 낮아진 자존감에 압도당하고 무력감을 느낄 것이다.

로버트 M. 브램슨 박사는 유명한 저서 『말이 안 통하는 사람과 일하는 법』에서 언어폭력에 대처하는 첫 번째 규칙은 그들에게 맞서는 것이라고 조언한다. 우리를 몰아세우도록 내버려두면, 그들은 결코 우리를 주목할 가치가 있는 사람으로 보지 않을 것이다. 브램슨 박사는 "당신이 묵인한다면 사람들은 이를 면죄부로 받아들여 거리낌 없이 당신을 괴롭혀도 된다고 생각할 것이다. 이처럼 매우 까다로운 사람들에게 맞설 때, 당신이 느끼는 두려움과 혼란은 공격받을 때의 자연스러운 반응이며, 심지어 적절한 반응이라는 것을 인식한다면 도움이 된다. 혼란스럽고 화가 나고 곤란함을 느끼더라도 어쨌든 본능에 맞서 무슨 말이든 해라."

상대의 괴롭힘을 허용한 사람은 괴롭히는 사람만큼 책임이 있다. 우리의 자존감은 언어폭력자들의 농간을 인식하고 무력

괴롭힘을 **허용** 하시겠습니까?

화시키는 능력에 좌우된다. 누군가의 말이 비꼬는 것으로 해석된다면, 자기 자신을 위해 적극적으로 대응할 책임이 있다. 그렇지 않으면 다음에 대응할 수 있는 순간이 올 때까지 분노나 굴욕감을 느끼며 속 앓이를 할 것이다.

대응의 목적은 까다로운 사람을 변화시키는 것이 아니다. 물론 그렇게 할 수도 있지만, 좀 더 본질적인 목적은 우리가 자신을 더 나은 사람으로 느끼도록 하는 것이다. 그러려면 모욕이 우리라는 목표물에 도달하지 못하게 비껴가도록 해야 한다. 분노와 적대감이 없는 정중하고 단호한 대응은 우리가 목적을 성취하는 데 도움이 될 것이다.

어쩌면 "하지만 무슨 말을 해야 할지 모르겠어요", "그녀가 갑자기 모욕을 줘서 깜짝 놀랐어요", "항상 그 일이 벌어진 지 몇 시간 후에나 멋지게 받아칠 말이 떠올라요"라고 말하는 사람이 있을지도 모르겠다. 물론, 언제 어디서 상처를 주는 발언을 맞닥뜨릴지 정확히 아는 것은 불가능하다. 하지만 사전 계획을 조금 준비해둔다면 상황에 대비할 수 있다.

여기서 최고의 준비란 부당한 비판과 험악한 발언을 피하는 다양한 방법을 숙지하는 것이다. 다음에 설명된 기술들을 배우고 연습하자. 머지않아 즉석에서 언어폭력에 효과적으로 대응하는 방법을 떠올릴 수 있을 것이다. 반드시 적극적인 몸짓언어를 사용하면서 대응해야 한다. 눈을 마주치는 것은 용기를 의미한다는 사실을 명심하자. 그러면 설사 용기까지는 아니어도 스스로 자신감이 느껴지고 상대방에게도 그렇게 보인다. 그러니 솔직한 질문 방법을 사용하든, 비난에 동의하든, 자신의 입장을 밝히든, 혹은 유머를 사용하거나 '눈에는 눈'으로 되갚아주든, 비난하는 사람의 눈을 똑바로 바라보자. 그들의 말에 위협을 느끼거나 자존감이 낮아지지 않는다는 사실을 눈으로 보여주어라.

무슨 뜻인지 솔직히 질문하기

가족과 함께 한 식당에서 저녁을 먹고 있을 때였다. 난 웨이트리스에게 티스푼을 가져다달라고 부탁했다. 그녀가 티스푼을 가져다준 후에야 우리 테이블에 크림도 설탕도 없다는 걸 알아차렸다. 나는 그녀를 다시 불러서 정중하게 실수한 사실을 일깨워주었다. 그러자 그녀는 초조하게 한숨을 쉬고 두 눈을 굴리며 중얼거렸다. "오, 세상에!"

그 웨이트리스의 태도가 나를 신경 쓰이게 했다. 그녀가 단순히 일진이 좋지 않은 건지 아니면 내 요청에 짜증이 난 건지 확실히 알 수 없었다. 나는 상황을 파악하기 위해 직접 물어보기로 했다. "그 말이 무슨 뜻이었나요? 제 요청이 기분 나쁘셨어요?" 그러자 그녀는 바로 대답했다. "아니요. 그럴리가요! 그저 건망증이 심한 저 자신에게 화가 났을 뿐이에요. 크림과 설탕을 가지고 곧 돌아오겠습니다."

누군가의 말이 모욕으로 느껴졌을 때, 상대에게 해명을 요구하는 것에는 몇 가지 이점이 있다. 말하는 사람이 나를 비하하려는 의도가 있었는지를 명확히 확인할 수 있다. 또한 종종 사람들 사이에서 생길 수도 있는 오해로 인한 원망의 감정을 피할 수 있다. 비하하려는 의도를 가졌던 상대방이 그저 농담이나 유희였다고 하며 의도를 부인하더라도 괜찮다. 그 사람의 의도를 폭로했고, 내 자존감을 지켰으며, 그에게 체면을 세울 기회까지 주었으니 말이다.

여종업원이 무례하게 응대한 것에 대해, 나는 스스로 만족하기 위해 상황을 명확하게 해둘 필요가 있었다. 나는 "그 말이 무슨 뜻이었나요?"라고 물으면서 그 문제를 공개적으로 꺼냈다. 그녀가 진짜로 자신에게 짜증이 났는지 아니면 단지 체면을 차리려고 애쓴 건지는 중요하지 않다. 질문을 통해 말의 의도를 파악하고 그 상황을 직접 마무리하지 않았다면, 나는 그 여종업원에게 악의를 품은 동시에 그 식당을 다시는 이용하지 않았을 것이다. 다만, 그곳의 음식이 훌륭했으므로 아쉬운 사람은 나뿐이었을 테고 말이다!

간접적이거나 비언어적인 비난에 직면했을 때, 해명이나 솔직한 질문을 하는 것은 가장 효과적인 방법이다. 상대방의 의도가 나를 깎아내리려는 것이라는 의심이 들 때마다, 해명을 요청하라. 다음과 같은 질문들을 사용해보자.

- 그 말이 무슨 뜻인가요?
- 무슨 말인지 잘 모르겠네요. 다시 설명해주시겠어요?
- 마치 비난하는 것처럼 들리네요, 그런가요?
- 저를 모욕하는 것처럼 들리는데, 아닌가요?
- 제가 얘기하는 중인데 왜 눈동자를 굴렸던 거죠?
- 당신의 몸짓은 저에게 동의하지 않는다고 말하는 것 같네요.
  제 생각이 맞나요?

택배를 대신 받아주었던 앤과 택배 수령을 부탁한 페기의 이야기를 기억하는가? 앤은 '해명 요구-솔직한 질문' 기술을 매우 효과적으로 사용했다.

두 사람의 우정을 구한 건 앤의 솔직한 질문이었다. 이는 앤이 페기의 말을 오해하고 분개하는 것을 피하게 해주었다.

해명을 요구하는 것에는 또 다른 이점이 있다. 비난을 발산한 상대에게 바로 비난을 되돌려보내는 효과도 있기 때문이다. 폭언하는 사람들은 종종 간접적인 비아냥거림이나 비꼬는 칭찬 뒤에 숨는다. 해명을 요구함으로써 그들에게 현명한 부메랑을

돌려보낸다면, 이제 그것을 처리하는 것은 우리가 아니라 그들의 몫이 된다. 우리에게 자신들의 괴롭힘을 공개적으로 말할 용기가 있다는 사실을 인식하게 되면 그들은 할 말을 잃고 당황할 것이다.

해명 요구-솔직한 질문 기술은 비키에게도 효과적이었을 것이다. "모두 들어보세요, 그레이시가 할 말이 있다는군요"라고 비꼬는 마크의 말에 대응했던 비키의 사례 말이다. 비키는 "그 말이 무슨 뜻인가요?"라거나 "무슨 말인지 이해할 수 없네요"라는 질문을 던져도 좋았을 것이다.

마크의 발언은 명백히 비키가 텔레비전 프로그램에 등장하는 '그레이시'라는 인물처럼 정신머리 없는 푼수라는 걸 암시했다. 하지만 아마도 마크는 다른 사람들 앞에서 그 말의 뜻을 설명하는 것이 너무 난처하고 당황스러운 일이었을 것이다. 물론, "실례합니다만 조지. 할 일이 없다면 구석에 앉아서 시가나 한 대 피우는 게 어때요?"라는 비키의 농담은 확실히 효과적이었다. 상황에 따라 괴롭힘을 효과적으로 피해가는 방법들을 다양하게 활용해보자.

해명을 요구하는 것은 여러 가지로 우리에게 도움이 된다. 이를 통해 우리는 비난이라고 인식된 발언을 명확히 하고 불필요한 오해를 피해갈 수 있다. 또한 그 발언에 내포된 부정적인 의도를 공개적으로 밝히고 문제를 직접 해결하는 효과도 있다.

앞에서 확인한 괴롭힘이나 부정적인 비난을 떠올려보자. 그리고 다음의 질문 중 적어도 두 가지에 대해 '솔직한 질문' 기술을 어떻게 사용할지 생각해보자.

| 괴롭힘 사례 | 내 친구는 몇 살 어린 남자와 사귀고 있었다. 나는 우연히 한 동료가 "요즘 요람을 흔들고 있다던데"라고 냉소적으로 말하는 것을 들었다.

'솔직히 질문하기'의 예상 가능한 답변:

1. 그 말이 무슨 뜻인가요?

2. 비꼬는 말처럼 들리는군요. 그런 뜻인가요?

비난에 동의하기

아이리스는 충치를 몇 개 때울 생각이었다. 그리고 치과의사에게 노보카인(치과용 국부 마취제의 상표명-옮긴이) 주사가 불편하니 잇몸에 국소마취를 해달라고 요청했다. 의사는 냉소적으로

"이런, 상당히 겁쟁이군요!"라고 말했다. 아이리스는 그 태도에 짜증이 났지만 방어적인 태도를 보이고 싶지는 않았다. 대신 그녀는 상냥하게 장단을 맞추었다. "맞아요, 저는 겁쟁이랍니다! 이제 노보카인 주사를 맞기 전에 잇몸을 마취시켜주세요."

"당신이 맞아요"라고 말하는 것은 의도적으로 우리를 깎아내리려는 발언을 떨쳐낼 수 있도록 스스로에게 힘을 실어주는 좋은 방법이다. 상대방의 비난에 동의함으로써 자존감이 상처받는 것을 막을 수 있으며, 자신감 있고 단호하다는 것을 보여줄 수 있다.

아이리스는 이 기술을 멋지게 사용했다. 자기 자신을 정당화하거나 방어하려고 들지 않고, 단순히 치과의사 말에 동의하고 자신의 요청을 반복해서 말했다. 그녀는 "네, 맞아요. 저는 겁쟁이예요. 그래서 어떻다는 거죠? 자, 이제 제가 요구한 대로 해주세요!"라고 말한 셈이다. 폭언자들은 우리가 비난에 개의치 않는다는 것을 알게 되면, 비난하는 일이 더 이상 재미있지 않아 그만두게 된다.

비난의 일부에만 동의하는 것도 종종 효과적이다. 직접적으로 비난하는 부분에 동의하고 간접적으로 비하하는 부분은 무시하면 된다.

예를 들어, 메릴은 마이애미에 있는 대형 로펌의 변호사다. 어느 날, 메릴은 올랜도에서 열린 법률 회의에서 세미나를 진행하도록 초청받았다. 그 지역 변호사인 게리가 공항에서 그녀를 맞으며 빈정거렸다. "당신이 마이애미에서 온 멋쟁이 아가씨 변호사가 맞겠죠. 우리보다 많이 안다고 생각할 게 분명한 아가씨 말이에요." 메릴은 유쾌하고 단호하게 말했다. "그럼요. 저는 마이애미에서 온 멋쟁이 아가씨 변호사가 맞아요." 메릴은 게리의 비꼬는 말에서 객관적인 정보인 자신의 성별, 직업, 그리고 출신지에 동의했다.

그리고 자신이 올랜도의 변호사들보다 더 낫고 똑똑하다고 생각한다는 그의 비꼬는 듯한 표현은 교묘하게 무시했다. 메릴은 게리가 자신을 상대로 방어적이거나 적대적인 반응을 끌어내게 내버려두지 않았으며, 불쾌한 언어적 충돌이 생길 수 있는 상황을 효과적으로 무력화시켰다.

앨리스는 동료들을 흉보고 비판하는 낙으로 살았다. 그녀는 다른 사람들을 화나게 하고 방어적으로 만드는 것을 즐겼다. 레나의 사무실로 들어갈 때도 여느 때처럼 이렇게 말했다. "레나, 사무실에 폭탄이라도 떨어졌나요? 여기저기 상자와 서류들이 널려 있네요. 이렇게 엉망진창인 곳에서 어떻게 견딜 수 있는지 모르겠군요. 당신은 너무 체계가 없어요." 앨리스의 말속에는 레나가 꼼꼼하지 못하고 정리를 못한다는 뜻이 담겨 있었다.

그러자 레나는 방어적인 태도를 보임으로써 앨리스의 의도에 부응하는 꼴이 되고 말았다. "오, 항상 이렇게 지저분하지는 않아요. 요즘 좀 바빠서 박스를 정리할 시간이 없었어요. 새 프로젝트도 진행하고 있고, 새 파일 캐비닛도 아직 도착하지 않아서 서류를 다 정리할 수 없었거든요." 이런 방어적인 반응이 바로 앨리스와 같은 폭언자들에게 즐거움을 주며, 심지어는 힘을 실어주고 비난을 부추기게 된다.

레나는 앨리스의 비판에 일부 동의를 표하면서 부정적인 의미를 무력화시킬 수 있었다. "그래요, 앨리스. 제가 확실히 상자와 서류를 여기저기에 늘어놨네요." 이렇게 직접적이고 단호한 반응을 보이면 앨리스가 피해자들의 방어적인 모습에서 만족감을 느끼는 비뚤어진 성향을 차단할 수 있다. 그리고 앨리스도 더 이상의 공격을 멈췄을 것이다.

일단 '비난에 동의하기' 기술에 익숙해졌다면, 여기에 자신만의 의견을 덧붙여보자. 이는 우리가 자기 생각과 의견, 그리고 행동에 자신감이 있고 편안하게 여긴다는 것을 더욱 강하게 확인시켜주는 방법이다. 독설을 퍼붓는 사람들은 곧 우리의 단단한 자신감을 깨뜨릴 수 없다는 사실을 깨닫고, 우리를 깎아내리는 일에 더 이상 흥미를 느끼지 않게 된다. 그러면 그들은 새로운 유희거리를 찾아 다른 곳으로 떠나게 될 것이다.

다음의 일화들은 이 기술이 나에게 어떻게 작용했는지를 보여준다.

나의 첫 번째 책인 영어 발음 훈련 책이 막 출판되었을 때였다. 캠퍼스를 가로질러 걷고 있는데, 동료인 멜이 따라왔다. 그의 손에는 내 책 한 권이 들려 있었다. 멜은 "축하해, 폴렛. 좋은 책이네. 내용이 어찌나 단순한지 내가 썼다고 해도 믿겠더라"라며 우쭐거리듯 말했다. 이 말은 칭찬을 가장한 비아냥거림이었다. "그래, 멜. 너도 쓸 수 있었을 거야." 나는 자비롭게 동의했다. 그리고 덧붙였다. "하지만 넌 가만히 있었고 난 이걸 써냈잖아. 안 그래?"

이 기술은 다른 상황에서도 효과적이었다. 나는 이전에 받았던 '훌륭한 교수상' 모집에 다시 지원했다가 떨어졌다. 몇 년 연속 지원했지만 수상에 실패한 질투심 많은 한 동료가 고소하다는 듯 말했다. "올해는 훌륭한 교수상을 받지 못했다면서요?" "맞아요, 그랜트. 올해는 못 받았네요." 나는 웃으며 맞장구쳤다. "하지만 올해 받은 사람들은 그 영광을 누릴 자격이 있다고 확신해요"라며 내 진심을 덧붙였다. 그랜트는 "그게 뭐 대수겠어요"라고 말하더니 '씁쓸한' 모습으로 걸어나갔다.

그랜트는 또다시 수상에 실패해서 매우 실망해 있었다. 그래서 내 상처에 소금을 뿌리고 자신의 기분이 나아지기를 바랐다. 하지만 나는 상처입지 않았다. 더욱이 나는 진심으로 수상자들의 소식에 기뻤다. 그래서 그가 말한 부분 중 사실에만 동의하고, 내 속마음을 친절하게 덧붙이는 방식으로 그의 포악한 의도를 무력화시켰다.

아이리스와 메릴과 레나가 '비난에 동의하기' 기술을 사용한 다음 어떻게 자신의 의견을 덧붙일 수 있을지 생각해보자.

치과의사: 이런, 상당히 겁쟁이군요!

아이리스: 제가 겁쟁이라는 것은 확실해요. 대대로 겁 많은 집안 출신이죠.

◦ 덧붙인 예상 답변:

게리: 마이애미에서 온 멋쟁이 아가씨 변호사군요. 우리보다 더 잘 안다고 생각하실 테죠.

메릴: 맞아요, 전 마이애미에서 온 멋쟁이 아가씨 변호사예요. 만나서 정말 반갑습니다!

◦ 덧붙인 예상 답변:

앨리스: 레나, 사무실에 폭탄이라도 떨어진 건가요? 상자와 서류가 여기저기 널려 있네요. 이렇게 엉망진창인 곳에서 어떻게 일할 수 있는지 모르겠네요. 당신은 너무 체계가

> 없어요.
>
> 레나: 맞아요, 앨리스. 확실히 여기저기에 박스와 서류들이 널려
>
> 있네요. 저한테 물어보고 싶은 게 있어서 오셨나요?
>
> 。덧붙인 예상 답변:

우리를 깎아내린 사람에게 일정 부분 적극적으로 동의하고, 자신의 의견을 덧붙이는 것은 마치 그 사람의 돛에서 바람의 힘을 빼버리는 것과 같다. 상대방은 자신의 행동을 되짚어보게 되고 앞으로 우리를 헐뜯는 일을 단념할 것이다.

많은 여성이 실수했을 때, 사람들로부터 약 올리는 말을 듣는다고 한다. 가장 많이 듣는 비난은 "정말 멍청했어" 또는 "정말 바보 같은 짓이었어" 등이다. '비난에 동의하고, 진심 덧붙이기' 기술은 이런 흔한 형태의 괴롭힘 행동에서 특히 효과적이다.

나는 운전 중 기름이 떨어졌던 적이 있다. 긴급 도로 구조대가 한 시간 후에 도착했고, 구조대원은 나를 무시하듯 말했다. "아가씨, 제가 한마디 하자면요. 기름을 채우는 것을 잊은 것은 정말 바보 같았어요." 이미 기름을 깜빡한 나 자신을 스스로 질책한 뒤였기 때문에 다른 사람이 그 상처에 모욕을 주는 것을 좌시할 수 없었다. 대응해야 한다는 생각이 들었다. 그렇지 않으

면 기분이 훨씬 더 안 좋을 것 같았다. 나는 단호한 어조로 말했다. "동의해요. 자동차에 기름을 채우는 걸 잊어버린 것은 정말 바보 같은 짓이에요. 하지만 당신의 일은 사람들을 돕는 것이지, 그 사람의 실수를 지적하는 것이 아닐 텐데요."

어떤 비난하기 좋아하는 사람이 내가 열쇠를 잃어버리거나 기름 채우는 것을 깜박하거나 주차한 곳을 잊어버린 것에 대해 얼마나 바보 같은 짓이냐고 놀린다면, 이렇게 하자. 그 말에 일단 동의한 후, 내가 진짜 하고 싶은 말을 덧붙이는 것이다. "어리석은 짓을 하는 게 처음도 아니고 앞으로도 그러겠죠", "멍청한 짓을 해본 적 없는 사람만 돌을 던지세요" 혹은 "당신 말이 맞아요. 제가 저지른 가장 멍청한 실수 중 하나였어요. 앞으로는 더 조심하겠습니다"라는 표현 등이 효과적이다.

요점은 남을 괴롭히고 싶어하는 사람들에게 우리는 스스로 실수를 인정하면서도 당당하며, 어느 누구도 감정적으로 우리를 흔들 수 없다는 걸 보여주는 것이다. 이렇게 하면 상대방의 악의를 누그러뜨리고, 남을 무시하는 발언의 희생자가 되는 것도 막을 수 있다.

비난을 표현할 권리를 인정하는 것도 부정적인 비판을 피하는 효과적인 방법이다. 비난하는 사람의 의견을 인정한다고 해서 그것에 동의하는 것은 아니다. 말 그대로 비난을 표현할 그들의 권리를 인정하고 있다는 것을 의미할 뿐이다. 이 기술은

| 괴롭힘 사례 1 |

"사십 넘은 여자들이 머리가 길면 우스꽝스러워 보여요. 당신
도 머리카락을 좀 잘라야겠네요."

。 방어적인 대응: "하지만 사람들은 제가 나이에 비해 젊어 보인
　다고 말하던걸요. 어쨌든 저도 제 머리가 그렇게 길 줄은 몰
　랐어요."

。 단호한 대응: "그건 당신의 의견이고요. 어쨌든 당신에게는 그
　렇게 말할 권리가 있지요!"

| 괴롭힘 사례 2 |

"당신은 항상 출장을 가는군요. 아주 좋은 엄마가 될 수는 없겠
어요."

。 방어적인 대응: "실제로 그렇게 많이 가지 않아요. 한 달에 한
　번 주말뿐입니다. 그리고 기회가 있을 때마다 아이들과 좋은
　시간을 보내려고 노력하고 있습니다."

。 단호한 대응: "당신에게는 그렇게 보일 수도 있겠네요."

특히 직접적인 괴롭힘의 대상이 될 때 효과적이다. "당신은 의견을 피력할 권리가 있어요", "그건 당신 생각이니 얼마든지 이야기해도 됩니다", "당신에게는 그렇게 보이는군요" 혹은 "그렇게 생각하시는군요" 같은 말들은 꽤 효과적이다. 여기서 방어적인 태도라고 느껴지는 반응만은 피하도록 하자.

부정적이지만 정확한 관찰로 비난한 사람에게 공개적인 감사를 표하는 것도 또 다른 적극적인 기술 중 하나다. 친구나 지인이 '순수하게' 관찰하고 "정말 살이 많이 쪘군요" 또는 "머리가 너무 희끗희끗해요"라고 말한다면, 그 눈을 보고 동의해주자. 그런 다음 감사의 뜻을 표하면 된다. "네, 요새 살이 쪘어요. 친구들 앞에서 그런 얘기를 해줘서 고마워요"라고 말하는 것이다. 또는 "네, 머리가 많이 하얘졌어요. 제게 관심을 가져주다니 감사해요"라고 말하자. 이 정도면 말한 사람이 잠시 멈춰서 자기 행동을 다시 생각해보게 될 것이다.

기억할 것은 절대 자기 자신에 대해 미안하다고 사과하면 안된다는 점이다. 비난자의 미끼를 덥석 물고 방어적으로 대응하지 말라는 뜻이다. 자신의 신념을 길게 설명하고 행동을 정당화하려는 충동을 참아보자. 그보다는 그들의 의견에 동의하거나 인정하는 것, 더 나아가 감사까지 표현하는 것으로 비난하는 행동을 단념시킬 수 있다. 무엇보다 중요한 건 이렇게 하면 우리 자신에 대해 훨씬 더 대단하게 느끼게 된다는 것이다.

앞에서 확인한 괴롭힘이나 부정적인 비판을 떠올려보자. 그리고 적어도 두 가지 항목을 골라 '비난에 동의하기' 기술을 사용할 수 있는 방법을 생각해보자.

| 괴롭힘 사례 | 당신은 은행 예금계좌에 돈을 넣는 것을 깜빡하고 수표 세 장을 부도냈다. 배우자는 "그렇게 잘 잊어버리다니 정말 바보 같군"이라고 말한다.

'비난에 동의하기'의 예상 가능한 답변:

1. "그래요, 나도 이미 알고 있는 것을 다시 확인해줘서 고마워요. 앞으로는 더 조심하고, 다시는 이런 일이 일어나지 않게 해야겠어요."
2. "당신 말이 전적으로 옳아. 그런데 우리 모두는 실수를 하잖아!"

괴롭힘을 무력화하는
유머 사용하기

어느 날 나는 시내 사무실 건물의 붐비는 엘리베이터에 타고 있었다. 그런데 한 여성이 실수로 버튼판에 기대는 바람에 엘리베이터가 모든 층에서 멈춰 섰다. 화가 난 한 승객이 공격적으로 "정말 바보 같은 짓을 했군요"라고 소리를 빽 질렀다. 그 여성은 당황하지 않고 모두에게 사과하며 농담을 던졌다. "저는 보통 하루에 한 번은 바보 같은 짓을 한답니다. 이미 하나가 지나갔으니 정말 다행이네요!" 다른 승객들은 껄껄 웃으며 엘리베이터가 층층이 멈추는 것에 대한 불편함을 떨쳐버렸다. 나는 그 여성이 정말이지 멋지게 그 상황을 처리했다고 생각한다. 사실 난 그녀의 유머러스한 대응을 잊지 않기 위해 급하게 기록해서 남겨두기까지 했다.

유머는 비하를 무력화하는 좋은 방법이다. 비판적이고 못마땅해하는 투로 우리를 화나게 하거나 무시하려는 사람들은 항상 존재한다. 그들을 그냥 내버려둘 필요가 없다. 유머는 말에 녹아 있는 악의를 누그러뜨리고 언어적 갈등을 완화한다. 이는 자기 자신을 분명히 주장하고, 비난하는 사람들의 부적절하거나 부정적인 말 때문에 생기는 긴장을 줄여준다.

나도 내 작품에 대한 불쾌한 논평을 마주했을 때 유머 기술을 활용하여 상황을 완화했다. 몇몇 동료들과 점심식사를 하던 중, 한 친구가 내가 그 당시 쓰고 있던 이 책에 대해 설명하기 시작했다. 그녀가 여성들을 위한 단호하고 적극적인 의사소통을 다루는 내용이라고 설명하자, 길이 비꼬았다. "오, 세상이 필요로 하는 딱 그거네. 또 하나의 나쁜 여자 안내서!" 순간 정적이 흐르고 모두 내가 어떻게 내 프로젝트를 '방어'하는지 궁금해하며 침묵을 지켰다. 나는 그의 손에 놀아나지 않고, 내가 책을 쓴 목적만을 방어하기로 결심했다. 긴장을 풀고 대화를 화기애애하게 이어가고 싶었기 때문에 유머러스하게 대답했다. "길, 축하해. 그렇게 말해주어 고마워. 그게 바로 내가 말하고 싶었던 주제거든. 너는 방금 내 책에서 한 자리를 차지했어!" 모두들 웃었고 내가 비꼬는 뜻이 분명한 길의 말에 화를 내서 즐거운 분위기를 깨뜨리지 않은 것에 안도했다.

남을 괴롭히는 사람들의 입담에 반감을 가지기보다는 스스로 즐겨보길 바란다. 가능하다면 유머러스하거나 재미있는 의견을 던져보자. 목표는 우리 자신을 지키고 그런 발언들이 나의 자신감을 흔들 수 없다는 것을 보여주는 것이다.

몇 년 전 머리를 밝게 염색한 후, 난 그 유명한 '멍청한 금발' 농담의 대상이 되어버렸다. 내가 그런 농담에 불쾌감을 표시할 때마다 사람들은 내게 유머감각이 없다고 비난하며 이른바 '코미디언식 변명'을 했다. "당신은 유머감각이 부족하네요" 또는 "너무 예민하군요. 농담을 개인적으로 받아들이지 마세요"라고 말하는 식이다. 나는 저들의 비판을 불식시키는 동시에 나 자신을 지킬 수 있는 대응이 필요하다는 것을 깨달았다.

그러던 중 마침 돌리 파튼(Dolly Parton, 미국의 컨트리 싱어송라이터이자 배우-옮긴이)이 이와 비슷한 상황에 어떻게 대응했는지에 대한 일화를 잡지에서 읽게 되었다. 그 덕분에 나는 완벽하게 응수할 대답을 찾아냈다. 다음번에 누군가가 이런 농담을 너무 개인적으로 받아들인다고 나를 비난한다면, 나는 어떻게 대응할지 준비가 되어 있었다. "제가 당신의 농담을 개인적으로 받아들였을 거라고 생각하셨나요? 천만에요. 우선 저는 제가 명청하지 않다는 걸 알아요. 그리고 실제 금발도 아니고요!" 내 말에 모두가 실컷 웃었고 나는 계속 이야기했다. "잭, 진지하게 말하는데, 저는 그런 농담이 불쾌해요. 제가 있을 때는 그 농담을 당신의 레퍼토리에서 지워주세요." 내게 짓궂은 농담을 했던 사람은 마지못해 사과했고 다시는 나에게 그런 유해한 유머를 강요하지 않았다.

심지어 미국 대통령들도 비판을 피하기 위해 유머 기술을 사용해왔다. 로널드 레이건 전 대통령과 오바마 전 대통령은 특히 이 기술에 능숙했다. 각료회의에서 레이건 대통령이 잠이 들었다는 비아냥거림이 나오자, 대통령은 이렇게 말했다. "세계적으로 문제가 일어나는 곳이 너무 많기 때문에, 저는 제 보좌관들에게 그런 소식을 듣는다면 즉시 저를 깨워달라고 말해놨습니다." 오바마 대통령은 공개 석상에서 너무 '전문가적'이라는 비난을 받자, "저는 이 문제를 이렇게 해결하고 싶군요. 여러분이 결론을 내리는 데 도움이 될 몇 가지 도서목록을 숙제로 드리겠습니다."

어쩌면 이렇게 말할지도 모른다. "하지만 저는 그렇게 똑똑하지 않아요. 그런 유머러스한 답변을 즉각적으로 생각해내는 것에 서툴러요." 절망하지 말자! 대부분의 사람들, 심지어 전문적인 연예인과 코미디언들도 그렇지 못하다. 훌륭한 선생님들과 연사들 그리고 만화가와 토크쇼 진행자들이 생각해내는 모든 재치 있는 말들은 대개 즉흥적으로 애드립을 하는 것이 아니라 준비되고 연습한 것이다.

무례한 말에 대해 흥미로운 결말을 소개한 많은 유머 모음집들을 읽어보는 시간을 갖자. 그중 몇 개를 외우면 즉시 응용할 수 있다. 다른 사람들이 사용하는 유머러스한 말에도 주의를 기울이자. TV에서 코미디언이나 토크쇼 진행자가 유독 재치 있는 말을 한다면 메모를 해두자. 신문이나 잡지를 읽던 중 재미있는 농담이 눈을 사로잡는다면, 그것도 기억해두자. 돌리 파튼이 '멍청한 금발' 농담에 현명하게 응수한 것을 읽었을 때 언젠가 그게 필요할거라 생각하고 외워두었다. 아나나 다를까, 나는 완벽한 기회에 그 내용을 유용하게 활용했다. 게다가 모든 사람은 내가 즉석에서 그런 현명한 대응을 생각해낸 것이 매우 재치있다고 생각했다!

다음에 흔히 듣게 되는 비난과 괴롭힘을 무력화시키는 유머러스한 답변의 몇 가지 사례를 소개한다. 이는 내가 모아둔 유머 모음의 일부다.

자신만의 유머를 몇 가지 더 추가할 수도 있다. 기억할 것은 우리의 목표는 분위기를 풀고 비판에 흔들리지 않는다는 인상을 주는 것이다. 방어적이 되지 않도록 주의하자. 빈정거림이나 적대감으로 대응하는 것은 비난자를 포함한 모든 사람을 불편하게 만든다. 따라서 적절한 상황이라면 준비한 말을 상냥하면서도 장난스러운 방식으로 전달해보자.

사례 살펴보기

- 비난하는 말: 정말 바보 같은 행동이군요.
- 유머러스한 답변: 우리 모두는 실수하면서 배웁니다. 그리고 저는 제 실수를 통해 아주 많은 것을 배웠죠.

- 비난하는 말: 당신은 생각이 너무 많아요.
- 유머러스한 답변: 맞아요. 생각이 너무 많아서 가끔은 다시 시작하는 것조차 잊어버리죠.

- 비난하는 말: 당신은 너무 엉성하군요.
- 유머러스한 답변: 나의 다른 단점을 모르는 게 분명하군요. 알

았다면 그것만 언급하지 않았을 텐데요.

○ 비난하는 말: 결혼을 한 번도 해본 적 없다니, 무슨 결함이 있
나 보죠?

○ 유머러스한 답변: 오, 세상에. 제가 그걸 생각 못 했네요.

○ 비난하는 말: 당신은 스스로도 무슨 말을 하는지 모르는군요.

○ 유머러스한 답변: 그런 말을 하는 건 당신만이 아닙니다. 제 전
남편도 똑같이 느꼈으니까요.

○ 비난하는 말: 당신은 말이 너무 많아요.

○ 유머러스한 답변: 제가 짧은 이야기를 길게 만드는 재주가 있
는 것 같아요, 그렇죠?

○ 비난하는 말: 그 옷을 입으니 광대 같아 보이네요.

○ 유머러스한 답변: 잘됐네요. 당신에게 웃음이 절실하게 필요해
보였는데 말이죠.

○ 비난하는 말: 특정 그룹(키가 작은 사람, 과체중인 사람, 금발 등)의

사람을 깎아내리며 괴롭히는 말―저렇게 생긴 사람도 있네요.

。유머러스한 답변: 잠깐만요. 저 말씀하시는 건가요?

연습활동

앞에서 확인한 괴롭힘이나 부정적인 비판을 떠올려보자. 그리
고 다음 중 적어도 두 가지 항목에 대응하여 '유머' 기술을 사용
할 수 있는 방법을 생각해보자.

| 괴롭힘 사례 | 한 파티에서 아는 사람이 다가와서 나에게 이렇
게 말했다. "그 귀걸이는 확실히 눈에 띄는군요. 너무 크고 무거
워 보여요."

。가능한 유머러스한 답변:

1. "너무 커서 뭐가 어떤데요? 보석에 관한 한, 제 좌우명은 '그
   면 클수록 좋다'거든요!"
2. 귀걸이 무게에 눌려 비틀거리는 척하면서 "아니, 그렇게 무
   겁지는 않아요!"라고 외친다.

유머를 사용하는 것은 자신의 입장을 확고히 밝히는 좋은 방법이다. 아울러 비난하는 사람의 경멸과 부적절한 발언 또는 유해한 유머가 만들어내는 긴장된 분위기를 푸는 데도 효과적이다. 자기 자신을 낮춰서라도 그런 유머를 두려워하지 않는다는 것을 보여주는 것은 확실한 자신감의 표시다. 이는 자존감을 지키고 다른 사람의 눈에도 자신감이 높아 보인다.

자신의 입장 밝히기

어느 날 밤, 친구들과 저녁식사를 하러 나간 자리에서 최근에 내린 결정에 대해 판단이 잘 서지 않는다고 털어놓고 있었다. 그때 내 데이트 상대가 끼어들었다. "그렇지 않아, 폴렛. 당신은 항상 판단력을 발휘해. 다만 판단력이 부족할 뿐이야!"

나는 즉시 어떤 말을 해야만 한다는 것을 깨달았다. 그렇지 않으면 그 불쾌한 말이 그날 저녁 내내 나를 괴롭힐 것 같았다. 나는 돌아서서 우아하게 말했다. "저를 깎아내리면서 재치있는 척하다니 당신답지 않군요." 그는 다른 사람들 앞에서 자신의 의도가 분명하게 드러날 것이라고 예상하지 못했다. 그는 억울해하며 사과했고, 나는 100퍼센트 정당한 말을 했다고 느꼈다!

자신의 입장을 밝히는 것은 단호하고 정직하게 자신을 옹호하는 데 도움이 된다. 이는 사람들에게 선을 넘었다는 것을 알게 하고, 앞으로 부적절한 행동을 하지 못하게 해준다.

릴리안 글래스 박사는 저서 『지금 당장 말해라』(Say It Right)에서 이렇게 말한다. "누군가가 무례하다면, 다시 말해 당신을 방해하거나 대화에서 당신을 배제하거나 잘난 체하고 무례한 농담을 한다면, 그 말을 용납할 수 없음을 즉시 알려줘야 한다."

다음은 자신의 입장을 표현하는 데 사용할 수 있는 문구들이다. 보다시피, 감정을 진실하게 표현해준다.

- 당신의 발언은 유쾌하지 않군요
- 당신의 말로 상처 입었습니다. 다시는 그런 말 하지 말아주세요.
- 저는 전적으로 당신의 의견에 동의하지 않습니다. 그런 말은 사려깊지 못합니다.
- 그건 불공평한 말이네요. 방해하지 말아주세요.
- 당신의 말에 화가 나는군요.
- 당신의 발언은 당황스럽네요.
- 당신이 한 말은 매우 무례합니다.
- 빈정거릴 필요 없어요.

자신의 입장을 분명히 밝히는 것만으로도 별다른 적대감 없이 부정적인 의견들을 효과적으로 제압하거나 완화시킬 수 있다. 따라서 '맞불작전' 같은 것을 유발할 걱정이 없다. 하지만 다음의 사례들이 보여주듯, 불행하게도 너무 많은 사람이 이를 깨닫지 못한다.

49세의 밋치는 무릎 부상을 입어 더 이상 테니스를 칠 수 없었다. 어느 날, 그의 전 복식 파트너인 자크가 시니어 리그 테니스 우승에 대해 열정적으로 이야기하고 있었다. 그때 밋치가 끼어들었다. "어쨌든 시니어 팀에 들어가려면 몇 살이 되어야 하나요?" 65세의 자크는 "50세요"라고 대답했다. 밋치는 비웃으며 "그럼, 당신은 자격이 차고 넘치네요"라고 비꼬았다. 자크는 화가 나서 반박했다. "그래, 자격 미달인 너와는 달라. 밋치!" 그 말을 들은 밋치는 휙 돌아서서 나가버렸다. 두 남자는 깨져버린 우정을 결코 되돌리지 않았다.

밋치의 비꼬는 말은 부적절하고 정말 고약했다. 그는 무릎 부상으로 테니스를 영원히 칠 수 없게 되었으므로, 세상에 분노하고 화가 나 있었다. 그래서 자크를 맹렬히 비난했다. 자크 역시 공격적으로 응수했으며, 이는 두 남자 사이에 적대감을 불러일으켰다. 자크가 밋치의 비꼬는 말에 공격적이지 않으면서 단호하게 대응했다면 논쟁을 잘 피해갈 수 있었을 것이다. 자크는 "제발 나에게 화풀이하지 말게. 자네가 부상을 당해서 얼마나 화가 났는지 이해해"라는 말로 자신의 입장을 밝힐 수 있었다. 물론 자크는 상황을 풀기 위해 유머를 사용할 수도 있었다. "그리고 나는 100살이 되면 두 배로 자격을 얻는다고!"라는 농담이면 좋았을 것이다.

나 역시 부당한 비판에 공격적으로 대응한 까닭에 하마터면 소중한 관계를 망칠 뻔한 적이 있다. 다행히 진심으로 사과하고 내 입장을 밝힌 덕분에 우정이 깨지지 않았다.

내 친구 니콜은 차의 전조등 끄는 것을 깜박했다. 아니나 다를까 아침에 일어나 나가보니 차의 배터리가 방전되어 있었다. 니콜은 내게 정신없이 전화를 걸어 차 시동을 걸어야 하니 차량용 충전케이블을 가지고 오라고 했다. 나는 서두르는 바람에 차 트렁크에 충전케이블이 있는지 확인하는 것을 잊고 말았다. 그렇게 빈손으로 니콜의 집에 도착하자, 그녀가 폭언을 했다. "폴렛, 케이블을 두고 오다니 정말 멍청한 짓이야. 네가 그렇게 바보 같을 수 있다니 믿을 수가 없네." 나는 소리 지르듯 받아쳤다. "너는 어떻고! 차 헤드라이트를 밤새 켜두는 것이야말로 확실히 지각 있는 행동은 아니지." 이에 니콜은 내게 "지옥으로 가버려"라고 쏘아붙였다.

그 순간 나는 우리 우정을 구하려면 즉시 적합한 말로 풀어야 한다는 걸 깨달았다. 나는 곧바로 사과하고 내 입장을 말했다. "정말 미안해, 니콜. 그렇게 너에게 소리 지르면 안 되는 거였어. 네가 충전케이블 챙기는 것을 잊어버렸다고 나에게 쏘아붙였을 때, 너에게 상처를 주고 싶어서 그랬어. 그냥 '나에게 바보라고

하는 건 정말 큰 상처야'라고 솔직하게 말했어야 했는데 말야."
그러자 니콜도 사과했고, 우리는 서로를 껴안고 안도의 웃음을
지었다. 결국 그날 둘 다 직장에 지각했지만 말이다!

이처럼 맞불작전으로 싸우는 것은 나와 상대방 모두에게 깊
은 분노의 감정을 오래 남길 수 있다. 이는 상대방과 맺은 이후
의 모든 관계에 불쾌한 그림자를 드리울 것이다. 자기 감정을
솔직하고 공개적으로 표현하는 것은 그 목적을 달성하는 것 이
상으로, 자기 자신을 옹호하고 자존감을 유지하도록 해준다.

연습활동

앞에서 확인한 괴롭힘이나 부정적인 비판을 떠올려보자. 그리
고 '입장 밝히기' 기술을 사용할 수 있는 방법을 적어도 두 가지
정도 생각해보자.

| 괴롭힘 예시 | 회사 모임에서 한 동료가 내 옷을 못마땅하게 쳐
다보며 말했다. "치마가 다소 짧네요. 그렇게 생각하지 않아요?"

○ '입장 밝히기'의 예상 가능한 답변: "개인적으로는 적절하다고 생
  각해요. 그래서 그대로 입고 있는 거고요."

'눈에는 눈, 이에는 이' 작전

정치인 모임 만찬에서 유명한 신문 칼럼니스트 앤 랜더스는 다소 거만한 상원위원을 소개받았다. 그는 "그래서 당신이 앤 랜더스군요"라고 느릿느릿 말했다. 그러고는 "재미있는 말 좀 해봐요"라고 덧붙였다. 앤은 주저없이 "글쎄요, 당신은 정치인이니 저에게 거짓말을 해보세요"라고 응수했다.

앤 랜더스는 예리한 기지를 갖춘 덕분에 상원위원과 '눈에는 눈'으로 주고받을 수 있었다. 어떤 비난꾼들에게는 유머 사용하기, 솔직히 질문하기, 입장 밝히기 등의 여러 가지 기술이 모두 효과가 없을 수 있다. 너무 거만하거나 자신들이 내뱉은 비꼬는 말이 상대에게 어떤 상처를 주는지 의식하지 못하기 때문이다. 그런 사람들에게는 그들에게만 효과가 있는 대응법을 적용하는 것이 둔감한 생각을 깨트리고 자신들이 선을 넘었다는 것을 알게 하는 유일한 방법일 수 있다. 그것만이 그들에게 지속적인 인상을 남기고 더 이상 상대가 괴롭힘의 목표물이 아니라는 사실을 깨닫게 해줄 수 있다.

이 기술이 비키에게 얼마나 효과가 있었는지 기억하는가? 마크가 그녀를 '그레이시'라고 비꼬았을 때, 그녀는 장난스럽게 그를 '조지'라고 불렀고, 구석에 앉아 담배나 피우라고 제안했지 않은가! 그 후 마크는 비키를 새롭게 보고 존중하기 시작했다.

배우 맷 데이먼이 오바마 전 대통령을 공개적으로 비판한 적이 있다. 오바마 전 대통령은 이렇게 응수했다. "맷 데이먼은 제 업무성과에 실망했다고 말했어요. 글쎄요, 맷. 나는 방금 영화 〈컨트롤러〉(The Adjustment Bureau, 2011, 맷 데이먼이 주연한 공상 과학 로맨틱 스릴러-옮긴이)를 봤는데 곧바로 다시 차에 올라탔다오, 친구."

내가 좋아하는 또 다른 '눈에는 눈' 일화는 윈스턴 처칠과 유명 극작가 조지 버나드 쇼와 관련된 이야기다. 버나드 쇼는 처칠에게 자신의 새 연극 오프닝 티켓 두 장을 보냈다. "한 장은 당신을 위한 것이고, 다른 한 장은 당신의 친구를 위한 겁니다. 만약 당신에게 친구가 하나 있다면 말입니다." 처칠은 쇼의 악의 없는 놀림에 장난스러운 말대꾸로 대응했다. 친구가 오프닝 공연에 참석하지 못해 애석해한다면서 '만약 두 번째 공연까지 한다면' 그 공연 티켓을 구할 수 있는지 물었다.

우리 중에 랜더스와 오바마 그리고 처칠만큼 재치 있는 사람은 드물지만, 우리 모두는 이 기술을 성공적으로 사용할 수 있다. 폭언하는 사람들에게 똑같이 앙갚음할 재치있는 답변 목록을 만들었다. 나는 이 재밌는 말들의 모음이 다양한 상황에서 모두 효과적이기 때문에 '다용도' 재담이라고 부르는 것을 좋아한다. 많은 부분이 코미디언, TV 인터뷰 진행자, 아나운서, 그리고 토크쇼 진행자들이 사용해온 것들이다. 어떤 내용은 다른 것

들보다 강력한 '한 방'의 효과가 있으며 어떤 내용은 꽤 재미있
기도 하다.

무례한 말에 대한 현명한 대응이 생각나지 않아 당황할 때마
다 이 즐겨찾기 목록을 사용해보자. 대응할 때 즐겁고 재미있
게 전달하는 것을 잊지 말자. 미소와 반짝이는 눈으로 친절하
게 반응한다면 이 기술은 승리를 보장할 것이다. 또 사람들에게
공격적이기보다는 단호하고 적극적이라는 인상을 주는 데 도
움이 될 것이다. 목록을 다 읽고 가장 좋은 대사를 외운 후, 바
로 '눈에는 눈'으로 대응할 준비를 시작하자. 마지막 세 개는 진
페렛(Gene Peret)의 『웃긴 응수부터 무례한 발언까지』(Funny
Comebacks to Rude Remarks)에서 가져왔다.

- 셰익스피어의 희곡 『헛소동!』이 생각나는군요.
- 말로는 절대 손해를 안 보시네요. 당신은 오직 다른 사람을 헐뜯
  을 때만 입이 열리네요!
- 계속 그렇게 말하는 게 지겹지 않나요?
- 잃을 게 없나 보군요. 그렇게 할 말을 다 하시는 걸 보니.
- 입을 다물면 파리가 들어오지 않을 텐데요.
- 당신은 어떻게 친구들을 놀려야 할지 아주 잘 아는군요.
- 할 말이 없다면, 입을 다물지 그래요!
- 당신과 지혜를 겨루고 싶지만, 무장하지 않은 사람과 싸우는 건

불공평해서요.

- 그 큰 입을 좀 쉬게 하시죠.
- 말수가 적으시군요. 그런데 말을 좀 더 줄이시는 게 좋겠어요.

색다른 것을 찾는다면, 다음의 몇 가지 대응을 시도해볼 수 있다. 모두 윌리엄 셰익스피어의 작품에 나오는 대사들이며, 『셰익스피어의 모욕』(Shakespeare's Insults:Educating Your Wit, by Wayne Hill and Cynthia Ottchen)에 담겨 있다. 이 인용문들을 사용한다면 상대 비평가들은 아마도 당신의 문학적 주장에 놀라 마지못한 감탄으로 말문이 막히게 될 것이다. 그리고 당신을 건드리기 전에 다시 생각하게 될 것이다!

- 그대의 말이 내게 별다른 도움이 안 되오. (트로일러스와 크레시다)
- 빈 수레가 가장 요란하지. (헨리 5세)
- 당신과 대화를 나눌수록 내 머리가 오염될 거요. (코리올라누스)
- 당신이 하는 말은 전부 쓸데없군요. (베니스의 상인)
- 어떤 허풍쟁이가 이토록 쓸데없는 말로 우리 귀를 멀게 하는가? (존왕)
- 당신의 몇 마디 나쁜 말은 소수의 선행과 일치하는군. (헨리 5세)
- 고상한 척하는 그런 따분한 불평에 질렸습니다. (헨리 4세, 2부)
- 나중에 후회하지 않길 빌어요. (베니스의 상인)

약자를 괴롭히는 사람이 우리를 깎아내리려 할 때 화내지 말자. 그대로 자리에서 일어나 자신의 존엄성을 유지하자. 우호적인 방식으로 재치있게 대응한다면 어떤 비난꾼에게도 맞설 수 있다. 서로 입담을 주고받는 것은 우리의 자존감에 놀라운 효과를 발휘한다. 우리를 괴롭히는 상대방의 입을 이 기술로 맞서보자. 자신감이 아주 높아지는 동시에 재미도 있을 것이다.

연습활동

상처 주는 발언과 부당한 비판에 대응하는 다양한 방법을 알았으니, 이제 연습을 해보자. 다음의 10가지 상황에서 나를 비난하는 사람에게 동의하기, 솔직히 질문하기, 유머 사용하기, 입장 밝히기나 눈에는 눈 기술을 사용해보자. 각각의 괴롭힘이나 비난에 대해 적어도 세 가지 가능한 답변을 공식화해보자.

| 예시 1 | 퇴근 시간이 지난 뒤에도 여전히 사무실에 남아 프로젝트를 마무리하고 있는데 한 동료가 퇴근 길에 내 사무실에 머리를 쓱 들이밀고 비꼬듯이 말한다. "늦게까지 일하나 보죠? 사장님에게 점수 따려고 그러시는 것 같은데요."

- 유머 사용하기: "점수를 딴다고요? 말도 안 돼요. 전 이미 사장님의 정예부대원이라고요!"
- 솔직히 질문하기: "그 말이 무슨 뜻인가요?"
- 동의하기: "물론 그 말이 맞습니다!"
- 입장 밝히기: "약간 상스럽게 들리네요. 뭐가 문제죠?"

| 상황 1 | 내 여동생은 주 정부에서 일하는 국선 변호사다. 누군가가 동생에게 "당신은 언제 진짜 변호사로 취직할 건가요?"라고 묻는다.

| 상황 2 | 한 친구가 이혼 후 남편과 함께 살던 집보다 더 작은 집으로 이사했다. 삼촌이 그녀를 걱정하는 척하며 말한다. "이혼했다니 안됐구나. 이 집은 저번 집처럼 크지도 않고 수영장도 없으니 말이야."

| 상황 3 | 회사 정책 중 이해 안 되는 게 있어 동료에게 물었다. 그녀는 거만하게 말했다. "그것도 모르다니 당신은 정말 어리숙하군요."

| 상황 4 | 오랜만에 사촌이 우리 집에 잠깐 들렀다. 새로울 것도 없이 그러저럭 살고 있다고 말하자 사촌이 말한다. "여전히 쥐꼬리만 한 월급을 받으며 산다고 말하지 마!"

| 상황 5 | 셀프 주유소에서 기름을 넣기 위해 주유기 사용 방법을 알아내려 더듬거리고 있자, 배우자가 참을성 없이 말한다. "오, 그냥 빨리 와요. 멍청이도 벌써 알아냈을 거예요."

| 상황 6 | 멀리 떨어져 사는 시댁 식구들이 우리 집에 일주일 동안 머무르기 위해 막 도착했다. 시누이가 문에 들어서자마자 말한다. "집안일은 여전히 못하는군요."

| 상황 7 | 급격히 과체중이 되어버린 친구와 이야기하는 중이었는데 지나가던 동료가 우리에게 인사하면서 내 친구에게 말한다. "멋진 옷이네요. 그 색깔이 얼마나 날씬해 보이게 하는지 놀랍네요."

| 상황 8 | 남편의 사업 동료들과 그 배우자들을 위해 멋진 식사를 준비했다. 그런데 유감스럽게도 고기를 오븐에 오래 놔두는

바람에 너무 많이 익어버렸다. 남편은 눈동자를 굴리며, 손님들에게 이렇게 말했다. "아내가 세상에서 제일 못하는 게 바로 요리랍니다."

| 상황 9 | 사무실의 한 비서가 회사의 의사결정 절차를 간소화하기 위해 기발한 계획을 고안했다. 질투심 많은 동료가 마지못해 축하해주고는 "눈먼 다람쥐도 가끔 도토리를 찾는대요"라고 말한다.

| 상황 10 | 사촌에게 몇 명의 새로운 사람들을 소개해주었다. 그러자 사촌이 "난 새로 만난 너의 친구들이 정말 마음에 들어. 너의 다른 친구들과 달리 따분하고 지루하지 않거든"이라고 말한다.

자, 어떻게 연습했는가? 이 장에서 설명한 모든 기술을 동원하여 대응을 공식화할 수 있었는가? 몇 개는 빈칸으로 남겼다고 하더라도 걱정하지는 말자. 언제든지 이 장을 다시 읽고, 그런 일이 벌어졌을 때 답변을 기록하면 된다.

여기에 소개된 모든 사회적 비난과 비방이 불쾌한 것은 분명하다. 우리가 이런 상황을 겪지 않는 것이 최선이다. 하지만 그럴 수는 없다. 불행히도 언제나 세상에는 다른 사람을 비판하거나 깔아뭉개서 웃음을 얻고, 그것에서 비뚤어진 즐거움을 얻는 사회성 부족한 얼간이들이나 정서적으로 불안정하고 불행한 사람들이 넘쳐난다. 단순히 그런 사람의 존재를 외면하면 아무것도 얻을 수 없지만, 이 장에서 배운 언어 능력을 발휘한다면 몇 가지 긍정적인 결과를 얻을 수 있을 것이다.

무엇보다 폭언을 즐기던 사람들이 우리를 대상으로 농담하거나 빈정거리는 것을 단념할 것이다. 그들이 상대하기에는 우리의 말솜씨가 너무 좋아졌기 말이다. 이제 우리를 감정적으로 흔들거나 열등감을 느끼게 할 수 없다는 것을 배운 폭언자들과 험담꾼들은 자신의 행동을 사과하며 앞으로 더 나은 방향으로 변할 것이다. 그중에는 우리를 존경하게 되는 사람들도 있고, 심지어 친구가 되려고 할 수도 있다. 하지만 언어적 승리에서 가장 중요한 건 우리가 자신에 대해 느끼는 감정이다.

이제 우리는 용기와 자신감으로 무장해 새롭게 태어났다. 더 이상 부당한 비판과 비꼬는 말, 무례한 행동의 희생양이 될 필요가 없다. 원하지 않는 한 더 이상 괴롭힘을 받지 않아도 된다. 단, 솔직히 질문하기, 비판에 동의하기, 유머 사용하기, 입장 밝히기, 눈에는 눈 기술 활용하기 중 어떤 것을 사용하든 나를 위해 대응할 책임은 나에게 있다는 사실만은 꼭 기억하자.

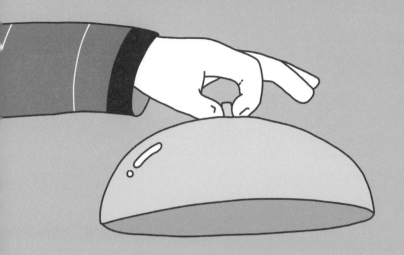

10장

직장에서
목소리를 내라

"실수는 지적하되 모욕하지는 마세요"

조앤의 상사인 브라이언은 항상 그림자처럼 그녀를 따라다닌다. 그는 조앤이 무엇을 하고 있는지 확인하거나 프로젝트 진행 상황을 확인하기 위해 끊임없이 그녀의 어깨너머를 살핀다. 조앤이 매우 유능하며 신뢰할 수 있는 부감독관임을 스스로 증명했음에도 불구하고, 브라이언은 조앤이 매번 어떻게 일을 진행할 것이며 어떻게 문제를 해결할 것인지를 일일이 보고하길 원한다. 그것도 모자라서 매분마다 시간을 어떻게 관리하고 있는지 세세하게 설명해주기를 기대한다.

조앤은 브라이언의 관리방식에 불만을 느꼈지만, 자신의 기분을 그에게 털어놓기에는 너무 소심해 이직을 생각하고 있다.

직장에 다니는 거의 모든 사람이 고용주나 상사 혹은 동료들 때문에 무력감이나 실망감을 경험한다. 일부 기업에서는 고용주나 동료들이 개인적으로 다른 직원들을 대수롭지 않게 여기는 경우가 빈번하다. 우리 모두는 이런 분위기가 감정적으로 얼마나 지치게 만드는지 알고 있다. 아마 우리는 모두 직장에서 모욕을 느낀 적이 한 번쯤은 있을 것이다. 하지만 모욕적인 일이 벌어졌을 때, 우리의 자존심을 지키고 스스로에게 좋은 느낌을 가질 수 있는 방법이 있다.

이번 장에서는 단호하고 적극적인 의사소통을 통해 직장에서 언어적 갈등을 해소하고, 정서적 학대를 없애며 자신감을 가질 수 있는 다양한 방법을 제시한다.

약자를 괴롭히는 상사 다루기 전략

부하직원을 괴롭히는 상사를 묘사하는 형용사는 수없이 많다. 몇 가지 예를 들면, 거만하다, 폭압적이다, 위협적이다, 독설적이다, 부담스럽다 등이 있다. 그런 상사는 공격적이고 적대적인 태도로 소리지르며 언어폭력을 행사하는 사람일 수 있다. 그들은 우리를 폄하하며 경멸해도 좋은 열등한 사람으로 여길지도 모른다. 부하직원을 괴롭히는 상사들은 항상 자신이 옳아야 한다는 강한 욕구를 가지고 있으며, 자신의 명령에 잠자코 따르기를 기대한다. 그리고 자신의 힘을 과시하기 위해 분노를 쉽게 드러내거나 언어폭력을 휘두른다.

당연히 직장에서 겪게 되는 모든 괴롭힘이 상사가 주도하는 것은 아니다. 동료일 수도 있고, 심지어 고객일 수도 있다. 이처럼 매우 까다로운 사람들을 적극적으로 다루는 여러 가지 방법을 알아보자.

화를 식힐 기회를 줘라

약자를 괴롭히는 사람의 분노에 찬 고함소리에 겁먹지 말자. 오히려 소리 지르는 사람을 똑바로 쳐다보고, 그 공격성이 잦아들기를 기다려라. 일단 '폭풍이 잠잠해지면', 자신의 입장을 침착하고 단호하게 말하자.

입장을 밝혀라

사무실에서 괴롭히는 사람에게 스스로를 옹호하는 말을 하는 것은 매우 중요하다. 로버트 브램슨 박사가 『말이 안 통하는 사람과 일하는 법』에서 말했듯이, "공격적이거나 적대적인 사람들에 대처하는 첫 번째 규칙은 그 사람에게 맞서는 것이다. 공격적인 사람들에게 휘둘리면 당신은 영화의 배경음악처럼 그들을 받쳐주는 들러리 신세가 될 뿐이다."

『우아하고 효과적으로 '아니요'라고 말하는 201가지 방법』 (201 Ways to Say No Gracefully and Effectively)의 공동 저자인 앨런 액설로드(Alan Axelrod)와 제임스 홀체(James Holtje)는 '소리 지르는 사람'과 마주칠 때 취할 수 있는 두 가지 공격법을 제안한다. 우선 이렇게 말할 수 있다. "노라, 저는 당신보다 크게 소리칠 수 없어요. 그리고 소리지르기 경쟁은 생산적이지 않아요. 저는 제 자리로 돌아갈게요. 우리가 차분하고 정중한 대화를 나눌 수 있는 시간이 되면 알려주세요."

여기서 두 작가는 '적대적인 근무환경'이라는 문구를 사용하라고 제안한다. 대부분의 고용주는 이 문구를 의식하고 그들에게 적용되는 것을 원하지 않는다. 이는 성희롱에서 괴롭힘 행위에 이르기까지 고용주들을 상대로 한 꽤 많은 법적 조치에 사용되어왔기 때문이다. 액설로드와 홀체는 "스티븐스 씨, 이 모든 고함 소리는 불필요하고 비하적일 뿐 아니라 적대적인 근무 환경을 조성하고 있습니다"라는 취지의 말을 할 것을 제안한다.

약자를 괴롭히는 사람들 모두가 악을 쓰거나 고래고래 소리를 지르며 공격하는 건 아니다. 대신 다음과 같은 말로 공격해 올 것이다. "당신은 정말 일을 대충대충 하는군요. 게다가 게으르고 부주의해요." 혹은 "이렇게 멍청한 사람이 있다니 믿을 수 없군요. 바보가 이보다 더 잘 알겠어요."

간호사인 로티는 자신이 근무하던 의료센터에서 바로 이런 말을 들었다고 한다. 나는 그녀에게 이렇게 말하라고 조언했다. "존슨 박사님, 박사님은 제 업무를 비판할 자격이 있어요. 그리고 저는 업무를 개선하기 위한 제안을 기꺼이 따를 겁니다. 하지만 박사님에게는 저를 인격적으로 공격하거나 무가치하게 여기거나 무능하게 만들 자격이 없습니다." 로티는 내 충고에 따라 대응했다. 나중에 들어보니, 존슨 박사는 로티에게 더 이상 폭언을 하지 않을 뿐 아니라 다른 간호사들에게도 비하 발언을 하지 않는다고 했다.

어떤 고약한 상사들이나 동료들은 습관적으로 그들의 안 좋은 기분이나 불만을 상대방에게 풀어놓고는 나중에 사과하기도 한다. 사과할 때 용서해서는 안 된다. 사과를 받아들이는 것은 그 행동을 묵인하고 그들이 또다시 짜증 내는 것을 허용하는 것과 마찬가지다. 이런 사람들도 앞에서 말했던 괴롭히는 사람 다루기 방법을 사용해 처리하면 된다.

적극적인 몸짓언어를 사용하라

괴롭힘을 당하는 동안 그 사람의 두 눈을 계속해서 똑바로 바라보라. 이는 정중하고 공손한 방식으로 그런 위협을 거부한다는 것을 보여준다. 만약 괴롭히는 사람이 일어서 있다면, 우리도 일어서야 한다. 괴롭히는 사람은 서 있는데 우리는 앉아 있다면,

우리의 용기와 자신감을 보여줄 수 없다.

과거는 과거로 묻어두라

약자를 괴롭히는 사람들은 흔히 우리가 그들에게 맞서고 난 후에는 우호적인 태도를 보여준다. 브램슨 박사는 다음과 같이 분석한다. "이런 변화는 그들이 당신을 제압하지 못한 것을 의미한다. 당신을 존중할 만한 가치가 있는 사람으로 보기 때문이다." 박사는 그 마음의 변화가 대개는 진심이라고 생각한다며 '친해질 준비를 하라'고 조언한다. 다시 말해 원한을 품지 말라는 얘기다. 과거를 놓아줄 준비가 되어 있지 않다면, 미래의 생산적인 관계를 망칠 분노와 화를 품게 될 뿐이다.

직장에서 '아니요'라고 말하기 전략

미국 대중문화 잡지 《엔터테인먼트 위클리》(Entertainment Weekly)에 할리우드에서 연예인의 개인 비서가 어떻게 학대받는지에 관한 기사가 실린 적이 있다. 한 영화 제작자는 그의 조수에게 자신의 정자를 정자은행에 전달해달라고 요구했다. 또 어떤 연예인은 매니저에게 가장 효과적인 다이어트 방법을 알아보기 위해 마치 실험쥐처럼 유행하는 다이어트를 다 해보라고 요구했다. 한 개인 비서는 상사가 아침 6시 30분에 아픈 아들의 대변 샘플을 실험실에 갖다줄 것을 요구하자 그 상사의 명령을 거절한 뒤 해고되기도 했다.

말리는 대형 백화점 체인의 특별 행사 책임자였다. 그녀는 신혼여행을 떠나기 전날에도 일을 했다. 한 영화배우가 그 백화점의 새로운 향수를 홍보하기 위해 막 도착했는데, 그는 회사의 서열상 '고위직에 있는 사람'이 자신의 명령에 따라 24시간 대기 상태로 있어주길 원했다. 회사 사장 조나스는 말리가 그 일에 '적격'이라고 말했다. 말리는 사장에게 자신의 신혼여행을 상기시켰으나, 사장은 개의치 않으며 말리가 적격이라고 고집을 부렸다. 말리는 그 요청을 거절했고 해고되었다.

우리 역시 모든 직장에는 노동자들의 부당한 상황을 보여주는 '끔찍한 경험담'들이 존재한다는 것을 뼈아프게 알고 있다. 말리와 개인 비서 둘 다 "아니요"라고 말했다. 자신감과 자존심을 지키기 위해 필요한 행동이었지만, 불행하게도 그들은 해고되었다. 두 사람의 고용주들은 정당한 주장을 받아들이지 않는 독재자였다. 다행인 것은 이런 사례가 일반적이라기보다는 예외적이라는 사실이다. 대부분의 훌륭한 관리자들은 직원들의 사기를 중요하게 여긴다. 그래서 직원들을 존중하고, 그들의 생각과 감정을 표현하도록 장려한다.

타당한 이유를 제시하라

요청에 응하지 않거나 응할 수 없는 타당한 이유를 제시하는 방법을 살펴보자. 이렇게 하면 직장에서 우리의 입장이 위험에 처할 상황을 최소화하거나 악의적인 감정을 피할 수 있다.

'제5장 당당하게 '아니요'라고 말하라'에서 말했듯이, 설명하는 것은 변명을 꾸며대는 것과는 다르다. '아니요'라는 대답과 함께 간결하고 솔직하게 자신의 정당성을 설명하는 것은 완벽하게 만족스럽고 적절한 반응이다.

다음 상황을 분석해보고, 이런 상황에 처한 개인이 어떻게 대응할지, 각 선택의 결과는 어떨지 생각해보자.

사례 살펴보기

| 상황 1 | 조슬린과 그녀의 남편은 딸의 생일을 축하하기 위해 이른 저녁 약속을 했다. 그런데 조슬린의 상사는 중요한 프로젝트를 마무리해야 한다며 그녀에게 늦게까지 일하라고 요청했다.

· 조슬린은 자신의 계획에 대해 아무 말도 하지 못하고, 프로젝트를 끝내기 위해 계속 일하며 자신 없는 대응을 할 수 있다. (이러한 대응은 딸을 실망시킨 것에 대한 자기불만과 죄책감을

가지게 할 것이다. 조슬린은 또한 자신이 목소리를 내지 않은 것에 대해 무력감과 짜증을 느낄 것이다.)

• 조슬린은 분개하며 공격적으로 대응할 수 있다. "팀장님은 항상 나에게 늦게까지 일하라고 요구하는군요. 팀장님이 지시한 프로젝트는 늘 이렇게 바쁘고 중요한 것들뿐이네요. 저는 제 딸의 생일을 축하하기 위해 집에 가야 해요." (그런 대응이 조슬린을 해고하지는 못하더라도, 아마도 상사와 멀어지게 만들고 앞으로 업무 관계에서도 마찰을 일으킬 것이다.)

• 조슬린은 야근을 거부하는 이유를 설명하면서 단호하고 적극적으로 반응할 수 있다. 간결하고 솔직하게 계획을 설명하면 된다. 오늘은 "딸의 생일이어서 가족이 함께 모여 축하하기로 했어요." (이런 대응이 조슬린이 취할 수 있는 가장 현명한 행동이다. 합리적인 상사라면 누구나 그러한 거절을 이해하고 받아들일 것이다.)

| 상황 2 | 페니는 미리 상사의 승인을 받고, 몇 달 동안 가족 휴가를 계획했다. 그런데 휴가 일주일 전, 상사는 예정된 일정을 다른 시간으로 바꾸라고 요청한다.

• 페니는 그 요청이 문제 되지 않는 척 휴가 일정을 변경함으

로써 자신 없는 대응을 할 수 있다. (이런 대응은 페니가 자기 자신에게 화가 나는 계기가 될 수 있으며, 가족들까지 화나게 할 수 있다. 가족들은 모두 페니의 순종적인 태도와 무능력 때문에 속았다는 느낌을 받을 것이다.)

- 페니는 소리치면서 공격적으로 대응할 수 있다. "이미 휴가를 승인했으면서, 불과 며칠 남겨두고 내가 휴가를 바꿀 거라고 기대하다니 너무하군요!" (이런 대응은 페니의 상사를 방어적으로 만들 가능성이 크다. 상사는 페니가 어떻게든 계획을 변경하도록 더욱 강하게 보복할 것이다.)

- 페니는 단호하면서도 유쾌하게 상황을 설명하고 적극적으로 대응할 수 있다. 이렇게 설명하는 것이다. "저와 남편, 아이들이 이미 비행기표를 구매해 환불이 불가능해요." (이런 응답이 가장 정직하고 직접적으로 효과를 얻을 수 있는 방법이다.)

대안을 함께 제시하라

'아니요'라고 말할 때 또 다른 좋은 방법은 가능하다면 대안을 함께 제시하는 것이다. 시간을 가진 후 선택할 수 있는 대안을 제안하는 경우, '아니요'를 훨씬 더 수월하게 받아들이게 할 수 있다. 작가 액설로드와 홀체는 "'아니요'의 문제는 종종 받아들이는 입장에서 무력감을 느끼고 좌절하게 된다는 것이다. '아니요'라는 말과 함께 'X는 할 수 없지만 Y나 Z는 할 수 있습니다'라고 선택권을 제시하는 방식으로 대응해보자"라고 썼다.

파라는 자신이 속한 조직의 CEO에게 이 기술을 성공적으로 사용했다. 파라는 CEO의 요청에 따라 영업 담당자와 부사장의 일정을 조정하고 모두를 위한 회의를 준비했다. 그런데 회의 전날, CEO는 자신의 바쁜 일정에 맞춰 회의 날짜를 변경해달라고 요청했다. 파라는 "죄송합니다, 크레이그 씨. 회의 날짜를 바꿀 수 없습니다"라고 정중하게 거절하고 그 이유를 설명했다. "저는 20명에 달하는 사람들의 일정을 조정하는 데 많은 시간을 할애했고, 이미 모두가 그 시간에 동의했습니다. 다시 그들의 시간을 맞춰 일정을 변경하는 건 어려울 것 같습니다." 그녀는 계속 말했다. "저는 기꺼이 회의에서 논의된 내용을 나중에 자세히 보고드릴 수 있습니다. 혹은 괜찮으시다면 편할 때 보실 수 있도록 회의를 녹화해두겠습니다." 크레이그의 얼굴이 밝아졌다. "좋은 생각이군요, 파라. 회의를 녹화해주세요."

파라는 크레이그에게 대안을 제시하는 방법으로 윈-윈 상황을 끌어냈고 그녀의 자존감도 높게 유지할 수 있었다. 만약 크레이그의 불합리한 요구에 순종적으로 동의했다면, 좌절감과 함께 이용당하는 느낌을 지울 수 없었을 것이다. 여기에 더해 파라는 크레이그에게 자신의 가치를 돋보일 수 있었다. CEO는 이제 그녀를 적절한 순간 자신감 있게 자기주장을 할 수 있는 침착하고 분별력 있는 직원으로 보게 되었다.

조슬린이 그녀의 상황에서 이 접근법을 어떻게 사용할 수 있었을지 알아보자. 조슬린의 상사는 프로젝트를 마무리하기 위해 야근을 종용하며 그녀가 딸의 생일 축하 가족모임에 참석하는 것을 방해했다. 조슬린에게는 몇 가지 대안이 있었다. 다음 날 저녁에 초과근무를 하겠다고 제안할 수도 있었고, 주말 동안 재택근무로 일을 마무리하겠다고 제안할 수도 있었다. 아니면 야근이 가능한 다른 직원을 찾아보겠다고 제안할 수도 있었다.

요금을 줄여달라고 요청하는 환자들을 거절할 수 없어 곤란했던 전문치료사 셜리의 사례를 기억하는가? 셜리는 환자들에게 제안할 대안이 있을 때 훨씬 더 수월하게 '아니요'라고 말할 수 있었다. 그녀는 "진료비는 협상할 수 없습니다. 하지만 재정적으로 힘드시다면, 저는 기꺼이 고객님을 위한 편리한 지불계획을 마련하겠습니다"라고 완벽하게 대응했다.

충분히 시간을 가져라

'아니요'라고 말할 생각이라면 대응하기 전에 시간을 버는 것도 상황에 따라 사용할 수 있는 또 다른 좋은 방법이다. 이는 충분히 생각해보고 싶을 정도로 그 요청을 존중하고 진지하게 받아들인다는 것을 보여줄 것이다. 또한 '아니요'에 대한 몇 가지 타당한 이유를 공식화하고 상대방에게 제안할 만한 대안을 생각해볼 기회를 가질 수 있다. 거절의 의사를 밝힐 때는 반드시 감사를 표하고 결정이 신중하게 고려되었다는 점을 강조하며 설명과 대안을 모두 제공해야 한다.

'아니요'라고 말하는 방법을 몰랐던 리디아의 사례를 기억하는가? 그녀는 원하지 않는다는 것을 알면서도 성급하게 승진을 수락했었다. 그녀가 생각할 시간을 요청했더라면 설명하는 기술을 사용하여 제안을 거절할 준비를 할 수 있었을 것이다.

다음과 같이 대응했더라면 리디아는 개인적 괴로움과 고통을 면할 수 있었을 것이다. "저를 높이 평가해주셔서 감사합니다. 제안이 무척 매력적이라 신중히 고려했습니다. 저는 지금 저의 경력에서 포지션을 바꿀 준비가 되어 있지 않습니다. 현재 고객 서비스 책임자로서 이 조직에 헌신할 수 있도록 최선을 다하겠습니다. 2, 3년 후에 자리가 나면 그때 저를 고려해주시면 감사하겠습니다."

리스크를 따져보라

직장에서, 특히 고용주에게 "아니요"라고 말하는 것은 항상 어려운 일이다. 이는 직업적 관계와 회사에서의 더 많은 기회, 심지어 현재의 직위에 위험을 가져올 수도 있다. 오직 자기 자신만이 위험의 정도와 감수할 만한지 아닌지를 결정할 수 있다.

요청에 응하지 않는 타당한 이유를 설명하고 대안을 제시하는 것은 종종 요구를 거절당하는 사람에게 선택의 권한을 부여하여 협조를 얻어내는 유일한 방법이다. 물론 설명이나 대안을 제시하는 것이 항상 가능한 것은 아니며, 받아들여지지 않을 때도 있다. 상사는 여전히 "잔말 말고 내 말을 따르세요!"라고 말할지도 모른다. 그렇다면 좋다. 정말로 그 일이 자신에게 필요하다면 묵인하는 것이 부끄러운 일은 아니다. 우리는 입장을 밝혔고, 부당한 상황을 바꾸려고 시도했다. 원하는 것을 주장하기 위해 노력했다는 점에서 자기 자신을 자랑스러워해야 한다.

여기에서 다루는 많은 상황은 데자뷔처럼 우리에게 매우 친숙할 것이다. 왜냐하면 실제로 벌어지는 일들이기 때문이다! 우리 중 어느 누구라도 직장에서 다음의 상황 중 하나 이상을 경험했을 가능성이 높다. 비협조적이거나 질투심 많은 동료, 막판에 작업을 요청하고 매번 무시하는 상사를 상대하거나 사무실의 성가신 일들을 처리해야 하는 상황 말이다.

직장 상사의 괴롭힘에
대처하는 법

남부 지역의 유명 대학 의료센터 소속인 외과의 R. 배런 박사

연습활동

다음의 시나리오들을 모두 건설적으로 처리하려면 기술과 재치가 필요하다. 시간을 들여 자신감 있고 단호하게 상황을 다룰 수 있는 방법을 생각해보자. 추가로 전략을 제공하기 위해 각 상황 아래 모범 응답을 제시해놓았다.

| 상황 1 | 상사는 항상 막판에 작업을 지시하거나 정보를 찾으라고 요구하고, 즉시 결과를 얻지 못하면 짜증을 낸다. 나는 대개 상사의 요구를 즉시 수용하기 위해 '정신머리 없이' 뛰어다닌다. 여기서 당황하거나 "팀장님이 막판에 업무를 지시하는 건 매우 비효율적입니다. 어떻게 팀장님이 원하는 것을 즉석에서 만들어내기를 기대하실 수 있죠?"라고 말하면 안 된다.

◦ 이렇게 말해보자. "스페라 팀장님 저는 가능한 한 효율적으로 일하고 싶습니다. 팀장님도 그렇게 하셨으면 좋겠어요! 제가 그렇게 할 수 있도록 도와주세요. 무언가 필요할 때 저에게 조금 더 빨리 알려주신다면, 가능한 한 빨리, 그리고 제가 할 수 있는 최선을 다하겠습니다."

| 상황 2 | 조안과 그녀의 숨은 그림자 같은 상사 브라이언을 생각해보자. 숨 쉴 틈도 주지 않는 상사를 어떻게 대하겠는가? "저를 계속해서 확인하는 것이 몹시 불쾌합니다"라거나 "매초마다 제가 하는 일을 어깨너머로 지켜보지 마세요"라고 말하지 말자.

◦ 이렇게 말해보자. "브라이언 씨, 제 일에 관심을 가져주셔서 감사해요. 그런데 제가 독립적으로 일할 수 있게 해주시면 더 감사하겠어요. 일 진행 상황을 지속적으로 확인하는 것을 조금만 삼가주신다면, 저는 더 빠르고 효율적으로 일할 수 있습니다. 제 결과에 만족하실 거라고 확신합니다. 일이 막히면 제가 먼저 꼭 조언을 구하겠습니다."

◦ 또 이렇게 말해보자. "브라이언 씨, 제 시간 활용을 설명해달라고 끊임없이 요청하실 때마다 저에 대한 믿음이 부족하다고 느낍니다. 저는 이곳에서 실적을 입증했으며, 항상 양질의 업무를 수행하고 있습니다. 앞으로도 그럴 것이라고 믿어주세요."

| 상황 3 | 한 동료가 종종 나에게 비협조적으로 군다. 내게 필요한 정보를 숨기고, 나의 작업에 필요한 자료를 요청하면 짜증을 낸다. 그녀가 나의 성공을 질투하고 나의 직장생활을 가능한 한 어렵게 만드는 것을 즐긴다는 의심이 든다.

격분하거나 적대적인 태도로 대하지 말자. 이는 그녀를 더 멀어지게 하고, 나에게 보복하려는 마음에 더 비협조적으로 만들 수 있다. 그녀에게 위협이 되지 않는다는 것을 보여주기 위해 최선을 다해보자. 그녀가 업무를 수월하게 해내도록 도움을 주거나 정보를 제공하자. 그녀의 도움이나 조언을 받았을 때는 감사를 표하고, 공을 인정해주도록 하자. 가능한 한 그녀를 돋보이게 만들어주어라. 결국 그녀도 나에게 보답할 가능성이 크다.

◦ 이렇게 말해보자. "해리엇, 제가 당신을 도와드릴 수 있고 협력할 수 있다는 것을 알아주셨으면 합니다. 저 역시 당신에게 같은 걸 기대합니다. 점심이나 커피를 먹으면서 우리 둘 다 서로 도울 수 있는 방법을 이야기해봐요."

| 상황 4 | 고객이나 동료 혹은 상사가 습관적으로 업무와 관련 없는 사소한 문제들을 유쾌하게 떠들며 잡담을 나누고 싶어한다. 나는 친해지려는 누군가를 밀어내고 싶지는 않지만 끝마쳐야 할 일이 있다. 갑자기 "여기 있는 우리 중 몇몇은 할 일이 있어서요. 이야기는 여기까지 하죠"라고 말하거나, "랠프, (비록 이야기를 전혀 나누고 싶지 않을 때도) 저도 이야기를 나누고 싶지만… "이라고 말하지 않도록 하자. 내가 해야 할 일을 정중하고 구체적으로 설명하자.

◦ 이렇게 말해보자. "랠프, 저는 오늘 오후 회의 전에 이 안건을

완료해야 해요. 우리 나중에 이야기해요."

。또 이렇게 말해보자. "오늘 퇴근 전에 몇 통의 전화를 돌려야 합니다. 실례해요."

| 상황 5 | 상사는 계속해서 점점 더 많은 일을 나에게 할당하고 있다. 항상 "방금 이 문제가 제기되었네"라거나 "오늘 자네가 해줘야 할 작은 일이 하나 더 있어" 또는 "자네가 그의 설문 조사를 도와줄 거라고 내가 말해두었네. 자네도 괜찮지?"라고 말한다. 당신도 협조해주고 싶기는 하지만 모든 일을 할 수 있는 시간이 없다. 이때 징징거리면서 다음과 같이 말하지 마라. "다른 사람들보다 저에게 훨씬 더 많은 일을 주시네요. 그건 너무 불공평해요. 할 일이 적은 사람에게 그 일을 주시는 게 어때요?"

。이렇게 말해보자. "저는 지금 할 일이 태산 같습니다. 여기에 일이 추가된다면 시간이 부족할뿐더러 전처럼 관심을 쏟을 수 없을 거예요."

。또 이렇게 말해보자. "팀장님, 아시다시피 이 모든 프로젝트를 저 혼자 이번 주까지 끝내기에는 시간이 모자라요! 가장 중요한 작업에 우선적으로 집중할 수 있도록 보조 작업자에게 일을 주셨으면 합니다."

는 여성 의사는 소아과나 부인과를 진료해야 한다고 전적으로 믿는 사람이었다. 그래서 같은 병원에 유일한 여성 외과 레지던트 수 엘렌 헤인즈 박사를 줄곧 비하했다. 헤인즈 박사는 그와 그의 언어폭력에서 벗어나기 위해 전공을 바꿀 준비를 하고 있었다.

어느 날, 헤인즈 박사는 배런 박사가 던진 질문에 신경질적으로 반응하며 횡설수설 말을 더듬기 시작했다. 스무 명의 남성 레지던트들 앞에서 배런 박사는 당황한 헤인즈 박사에게 여느 때처럼 이렇게 말했다. "오 이런, 헤인즈 박사. 자네는 자궁 이상이 있는 게 분명하군!" 이는 헤인즈 박사가 그런 말을 하지 말아 달라고 이미 부탁했던 말이었다.

어차피 그만둘 위기에 처한 그녀는 이제 잃을 게 없다고 생각하고 아주 자극적인 말로 대응했다. "다시 한번 그런 말을 하시면 '고환 염전'(비틀린 고환이라는 뜻) 증상으로 고생하셔야 할 거예요!" 주변에 있던 레지던트들은 그녀의 적극성에 박수를 보냈다. 배런 박사는 눈썹만 치켜올릴 뿐, 다시는 그저 '재미'로 헤인즈 박사를 괴롭히지 않았다. 헤인즈 박사는 마침내 배런 박사의 괴롭힘을 끝내고 '눈에는 눈' 대응으로 자존감을 회복했다.

또 다른 사례도 있다. 리즈 블룸 박사는 상사가 까다로운 질문을 하자 유머 기술을 적용해 그 상황을 무마했다. B. 휴스턴 박사는 블룸 박사에게 탈장 수술에 대해 기술적으로 혼동되기

쉬운 질문들을 던졌다. 그녀가 그중 어느 것에도 대답하지 못하자, 휴스턴 박사는 이런 말로 비아냥거렸다. "탈장 수술에 대해 아는 것이 있긴 합니까?" 그 말을 듣고 블룸 박사는 처음에는 "탈장 수술에 대해 많이 알고 있습니다. 단지 박사님의 질문이 오해를 불러일으켰을 뿐입니다"라고 방어적으로 대응하고 싶은 충동이 일었다. 하지만 블룸 박사는 그러는 대신 짐짓 자신감 있는 척하며 농담을 던졌다. "글쎄요, 저에겐 탈장 문제가 없어서 다행이라는 건 알아요!" 휴스턴 박사는 큰 소리로 웃으며 블룸 박사의 어깨를 아버지처럼 토닥였다. "오, 괜찮네. 자네가 알아야 할 것에 대해 내가 설명해주겠네."

작가 래리 킹(Larry King)은 저서 『대화의 신』(How to Talk to Anyone, Anytime, Anywhere, 위즈덤하우스, 2018)에서 다음과 같이 말한다.

당신의 상사를 완전히 개방적인 태도로 대하라. 상사의 불만을 원망하거나 두려워하는 것처럼 보이지 마라. 그 대신, 당신의 딜레마를 다음과 같이 표현하자. "저는 제가 일을 더 효과적으로 할 수 있다고 생각합니다. 제가 어떤 분야에 집중해야 하는지 이해할 수 있도록 도와주시겠습니까?" 또는 "이 프로젝트를 어떻게 진행해야 할지 잘 모르겠습니다. 제가 어떤 조치를 취해야 하는지 먼저 설명해주시면 도움이 될 것 같습니다."

대표적인 언어폭력의
유형에 대비하라

'제9장 괴롭힘을 참지 마라'에서 설명한 기술을 직장 내 괴롭힘을 다루는 데 적용할 수도 있다. 이 기술은 당신이 변호사든 교사나 컴퓨터 프로그래머든 혹은 은행원이나 승무원, 비서 또는 의사든 어떤 상황에서나 보편적으로 효과적이다. 『참을 필요 없다!』(You Don't Have to Take It!)를 쓴 니카티(Nicarthy)와 고틀립(Gottlieb), 코프먼(Coffman)은 책에서 이렇게 말한다.

> 만약 당신이 같은 직장에서 여러 번 모욕을 당하거나 괴롭힘을 당했다면, 대략 앞으로 무슨 일이 일어날지 알고 있을 것이다. 모욕의 각 유형에 따라 대응 방법을 결정하고, 다양한 상황에서 사용해보는 연습을 해야 한다. 연습 상대에게 주변의 다른 동료에게서 나올 법한 방해공작이나 대응 장면을 연출해달라고 부탁하라.

여기에 덧붙여, "언제 모욕의 대상이 될지 정확하게 알 수 없더라도 대표적인 언어폭력에 대한 다양한 대응을 계획해보라"고 조언한다. 《트레이드우먼》(Tradeswomen)의 편집자 몰리 마틴은 이렇게 말한다. "특정 직업에서 비슷한 유형의 언어폭력과 모욕이 자주 발생하기 때문에 우리는 그에 대응하는 방법을 모아놓고 있다. 이 방법들은 대응 연습을 하는 데 도움을 주며, 우리가 늘 사용하는 농담과 대응 방법을 전달하고 있다."

'제12장 일단 한번 해보라!'에서 모욕을 사전에 예상하고 거기에 대응할 준비를 한 다음, 실제 상황이 일어나기 전에 미리 연습하는 방법을 자세히 설명한다.

이제 직장에서 흔히 마주칠 수 있는 직간접적인 괴롭힘의 유형에 대해 알아보고 좀 더 연습해보자.

연습활동

직장에서 여성들은 다음과 같은 괴롭힘을 자주 경험한다. 각 상황에서 어떤 기술이 가장 효과적이며 어떻게 대응할 수 있는지 생각해보자. 아이디어를 내는 데 참고할 수 있도록 각 상황을 제시한 후 예시 답변을 소개해놓았다.

| 상황 1 | 부서 회의에서 제안을 하나 내놓았는데, 상사는 나와 눈도 마주치지 않은 채 다른 사람들에게 질문한다. "좀 더 가치 있는 의견은 없나요?"

。가능한 대응

- 상사가 나를 함부로 대할 때, 손톱만 쳐다보며 수동적으로 앉아 있지 마라.

- 다음과 같이 방어적으로 중얼거려서도 안 된다. "이런, 전 제가 한 말이 가치 있다고 생각해요. 회의 전에 상의해봤는데 모든 사람이 좋아하는 것 같았어요."

- 자신의 입장을 분명히 밝혀라. 상사의 눈을 똑바로 바라보고, 자리에서 몸을 앞으로 내밀며 단호하게 말하라. "파멜라 팀장님, 저의 제안은 장점이 많습니다. 회의 전에 실무자들과 상의해봤는데, 모두 지지해주었습니다. 저는 팀장님이 저의 제안에서 어떤 부분이 가치가 없다고 느끼는지 알고 싶습니다."

| 상황 2 | 점심을 먹고 있는데 마티가 다가와 나의 실수를 공개적으로 비난하며 어린아이를 꾸짖듯이 한다.

。가능한 대응

- 눈을 돌리거나 그를 못 본 척하지 마라.

- 방어적인 태도를 보이거나 실수에 대해 변명하거나 깊이 사과하지 마라.

- '동의' 기술을 사용하라. 마티와 시선을 맞추기 위해 자리에서

일어나 말하자. "네, 마티. 제가 주문서를 잘못된 주소로 보냈습니다. 문제를 해결할 방법에 대해 이야기해보죠." 또는 "네, 주문서를 잘못된 주소로 보냈습니다. 이미 배송업체 UPS에 연락하여 위치를 파악했습니다. 고객에게도 전화를 걸어 주문이 며칠 지연될 것임을 알렸습니다."

| 상황 3 | 상사가 내가 완성한 프로젝트를 돌려주며 본사에 제출하기 전 수정해야 한다고 말한다. 그러고는 화가 난 듯이 고개를 가로젓고는 사무실을 떠나며 이런 말을 던진다. "언제쯤 지시에 따르는 법을 배우려나."

。가능한 대응

- 무엇을 잘못했는지 궁금해하며 입을 벌린 채 말없이 앉아 있지 마라.

- 방어적으로 행동하거나 씩씩거리며 "하지만 제가 2주 전에 초안을 보여드렸을 때, 멋져 보인다고 하셨잖아요. 심지어 제가 올바른 방향으로 가고 있다고 말씀하셨는데요"라고 말하지 마라.

- 해명을 요구하라. "스텔라 팀장님, 비판을 분명히 해주세요.

방금 무슨 말씀을 하셨습니까? 제 보고서가 전반적으로 마음에 들지 않으셨나요? 아니면 이 보고서에서 드러나는 구체적인 문제점을 더 명확하게 설명해주시겠습니까?"

| 상황 4 | 한 동료는 나를 놀리거나 나를 소재로 농담하는 것을 좋아한다. 이를 테면, "사장님이 가장 좋아하는 직원이 되는 건 분명 좋은 일이겠지"라거나 "이 분야에서는 젊고 귀여운 사람들만 앞서가는군"이라고 말하는 식이다. 또 다른 동료는 매순간 나를 깎아내리고, 내가 하는 말에 흠집을 내며, 종종 내 아이디어를 깔아뭉갠다. "그건 절대 안 될 겁니다" 또는 "당신은 그것을 실행할 만큼 충분히 알지 못합니다"라고 말한다. 이런 의견들은 나를 불안에 빠지게 하고, 스스로의 능력을 의심하게 만들었다.

。가능한 대응

- 이런 행동에 당황하거나 굴복하지 마라.
- 자신의 입장을 밝혀라. 자신에게 반박하는 사람들에게 그 발언이 나에게 어떤 기분이 들게 하는지 이야기하라.
- 다음에 소개되는 기술을 사용하여 상대를 내 편으로 만들라.

상대를 내 편으로 만드는 기술

반대자들에게 의견을 물어라

사람들은 자신의 의견을 소중히 여겨주는 것을 좋아한다. 《워킹 우먼》 잡지의 전문 칼럼니스트인 아델 셀레는 "당신이 생각하고 있는 것에 대해 그들의 의견을 묻고, 그 대답을 들은 다음 후속 조치를 취하라"고 조언한다. 그러니 공개적으로 아이디어를 발표하기에 앞서, 나를 괴롭히는 사람에게 그 아이디어를 보여주고 의견을 얻어라. 이를테면, 이렇게 말하는 것이다. "데시, 당신의 의견을 듣고 싶습니다. 새로운 업무성과 검토 절차를 어떻게 실행할 것인지에 대해 조언이나 도움을 주시겠습니까?" 반대자들이 당신의 아이디어에 관심을 갖게 할 수 있다면, 그들의 지지를 얻을 가능성도 커진다.

영광을 나눠라

몇몇 유명 잡지사의 편집장을 맡아온 케이트 화이트(Kate White)는 자신의 책 『왜 대담한 여성이 착한 여성보다 앞서가는가』(Why Good Girls Don't Get Ahead But Gutsy Girls Do)에서 다음과 같이 쓰고 있다.

여러분의 많은 동료와 부하직원은 당신이 당당하게 세상의 주목을 받게 되는 것을 아주 기뻐하지는 않는다. 그것이 인생의 진실이다. 그들은 여러분이 초고속 열차를 타고 달리고 있는 반면, 자신은 작은 시골마을의 먼지 날리는 역에 남아 있다는 느낌에 질투심, 위협, 낙담을 느낄 수 있다. 그들은 끓어오르는 부정적인 감정을 그대로 참을 수도 있고, 행동으로 옮길 수도 있다. 여러분이 하는 일을 방해하고 뒤에서 비난하면서 말이다. 하지만 여러분이 프로젝트에 그들을 참여시켜주고 같은 기차에 타고 있다는 것을 보여준다면, 그들에게 상처를 주기보다는 지지를 받을 가능성이 더 커진다.

성가신 방해를 피하라

캘리포니아주 상원의원 빌 로키어는 상원 법사위원회에서 연설하고 있는 다이앤 왓슨 의원의 말을 가로막았다. 그는 '생각 없는 잡담'을 그만두라며, "내가 당신을 떠나게 할 만큼 불쾌하게 했기를 바랍니다"라고 덧붙이기까지 했다.

내가 아는 대부분의 직장 여성들은 남자 동료들이 회의 중에 끼어들어서 방해를 받는다고 한탄한다. "제가 의사를 표명하려고 할 때마다 하비가 저의 말을 잘라버립니다"라거나 "문제에 대한 해결책을 제안할 때마다 잭은 제가 끝까지 설명하도록 내버려두지 않습니다"와 같은 말을 자주 듣는다. 이런 못돼먹은 방해자들을 어떻게 다뤄야 할까? 어떻게 그런 사람들에게 우리 자신을 적절하게 주장할 수 있을까?

『여성을 위한 성공 언어 안내서』(A Woman's Guide to the Language of Success)의 저자인 필리스 민델(Phyllis Mindell) 박사는 회의를 주관하는 사람에게 개인적인 도움을 요청할 것을 권한다. 예를 들어, "잭이 저를 방해할 때마다 저는 다른 사람들의 신뢰를 잃습니다. 당신이 미리 제가 말을 끝마치게 해달라고 그에게 부탁해주시겠습니까?"라고 말하는 것이다. 회의를 방해하는 것으로 악명높은 사람과 개인적으로 미리 이야기하는 것도 도움이 될 수 있다. "제가 발언하는 동안 끊지 말아주세요, 잭. 제 의견에 동의하지 않는다고 해도 제 발언이 끝난 다음에 말씀해주십시오."

민델 박사는 또한 "입 다무세요"라는 말을 예의 바르게 돌려 말하는 표현법들의 목록을 만들어볼 것을 제안한다. 손을 들고 다음 중 하나를 말하는 것이 효과적인 경우가 많다.

- 제 말 좀 끝까지 들어보세요.
- 금방 끝낼 겁니다.
- 제 말은 아직 안 끝났습니다.
- 제 말이 끝날 때까지 질문을 보류해주십시오.
- 당신의 의견은 제가 발언을 끝낸 다음에 제시해주세요.

때로 사람들은 너무 둔감하거나 무례하게 굴 것이고, 방해하지 말라고 말하는 우리를 무시할 것이다. 그런 경우에는 "제가 발언을 끝내도록 해주십시오"라고 더 강력하게 답변해야 한다. 그렇게 하면 방해꾼의 계획을 멈추게 할 수 있다!

나는 적절할 때 유머를 사용하는 것을 특히 좋아하며, 지독한 특정 방해꾼들에게 효과적인 몇 가지 농담을 알고 있다. 여기서 주의할 건, 두 눈을 반짝이고 미소를 지으며 말해야 한다는 것이다. 다음을 시도해보자.

- 저는 제가 연사이고 당신이 청중인 줄 알았는데요!
- 존, 여기 있는 모든 사람이 제 말을 막고 싶을 거예요. 당신 혼자 그 즐거움을 누려서는 안 되죠!
- 당신이 방해하는데도 계속 이야기해서 죄송합니다!
- 당신이 말할 때 사용한 55분 중 5분만 저에게 주시겠습니까?

이런 말들도 효과가 없다면, 잠시 발언을 멈추고 방해꾼을 똑바로 바라보라. 그의 어깨나 팔에 손을 얹고 목소리를 가다듬은 후 이렇게 말해보라. "협조해주시면 감사하겠습니다. 제가 하던 말을 끝낼 수 있도록 부탁드립니다."

케이트 화이트는 남성이 여성의 발언을 방해하거나 묵살하려는 순간을 관찰했다. 여성은 대개 그대로 자리에 앉아 있거나 아니면 정반대로 날카롭게 반응하면서 한마디라도 더 하려고 필사적인 모습을 보였다. 화이트는 여성들에게 이런 반응을 피할 것을 경고하며 침착하게 마음을 다스리라고 조언한다. 그녀는 책에서 이렇게 말한다.

회의에서 한 남성이 당신의 발언을 무시하려고 할 때 도움이 되는 좋은 해결책이 있다. 해당 회의의 핵심 인물에게 질문을 하고 그 사람과만 의견을 교환하는 것이다. 이렇게 하면 필사적으로 보이지 않으면서도 당신이 주도권을 잡을 수 있다. 경영 컨설턴트 카렌 버그는 한 회의에서 목격한 여성의 사례를 전한다. 그 여성은 발언을 할 때 자리에서 일어나 테이블을 돌아다니며 힘을 되찾았고, 모든 시선을 완전히 자신에게 집중시켰다.

나의 공은 나의 것!

경찰관인 페이와 루는 지역 사회에서 경찰 이미지를 개선하는 데 도움이 될 발표를 맡아달라는 요청을 받았다. 페이가 대부분 발표를 준비했지만, 루가 소책자와 파워포인트 자료를 경찰청장에게 보여주고 페이의 모든 공을 가로챘다. 페이는 아무 말도 하지 못하고, 그저 혼자만 포상을 받으려는 루의 약삭빠른 행동이 성공한 것에 조용히 분노할 뿐이었다.

페이는 다른 때에는 자신을 당당한 의사소통자라고 생각했다. 어쨌거나 그녀는 시민과 다른 경찰관, 변호사 그리고 심지어 범법자들에게까지 친근하게 대하는 존경받는 여성 경찰관이었다! 하지만 그녀는 그저 다른 사람들에게 자신의 공로를 알리기 꺼리는 전형적인 여성의 모습을 보여주었다.

페이는 자신의 상황에 대해 나에게 의논해왔다. 나는 다른 사람이 자신의 아이디어를 가로채지 않도록 하는 것이 단호하고 적극적인 의사소통자가 되는 과정의 일부라고 설명했다. 그런 행동에 대해 침묵을 지키는 건 그 상황을 반복되게 할 뿐이다.

공을 가로채지 못하게 미리 막는 것이 중요하다! '무임승차자'에게 "우리 둘 다 발표 준비를 하기는 했지만, 제가 모든 아이디어를 냈고 작업도 모두 혼자 했습니다. 저는 당신과 같이 일을 했을 뿐 아니라 공로도 같이 인정받기 원합니다"라고 말하며 자신의 기분을 알려줘야 한다. 대응을 더 강화하고 싶을 경우에는 "혼자서 모든 공을 차지하고 싶다면 혼자 일하셔야죠"라거나 "어제 당신이 회의에서 제시한 아이디어가 제 것이라는 걸 잘 아시겠죠? 다음번에는 '칭찬받아야 할 사람에게 공을 돌리시기' 바랍니다"라고 말해보자. 더 나아가 "다시는 이런 일이 일어나지 않도록 하세요!"라고 말하자.

작가 진 베어는 만약 누군가가 좋은 아이디어를 가로채 혼자

공을 세운다면, 그 내용을 문서로 작성해두는 방법을 추천한다. 그리고 자신의 상사와 상대방의 상사 모두에게 메모와 함께 사본을 보내자. 루스 시레스는 저서 『일하는 여성의 의사소통 생존 가이드』에서 "여성들은 종종 자신들의 멋진 아이디어를 너무 공개적으로 공유한다. 아이디어를 훔치고 그것으로 돈을 버는 것을 좋아하는 부도덕한 동료를 조심하자. 아이디어를 문서화하고, 날짜를 확정 짓고, 그것이 당신의 훌륭한 아이디어라는 것을 증명할 수 있을 때까지 당신의 지혜를 흘리지 말라"고 조언한다. 또한 상사에게 좋은 이미지를 심어줄 책임은 나 자신에게 있다는 것을 강조한다. 왜냐하면 상사만큼 나를 칭찬하기에 적절한 사람은 없기 때문이다.

자기 자신을 홍보하는 것을 주저하지 마라

우리 대학에 근무하는 한 최상위 관리자가 《마이애미 헤럴드》를 읽다가 내가 진행하는 워크숍에 관한 기사를 발견했다. 그는 내 전문성이 그렇게 넓은지 미처 알아보지 못했다며 내게 축하 서신을 보내왔다. 나는 이를 '자화자찬'할 절호의 기회로 활용했다. 나는 그에게 전화를 걸어 내 작업을 알아봐주셔서 감사하

내 홍보는 내가 !

다고 말하며, 그동안 《워싱턴 포스트》, 《시카고 트리뷴 매거진》 등에 기고해온 점을 언급했다. 그 기사들을 보내달라는 그의 요청에 나는 즉시 기사들을 모아 보내주었다.

앞서 언급했듯이, 우리 중 대다수가 자신의 업적을 다른 사람들에게 알리는 일을 주저한다. 많은 여성은 내 업적이 사람들의 관심을 저절로 불러일으킬 것이라고 느낀다. 그런 걸 기대해서는 안 된다! 그렇게 자연스럽게 진행되지 않는다. 진정으로 성공한 사람은 다음과 같은 사실을 알고 있다. "내가 자신을 스스로 홍보하지 않는다면, 어느 누구도 나를 위해 대신 홍보해주지 않는다!"

물론 우리는 뻔뻔스럽다거나 세상의 이목을 사로잡고 싶어서 안달이 났다고 여겨지기를 원하지 않는다. 여기 허풍쟁이로 간주되지 않으면서도 '공로를 인정받고' 자신의 업적으로 주목받는 몇 가지 방법이 있다.

칭찬을 정중하게 받아들여라

'제3장 단호한 언어와 몸짓을 사용하라'에서 논의되었듯, 많은 여성이 칭찬받는 것을 불편해하며 칭찬에 의문을 품고 의미를 부여할 필요성을 느낀다. 이제는 "아, 고마워. 난 그저 운이 좋았어"라거나 "고마워, 별일 아니었어" 식의 자족적인 말로 칭찬을 축소하지 말고 우아하게 받아들일 수 있어야 한다.

그리고 한 걸음 더 나아가보자.《마이애미 헤럴드》기사로 칭찬받았을 때 내가 그랬던 것처럼, 칭찬을 통해 자신의 능력이나 주목받을 만한 일들에 관해 더 이야기할 기회로 활용해보자. 그동안의 성과에 대한 정보를 수집해 자신의 업적에 대한 신뢰도를 높여보자.

웬디는 직장에서 이 기술을 매우 효과적으로 사용했다. 상사가 "웬디, 신입사원들을 위한 세미나에서 한 발표는 아주 훌륭했어요. 당신은 정말 회사의 자산입니다"라고 말하자, 그녀는 이렇게 대답했다. "감사합니다. 저는 참가자들로부터 훌륭한 평가를 받았을 뿐 아니라, 그들이 얼마나 많은 것을 배웠는지에 대한 감사의 메모들도 받았습니다. 사실 훈련개발부장님이 다음 달에 다른 신입사원 그룹을 대상으로 한 번 더 발표를 부탁하셨습니다."

'나' 언어를 사용하라

'나' 언어 사용의 중요성은 '제8장 남이 아닌 '나'의 의견을 말하라'에서 소개했다. 바라건대 이제는 자신의 의견과 감정을 인정하기 위해 자주 '나'라는 대명사를 사용했으면 좋겠다. 직장에서 업적을 인정받을 때도 '나' 언어를 사용하는 것은 특히 중요하다. 이를 어려움 없이 해내는 남성과 달리 여성은 왜 그렇지 못한 걸까?

필리스 민델 박사는 저서 『여성을 위한 성공 언어 안내서』에서 이렇게 전하고 있다. "연구에 따르면 여성들은 종종 너무 겸손해서 '내 성과가 아니라 그들의 성과예요'와 같은 말을 자주 한다. 반면에 남성들은 자신이 한 일에 대해 스스로 공로를 인정한다. 성공 언어는 내가 성취한 것을 축소하거나 지나치게 떠벌리지 않고도 공로를 인정받는 방법을 제시한다."

예를 들어, "발표는 성공적이었다"거나 "회사는 제안된 계획을 실행한 덕분에 수천 달러를 절약했다"라고 말하지 말자. "나는 성공적으로 발표를 마쳤다"거나 "내가 제안한 계획 덕분에 회사는 수천 달러를 절약했다"라고 말해야 한다.

직장에서 단호하고 적극적인 의사소통 방법을 사용하는 것에는 많은 이점이 있다. 무엇보다도 연구보조원인 미란다가 발견했듯이, 자존감을 높일 수 있다. 다음은 『참을 필요 없다』에서 단호하고 적극적으로 의사소통을 했던 미란다의 말이다. "저는 점차 상사에게 적극적으로 의사소통할 수 있게 되었고, 이는 좋은 업무 성과를 가져왔을 뿐 아니라 내 기분도 더 좋아지게 했습니다. 하지만 끝이 항상 긍정적이지는 않아서 두려웠죠. 그래도 내 자존감을 해치지는 않았습니다."

단호하고 적극적인 의사소통법은 또한 어려운 상황과 까다로운 사람들을 다루는 데 항상 도움이 된다. 아마도 욕설을 퍼붓는 동료들과 심지어 폭언을 일삼는 상사들이 자신의 입장에 대한 정직하고 직접적인 진술에 귀를 기울이는 것을 발견하고 기분 좋게 놀라게 될 것이다.

단호하고 적극적인 의사소통은 또한 마땅히 받아야 할 인정을 받게 해주며, 심지어는 경력에 도움이 될 토대를 마련하는 데도 도움이 된다. 예를 들어, 만약 급여와 직무에 관한 문제에 대해 상사와 단호하지만 유쾌하게 협상한다면, 상사는 내가 회사의 서열체계에서 지도적인 위치에 적합할 수도 있다고 생각하게 될 것이다. 부당한 대우를 받았을 때 목소리를 높이는 것은 자존감이 높은 사람이라는 것을 보여주며, 스스로 자존심을 해치지도 않을 것이다. 자기 자신을 존중한다는 것을 보여줌으로써 다른 사람들도 당신을 존경과 존중하는 마음으로 대하도록 할 수 있다. 반면에, 스스로에게 확신이 없다면 '약골'로 분류되어 '관리자 인재'로 보이지 않을 것이다.

단호하고 적극적인 의사소통이 효과적임을 확신하자. 그리고 상황을 개선하지 못할 경우에도 스스로 노력했다는 사실에 힘을 얻게 될 것이다. 단호하고 적극적인 의사소통을 연습하고 직장에서 목소리를 높일 때 성공할 기회가 더 많이 다가온다.

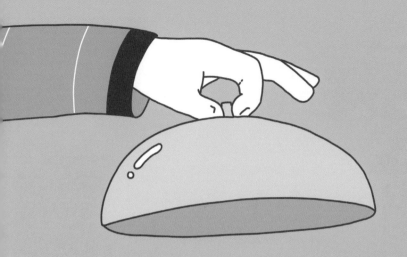

11장

스스로
칭찬하고 격려하라

칭찬은 말로 베푸는 햇살과 같다

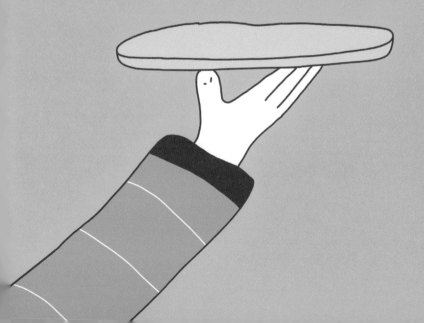

"사람들은 당신이 한 말을 잊을 겁니다.
당신이 한 일도 잊겠지요.
하지만 당신이 그들에게 어떤 기분을
느끼게 했는지는 결코 잊지 않을 겁니다."

— 마야 안젤루(Maya Angelou)

우리가 가치관을 공유하지 않는 사람들에게 불친절할 것이라고 예상하는 것은 꽤나 비극적이다. 《퍼레이드 매거진》(Parade Magazine, 2020. 10. 18)이 연예인 100명에게 "만약 내가 대통령이라면…"이라는 진술을 완성해달라고 요청했을 때, 배우 벤 애플렉은 "의견이 다르다고 해서 누군가를 경멸할 이유가 없다는 것을 사람들이 깨닫게 할 것입니다"라고 대답했다.

우리에게는 상대방의 관점에 동의하지 않더라도 인정을 베풀고 기꺼이 칭찬할 수 있는 능력이 있다. 그것은 이번 장의 주제를 논할 때 매우 중요하다. 하지만 인간은 본능적으로 불평과 비판을 위해서는 시간을 들이는 반면, 칭찬에는 그렇지 않다. 무슨 연유인지 우리는 괴롭거나 짜증이 날 때 부정적인 피드백을 하는 것에는 익숙하지만, 긍정적인 피드백을 위해서는 최선을 다하지 않고 그저 상황이 끝나기만을 기다린다. 선의로 진실한 칭찬을 하는 것은 상대방의 정치적 또는 철학적 견해를 지지하든 그렇지 않든 항상 적절하다고 생각한다.

마크 트웨인(Mark Twain)은 이렇게 말했다.

"나는 좋은 칭찬 한마디로 2주 동안 먹지 않고 살 수 있다."

누군가에게 찬양받고 존경받으며 주목받는 것, 또 누군가가 우리 말에 귀 기울여주는 것은 멋진 일이다. 우리 모두는 우리에게 향한 임의의 친절한 행동에 감사를 느낀다. 칭찬을 받는 것은 위로가 된다. 타인에게 인정받고 존경의 대상이 되는 것은 아름다운 감정이다. 우리 모두는 자신에 대한 긍정적인 인정을 갈망하기 때문이다. 하지만 종종 타인의 긍정적인 행동에 대해서는 인정하지 않는다. 왜 그럴 수 없는 걸까? 대개 자신의 삶에 너무 집중하거나 다른 사람들에게 칭찬을 표현하는 것을 너무 의식하기 때문이다.

칭찬에는 놀라운 힘이 있다

다른 사람을 칭찬하는 것은 그것이 외모나 성격이든 지능이

나 능력 또는 일을 잘하는 것이든 많은 이점이 있다.

이는 누군가의 발밑에 용수철을 달아주는 것과 같다. 긍정적인 말은 믿을 수 없을 정도로 기운을 북돋아준다. 칭찬을 들은 사람은 스스로 주목받을 가치가 있다고 믿게 된다. 사실상 우리는 모두 가치를 인정받고 싶어한다. 진심 어린 칭찬은 누군가의 정신을 변화시킬 수 있다. 우리가 다른 사람들의 자신감을 쌓아줄수록 우리에게도 더 많은 자신감이 쌓인다. 칭찬했을 때, 상대방의 얼굴이 얼마나 빛나는지 주목해보자.

우리의 칭찬은 다른 사람의 긍정적인 변화와 긍정의 에너지를 가져오는 강력한 촉매제가 될 수 있다. 칭찬은 종종 놀라운 파급력을 가진다. 친절한 말 몇 마디를 했을 뿐인데, 그 사람이 앞으로 선행을 나누도록 영감을 줄 수도 있다. 또한 다른 사람들을 칭찬하는 것은 우리 자신의 긍정적인 변화와 긍정의 에너지를 부여하는 강력한 촉매제가 될 수도 있다.

칭찬은 돌고 도는 것이다. 우리에게 영감을 주거나 감동을 주는 다른 사람의 특성이나 행동에 박수를 보낼 때, 그들은 인정받은 것에 대한 기쁨을 느끼고 우리를 기쁨으로 채울 수 있다. 다른 사람에게 칭찬을 표현함으로써 얻는 긍정의 에너지는 우리가 미래에 더 긍정적이고 적극적으로 변하도록 용기를 준다.

마크 트웨인은 "행복한 칭찬은 인간의 가장 희귀한 선물 중 하나이며, 이를 기쁘게 전달하는 것은 또 다른 선물이다"라고 말했다.

우리는 거짓된 칭찬을 눈치챌 수 있다. 가짜 아첨은 아주 쉽게 구분할 수 있어서 종종 상대방의 기분을 불편하게 하거나 칭찬하는 사람의 동기를 의심하게 만든다. 그렇기 때문에 칭찬을 표현할 때는 진정성 있는 솔직함과 상세한 설명이 핵심 요소다. 우아하게 칭찬하는 능력을 갖췄다면, 우리에게 큰 힘이 될 것이며 다른 사람들에게도 긍정적인 영향을 미칠 것이다. 좋은 칭찬은 사기를 높여준다. 칭찬을 받는 사람은 자신이 다른 사람에게 긍정적인 인상을 준 멋지고 주목할 만한 무언가를 가졌다는 메시지를 느끼게 된다. 『칭찬을 주고받는 기술』(The Art of Giving and Receiving Compliments)의 작가 펀 고린(Fern Gorin)은 좋은 칭찬은 즉시 기운을 북돋우고 칭찬을 주고받은 두 사람 모두의 하루를 빛나게 해준다고 지적한다. 그녀는 칭찬에는 전염성이 있어서 칭찬을 받은 사람은 또 다른 사람에게 더 많이 호의를 베풀 가능성이 크다고 주장한다.

진심 어린 칭찬을 표현하는 팁

칭찬을 할 때 '당신'이란 말로 시작하자. '당신'이나 '당신들'이라고 칭찬을 시작하면 듣는 사람이 지금 하려는 말에 더 주의를 기울이게 된다. 내가 하려는 말이 그에게 향한 것임을 알려주어 주목하게 만드는 것이다. 이는 칭찬받는 사람이 앞으로 나올 발언의 주인공임을 확실하게 한다.

사례 살펴보기

|예시 1|

- 당신은 항상 명확하게 말하는군요.
- 당신의 유머 감각은 전염성이 있어서 나의 하루를 밝혀줍니다.
- 자네가 수강생 전체를 통틀어 가장 매력적인 발표를 했네.
- 당신은 다른 사람들에게 훌륭한 롤모델입니다.
- 간단한 말로 시작하자. "제가 꼭 해야 할 말이 있는데요"나 "당신은 깨닫지 못하겠지만…"과 같은 간단한 말로 시작하는 것 또한 듣는 사람이 주의를 기울이도록 해준다. 이는 상대방의 호기심을 자극하며, 실제로 내가 다음에 무슨 말을 할지 귀 기울여 듣도록 해준다.

|예시 2|

- 당신은 모를 수도 있지만, 당신은 많은 사람에게 영감을 줍니다.
- 당신은 깨닫지 못할지 모르지만, 당신의 질문이 가장 흥미로

웠습니다.

- 이 말씀을 꼭 드리고 싶군요. 당신의 세심한 주의력은 누구에 게도 뒤지지 않는다는 것을요.

○ 가능한 한 구체적으로 설명하자. 간단한 세부 정보를 밝히면서 칭찬을 확장해나간다. 세밀한 묘사가 더해진 칭찬은 상대방 이 한 일에 대해 진정한 관심을 보여준다. 이는 칭찬을 훨씬 더 믿을 만하고 가치 있는 것으로 보이게 해준다.

| 예시 3 |

- 당신은 좋은 작가입니다. 지역 회보에 쓴 글은 매우 설득력이 있었습니다. 정말로 저는 그 글을 통해 지역 사회에서 자원봉 사를 하게 되었습니다.

- 당신은 깨닫지 못할 수도 있지만, 당신은 우리 모두의 롤모델 입니다. 정말이지 훌륭한 의사소통 방식과 문제해결 능력을 갖추셨습니다.

○ 진정성 있는 말로 칭찬하라. 칭찬할 마음이라면, 그것이 진심인 지 스스로 확인해보자. 거짓 칭찬은 상대방에게 모욕적이며, 칭찬하는 사람에게도 안 좋은 영향을 미친다. 예를 들어, 누 군가 노래 부를 때 음정이 정확하지 않았는데도 칭찬을 해서,

나 자신이나 다른 사람까지 당황하게 만들지 마라. 청중과 눈
도 마주치지 않고 써온 메모를 읽는 사람에게 그 연설 스타일
을 칭찬하는 것은 솔직하지 않은 일이다. '거짓 칭찬은 칭찬
이 아니다.' 그러므로 칭찬을 표현하기에 앞서 칭찬하려고 하
는 특성이 실제로 가치가 있는지 확인하도록 하자. 단지 어색
한 침묵을 채우거나 아첨하려는 속셈에서 나온 것이 아닌지
확인하라는 말이다.

상대의 장점을 찾아 칭찬하기

누군가 "칭찬은 말로 베푸는 햇살과 같다"고 말했다.

종종 사람들은 칭찬하는 것을 어려워한다. 누군가의 성격이
나 외모, 또는 행동을 칭찬하는 것이 불편하다면, 그건 나만의
문제가 아니다. 중요한 건 연습이다. 다른 사람을 칭찬할 기회를
찾아보자. 거짓되지 않은 적절한 순간이 올 때마다 그 기회를
잡아 칭찬해보자.

사람의 성격이나 기술을 칭찬하는 것과 외모를 칭찬하는 것
은 상당히 다르다는 것을 명심하자. 전자는 내가 그 사람을 존

경하거나 동경한다고 말하는 것이며, 후자는 내가 그들을 인지했다고 말하는 것이다. 사람들은 두 가지 유형의 칭찬을 번갈아 들으며 발전해나간다. 그 사람만 가진 돋보이는 특성을 찾아 칭찬하기 위해 최선을 다해보자. 나는 길거리에서 전혀 모르는 사람들을 칭찬하는 취미는 없지만, 나와 관계된 사람들을 짧게 혹은 겉으로나마 칭찬하려고 노력한다.

연습활동

연습 1

현실적으로 생각할 수 있는 다음 세 가지 상황을 생각해보자.

| 상황 1 | 식당이나 호텔에서 주차요원이 내 차를 주차할 때, 나는 이렇게 말한다. "제 차를 잘 운전해주셔서 감사해요. 완벽하게 주차하셨네요."

| 상황 2 | 강아지와 산책 중, 이웃집 마당에서 일하는 조경사 옆을 지나면서 이렇게 말한다. "멋진 작업을 하고 계시네요. 식물과 나무들이 정말 아름다워요."

| 상황 3 | 군인을 만나거나 지나칠 때마다, "당신의 복무에 감사합니다"라고 말한다.

연습 2

다음의 '칭찬하는 말'에 나만의 구체적인 세부사항을 덧붙여 완성해보자.

| 예시 |

。칭찬하는 말: 당신의 친절과 동정심에 감동했어요. 왜냐하면 ….

。덧붙이는 말: "… 그 어르신이 구매한 식료품을 차에 싣도록 도왔기 때문이죠. 세상에는 당신과 같은 사람들이 더 필요해요."

"당신은 정말로 도움이 되었습니다. 왜냐하면…"

"당신은 훌륭했습니다. 왜냐하면…."

"당신은 정말로 열심히 일해줬습니다. 왜냐하면…."

"당신이 기억하다니 놀랍습니다. 왜냐하면…."

"당신은 우리 그룹을 더 낫게 만들고 있습니다. 왜냐하면 …."

"당신은 특히 능숙합니다. 왜냐하면…."

"당신은 모두에게 깊은 인상을 주었습니다. 왜냐하면…."

편지로 감사 인사 전하기

가벼운 어깨 부상으로 플로리다 남부의 한 의료센터에서 물리치료를 받던 중이었다. 나를 담당했던 물리치료사 아나스타샤는 완벽한 전문가였다. 지식이 풍부하고 배려심도 많았으며, 공감 능력도 뛰어났다. 내 회복에 전적으로 집중하여 보살펴준 그녀에게 그저 말로만 감사를 표하는 것은 부족하게 느껴졌다. 심지어 감사의 선물도 불충분한 것 같았다.

나는 아나스타샤를 참조로 넣어 해당 의료센터의 최고경영자에게 이메일을 보냈다. 그러자 그 최고경영자는 내가 시간을 내어 아나스타샤에 대한 존경을 표하고, 훌륭한 치료를 칭찬해준 것에 대한 감사를 전하기 위해 내게 이메일을 보냈다. 물론 아나스타샤도 나에게 감사하다는 답장을 보내왔다.

데일 박사님께

저에 대해 이렇게 좋은 편지를 써주셔서 감사합니다. 저는 마음이 정말 따뜻해졌고, 얼굴에 계속 미소가 떠오릅니다. 당신의 편지를 받고 아주 특별한 기분을 느꼈습니다. 제가 정말 중요한 사람이며 존중받고 있다는 느낌이 들었습니다.

진심으로 감사합니다.

아나스타샤 드림

아나스타샤가 아주 기뻐하고 있다는 사실 때문에 나 또한 기뻤다. 그녀의 반응은 일주일 동안 내 기분을 좋게 했다. 진정한 칭찬 한마디가 칭찬받는 사람과 칭찬하는 사람 모두에게 풍성한 긍정적 영향을 줄 수 있다는 것은 분명한 사실이다. 앞서 언급했듯이, 진심어린 칭찬은 즉시 상대방의 기분을 좋게 하고 관련된 사람 모두의 마음을 밝게 해준다.

사례 살펴보기

직무의 책임 범위를 넘어 훌륭하게 일을 수행한 사람을 그 감독자에게 칭찬하는 상황을 생각해보자.

| 사례 | 호텔 관리자나 호텔 체인의 CEO에게 나를 기쁘고 편안하게 해주기 위해 추가 조처를 해준 안내원, 주차요원, 접수처 직원 또는 호텔 지배인을 칭찬하는 편지나 이메일을 보내자. 칭찬은 여러 가지 형태가 있다. 그중 서면으로 칭찬하는 시간을 갖는 것은 다른 사람의 기운을 북돋아주려고 노력하는 멋진 인상을 줄 수 있다. 이는 그날 하루 좋은 일을 했다는 놀라운 성취감도 느끼게 해줄 것이다!

"나는 내가 자랑스럽다"

작가 프랑크 소넨버그(Frank Sonnenberg)는 "때로는 직접 해야 할지라도, 당신은 스스로 자신의 등을 두드리며 칭찬해줄 자격이 있다"고 말했다.

이제 다른 사람들을 칭찬하는 데 프로가 되었으니, 자기 자신을 칭찬하는 것도 잊지 말자. 아무리 작은 것이라도 자기 자신의 성공을 인정하는 것을 잊어서는 안 된다. 스스로 칭찬하고 격려하면 자신감은 더 커질 것이다.

『당신이 매일 해야 할 10가지 작은 칭찬』(10 Little Compliments You Should Be Giving Every Day)에서 작가 마리사 랄리베르(Marissa Laliberte)는 이렇게 조언한다. "자기 자신의 업적은 무시한 채 모든 칭찬을 다른 사람들을 위해 아껴두지 말아라. 자기 자신을 사랑할 시간을 갖고, 그날 자신이 보여준 끈기와 경청의 기술, 힘든 운동이나 그 외 자랑스러웠던 일들을 떠올려보자. 얼마 지나지 않아, 거울에 보이는 자기 자신을 사랑하게 될 것이다."

연구자들은 칭찬이 칭찬받는 사람들뿐만 아니라 칭찬하는 사람들의 스트레스와 불면증을 줄이는 데도 도움이 된다는 사실을 발견했다. 또한 뇌의 생산성과 세로토닌을 증가시키며, 심지어 면역체계를 강화시킬 수도 있다.

물론 단호하고 적극적인 의사소통은 자기 자신의 관점이나 가치관을 지지하는 법을 다룬다. 부당한 대우를 받고 있을 때, 자존감을 높이는 것은 아주 중요하다. 그리고 칭찬받아 마땅할 때, 자기 자신을 칭찬하고 주변 사람들에게 진심 어린 칭찬을 표현하는 것도 자존감을 위해 똑같이 중요하다. 미처 깨닫지 못했을 수도 있지만, 나 자신의 긍정적인 표현은 다른 사람들에게 값을 매길 수 없을 정도로 소중하다!

연습활동

- 자기 자신의 외모 중 한 부분을 칭찬하라.
- 자기 자신의 성격 중 한 부분을 칭찬하라.
- 자기 자신이 잘하는 기술에 대해 칭찬하라.

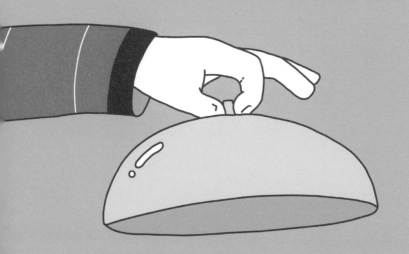

12장

일단 한번
해보라!

내가 원하면 상황을 바꿀 수 있다

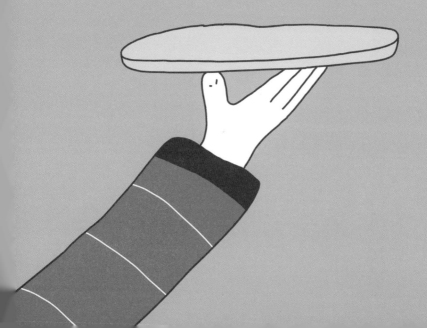

뉴욕 동부 퀸스에서 성장한 나와 동생은 웨인리스(Wainless)라는 성 때문에 놀림의 대상이 되곤 했다. 다른 아이들은 "브레인리스 웨인리스(풀이하면 '멍청이 웨인리스'-옮긴이)"라고 불렀다. 우리는 새로운 사람을 만나서 자기소개를 하는 것을 싫어했다. 왜냐하면 항상 "웨인리스? 그게 이름인가요?"라거나 "웨인리스라고 했나요? 브레인리스 같은 건가요?"라는 반응이 돌아왔기 때문이다. 이러한 반응을 너무 자주 겪자 우리는 그것을 당연하게 여기기 시작했다.

부모님은 우리가 이름에 대한 자부심을 가질 만한 대답을 생각해보라고 하셨다. 동시에 스스로 재치 있다고 여기는 사람들에게 사실은 그들이 그다지 재치 있지 않다는 것을 알게 해주라고 조언하셨다! 나와 동생은 이렇게 말하기로 결정했다. "정말 재미있는 말이지만, 별로 독창적이지는 않네요. 우리는 이미 그 말을 백만 번쯤 들었으니까요."

그리고 앞으로 '브레인리스 웨인리스'와 비슷한 일격을 당했을 때를 대비해 마음의 준비를 했다. 사실 우리는 새로운 대답을 시험해볼 기회를 무척 기대하고 있었다. 그 상황에서 안정되고 자신감 있게 상대의 말에 대응하는 우리 모습을 상상했다. 괴롭히는 사람의 눈을 똑바로 쳐다보고 머리를 꼿꼿이 든 채 명확하고 단호한 목소리로 미리 마음속에 생각해둔 답변을 말하는 우리 모습을 머릿속에 그리며 그 순간을 기다렸다.

그런 다음에는 무슨 말을 할지 몰라 당황한 상대방의 모습을 보며 실컷 웃는 우리 모습도 상상했다! 심지어 부모님의 도움을 받아 전형적인 상황을 설정하고 역할극을 연습하기도 했다. 리허설은 다음과 같이 진행되었다.

아버지: 이름이 뭐라고 하셨죠?

나: 폴렛 웨인리스입니다.

아버지: 웨인리스라고요?

나: 네, 웨인리스입니다.

아버지: 이상한 이름이네요. 그게 무슨 이름입니까?

나: 좋은 이름입니다.

어머니: 당신의 이름은 무엇입니까?

동생: 아이라 웨인리스입니다.

어머니: 웨인리스요? 브레인리스처럼요? 하하하!

동생: 하하하! 저도 처음에는 정말 웃겼습니다. 수십 번 듣기 전까지
는 말이죠.

우리가 마음의 준비를 하고 머릿속으로 시각화해보며 역할
극 연습을 한 것은 효과가 있었다. 우리의 대응은 성공적이었으
며 우리를 놀리던 사람들은 자신만만하고 자부심 넘치는 우리
의 태도에 주눅이 들었다. 그들은 말로 우리를 화나게 할 수 없
다는 것을 알게 되자 언어적으로 더 만만한 희생자들을 찾아 다
른 곳으로 갔다.

자신이 원하는 모습을
머릿속에 그려라

시각화 기술은 용기와 자신감을 얻고, 언어 대응 능력을 강화
하기 위한 매우 강력한 기술이다. 이는 무엇을 시도하든 성공

하는 자기 자신을 머릿속으로 생생하게 상상하는 기술로 특정 목표를 달성하는 데 도움을 주며, 긍정적인 '자기실현적 예언'을 성취하도록 도와준다. 자신을 자신감 있고 성공하는 모습으로 상상하다 보면, 실제로 자신감이 생기고 성공하게 된다. 자신을 인기 있고 사랑받는 사람이라고 상상한다면, 인기 있고 사랑받는 사람이 될 가능성이 높아진다. 시각화 기술은 정말 효과적이다.

매튜 매케이(Matthew McKay) 박사는 『자존감을 통해 자신의 운명을 지배하라』(Master your own destiny through self-esteem)에서 다음과 같이 말한다.

시각화는 자아 이미지를 개선하고, 삶에서 중요한 변화를 만드는 강력하고 입증된 기술이다. 당신이 그 효과를 믿든 믿지 않든 중요하지 않다. 당신의 마음은 당신이 무엇을 믿든 상관없이 시각화가 작용하는 방향으로 이루어진다. 회의적인 생각이 시각화 시도를 방해할 수 있지만, 일단 시작하면 시각화가 작용하는 것을 막지 못할 것이다.

불행하게도 너무 많은 사람이 자신도 모르는 사이에 자신에게 해로운 부정적인 방법으로 이 기술을 사용한다. 예를 들어, 어떤 학생은 자신이 시험을 잘 보지 못할 것이라고 스스로 확신하고 실제로 시험에 실패한다. 한 여주인은 자신이 주최하는 저녁 파티가 형편없을 것이라고 확신하고, 진짜로 그날의 메인 요리를 다 태워버린다. 졸업반 학생은 취업 면접에서 나쁜 인상을 주리라 생각해서 결국 면접 중에 해야 할 말을 잊어버린다. 내 경우, 테니스 경기에서 질 것이라는 느낌이 들면, 꼭 서브를 넣을 때 더플 폴트(서비스를 두 번 연속 실패해 실점하는 것-옮긴이)를 내고 만다.

이렇듯 우리의 생각은 자신의 최대 적이 될 수 있다. 부정적인 시각화는 우리의 노력이 성공하는 것을 방해한다. 마찬가지로, 긍정적인 생각을 하면 긍정적인 일들이 일어난다. 시각화 기술이 부정적으로 사용될 때 효과가 있었다면, 긍정적으로 사용될 경우에는 얼마나 효과적일지 생각해보자.

독주회 전날 밤, 한 피아니스트는 자신이 완벽하게 곡을 연주하는 모습을 머릿속에 그린다. 골프 선수는 클럽을 집어들기도 전에 홀인원을 시각화한다. 야구선수는 실제 경기에 앞서 만루에서 홈런을 치는 자신을 시각화한다. 피겨스케이터는 밤에 잠들기 전 올림픽 경기에서 완벽하게 스케이트를 타는 자신의 모습을 마음속에 그려본다. 한 테니스 스타는 모든 서브에서 에이스를 치는 장면을 상상한다. 어떤 여배우는 무대에 오르기 전에 자신이 연기하려는 역할을 시각화한다. 운동선수, 배우, 음악가, 외과의사, 변호사 등이 최고의 성과를 내기 위해 시각화 기술을 사용하고 있다. 그들에게 효과가 있다면, 당신에게도 효과를 보여줄 것이다.

작가 마리아 아라파키스(Maria Arapakis)는 『소프트파워!』(Softpower!)에서 시각화 기술을 이렇게 설명한다.

여러분의 마음속은 여러 대응 방법을 시도할 수 있는 개인 리허설 룸이다. 상상 속에서 실제 일을 하기에 앞서 예행연습을 할 수 있다. 필요한 건 눈을 감고 긴장을 풀고 '최고의 당신' 모습과 음성 그리고 느낌을 상상하는 것이 전부다. 상상 속에서 보이는 것이라면 실생활에서도 이루어질 수 있다.

긍정적인 시각화 기술은 어떤 상황에서 내가 그동안 존경하고 아주 똑똑하다고 생각해온 누군가가 되어 어떻게 행동할지를 상상하는 것이다. 자, 그 사람인 척해보자. 무슨 말을 할 것인가? 그 사람이라면 이런 상황에 직면하여 어떻게 행동할까? 이 기술은 나를 비롯해 수많은 여성에게 다양한 상황에서 효과가 있었다.

예를 들어, 전 영부인이자 국무장관인 힐러리 클린턴은 같은 영부인이었던 엘리너 루스벨트(Eleanor Roosevelt)라면 이 상황을 어떻게 처리했을지 상상하는 것을 좋아했다고 한다. 나는 가끔 누군가에게 어떤 말을 해야 할지 확신할 수 없을 때, 스스로

에게 '만약 내가 앤 랜더스라면 어떻게 반응했을까?'라고 묻는다. 우리가 존경하는 매력적이고 적극적인 의사소통자의 모델이 꼭 엘리너 루스벨트나 앤 랜더스처럼 유명인일 필요는 없다! 친구나 선생님 혹은 이웃 등 개인적으로 아는 존경할 만한 인물이면 누구라도 좋다.

자기 자신을 다른 사람들의 존경과 감탄의 대상인 단호하고 적극적이며 언어적으로 훌륭하게 의사소통하는 사람으로 시각화하자. 그러면 실제로 적절한 상황에서 사람들의 존경을 받고 감탄을 자아내는 적극적으로 의사소통하는 사람이 될 것이다. 긍정적으로 생각하면 긍정적인 일이 일어난다. 아주 간단하지 않은가!

두려운 상황에 맞설 마음의 준비를 하라

'제10장 직장에서 목소리를 내라'에서 논의했듯이, 모욕적이거나 상처를 주는 말을 언제 어디서 접하게 될지 정확히 아는 것은 불가능하다. 그런 말들은 우리를 당황하게 하고 완전히 얼어붙게 만들 수 있다. 하지만 대응할 필요가 있는 상황을 예측하고 할 말을 준비해둘 수는 있다.

나와 동생은 경험상 앞으로도 '멍청한 웨인리스'라는 농담에 몇 번이고 직면하리라는 것을 알았다. 그래서 허를 찔리지 않기로 결심하고, 브레인스토밍을 한 결과 확신에 찬 대응 방법을 생각해냈다. 그리고 성공적으로 대응하는 우리 자신을 시각화하고 예상되는 시나리오를 짜보고 역할극을 연습하며 준비했다. 우리의 노력은 결실을 보았다. 마침내 상황을 통제할 수 있게 된 것이다. 무엇보다 중요한 건, 우리가 자신을 대단하다고 느끼게 되었다는 것이다.

우리는 모두 자신이 불편하다고 생각되는 상황을 알고 있다. 사실 이러한 순간 중 일부를 떠올리는 것만으로도 두려움이나 불안에 휩싸일 수 있다.

그레타의 사례를 보자. 그녀는 5년마다 열리는 고등학교 동창회에 가기가 두렵다. 같은 반이었던 타냐가 현재 '세 번째 남편'이 있는 그레타에 대해 냉소적인 발언을 하는 동안 침묵을 지키며 괴로워했다. 다른 예로, 마리솔은 직원 휴게실에서 동료 카를로스와 마주치는 일을 두려워한다. 카를로스는 기회가 있을 때마다 사소한 건수만 있어도 그녀를 놀리는 것을 즐기기 때문이다.

우리는 어떤 상황을 스스로 통제할 수 없을 것이라고 믿고 불안해한다. 통제할 수 없다는 생각은 우리를 무력하고 불안하게 만든다. 마음의 준비와 시각화, 그리고 역할극의 기술은 침착함을 유지하고 스스로의 반응을 통제하도록 가르쳐주며, 두려운 상황을 대처해나갈 수 있도록 도와준다.

그레타와 마리솔 모두 두려운 상황에 맞서 자신이 성공적인 결과를 끌어내는 모습을 시각화하고, 말하고 싶은 것을 머릿속에서 연습함으로써 두려운 상황을 극복할 수 있다.

예를 들어, 그레타는 타냐의 비열한 발언에 스스로 무력감을 느낄 것을 예상하며 감정적 에너지를 낭비하는 대신, '세 번째 남편'에 대한 타냐의 비꼬는 말을 받아칠 대응을 생각해냈다면 좋았을 것이다. 그것은 대응할 말을 미리 연습함으로써 준비할 수 있다. 그렇게 만반의 준비가 되면 자신에게 통제권이 있다고 느끼게 된다. 예를 들면 "그래, 타냐. 나에게 세 번째 남편이 생겼어. 드디어 딱 맞는 사람을 만났거든!"이나 "맞아, 타냐. 나는 세 번 결혼했어. 삼세 번 만에 행운을 찾았지!" 등 유쾌한 반응을 연습할 수 있다.

또한 타냐에게 더 강하게 대응하고 싶은 경우를 대비해 더 강력한 말들을 준비해놓을 수도 있다. "타냐, 너는 항상 내 남편들에게 너무 집착하는구나! 다른 대화 주제가 없다니 참 유감이야. 이만 실례할게." 이런 대응을 염두에 두는 것은 그레타가 강한 자신감과 높은 자존감을 되찾게 도와준다.

상황을 예측하고 자신이 정상에 오르는 모습을 상상하기만 해도 스스로 준비된 상태에서 자신감과 통제력이 생기는 경험을 할 수 있다. 더 이상 특정 상황을 두려워할 필요가 없다. 대신, 그런 상황을 내다보고 새로운 언어 기술들을 연습할 수 있는 기회로 삼도록 하자.

하고 싶은 말의 요점을 적어둬라

스트레스를 받는 상황이 다가오고 있다는 것을 알고 침착하고 효율적으로 대처하고 싶다면, 마음의 준비를 하고 글로 적어보는 것 또한 효과적이다. 여러분 중에는 상사에게 임금을 인상하거나 휴가 일수를 더 늘려달라고 요구하는 것을 미리부터 걱정하는 사람이 있을지 모른다. 취업 면접을 앞두고 있거나 이별을 고하거나 직원을 해고하는 것처럼 누군가에게 나쁜 소식을 전해야 하는 걱정스러운 상황에 처해 있을 수도 있다.

그 상황에서 나 자신이 하고 싶은 말을 생각해보고, 종이에 옮겨 적어라. 자신이 쓴 것에 만족한다면, 머릿속으로 예행연습을 하자. 유독 두렵게 느껴지는 상황이 있다면, 실제로 일이 벌어지기 전에 더 많이 연습하자.

그웬은 남편에게 이혼하자고 말할 작정이었다. 그래서 실제로 그에게 말하기에 앞서 며칠 동안 마음의 준비를 하고 예행연

습을 했다. 그녀는 자신이 하고 싶은 말의 요점을 적어둔 것이
자신감과 통제력을 불어넣어줬다고 했다. 그웬이 준비한 글은
다음과 같았다.

> 허브, 저는 이혼소송을 제기하려고 해요. 그래서 지난주에 변호사를
> 만나러 갔었어요. 우리가 함께 있으면서 오랫동안 불행했기 때문에
> 당신에게 놀랄 일은 아닐 거라고 확신해요. 저는 이미 준비를 마쳤
> 고 내일 이사를 나갈 겁니다. 제 변호사가 당신 변호사에게 연락할
> 거예요. 저는 우리가 이 일을 원만하게 처리할 수 있기를 진심으로
> 바라고 있어요.

나 개인적으로는 정신적 준비 기술로 효과를 보았다. 동료인
로버트가 그의 여자친구 레베카가 알아채지 못하도록 은밀하게
사귀자고 제안했을 때, 나는 후회하지 않으려면 정신적으로 준
비할 시간이 필요하다는 것을 깨달았다. 그래서 저녁 내내 그의
제안을 거절할 말을 신중하게 고르고 정신적으로 예행연습을
하면서 보냈다. 나는 화장실 거울 앞에서 연습하기까지 했다. 다
음날, 나는 자신감 있고 안정적으로 상황을 통제할 수 있을 것
같았고 마침내 준비한 메시지를 사실적이고 단호하게 전달할
수 있었다.

연습활동

자기주장을 표현하거나 행동을 취하기 꺼려지는 상황들을 순서대로 나열해보자. 자기주장을 드러내기 어려운 상황을 1부터 10까지 차례대로 순서를 매기자. (숫자가 높을수록 적극적으로 대응하기 어려운 상황이다.) 다음을 참고하여 대처하기 난감한 상황 목록을 작성해보자.

- 무례하거나 퉁명스럽게 진료하는 의사에게 항의하는 것.
- 기대했던 것보다 질 낮은 제품이나 서비스를 받은 것에 불만을 표현하는 것.
- 더 이상 구매하고 싶지 않은 제품 또는 서비스에 대한 보증금 반환을 요청하는 것.
- 음식점에서 부적절하게 준비된 음식을 돌려보내는 것.
- 과다 청구된 계산서에 대해 항의하는 것.
- 사교모임이나 데이트 초대를 거절하는 것.
- 집을 방문하는 불청객들에게 '안 돼요'라고 말하는 것.
- 친구에게 빌려준 돈을 갚으라고 말하는 것.
- 새치기하는 사람에게 목소리를 높이는 것.

- 불량품을 반품하는 것.
- 당신이 싫어하는 '별명'을 부르는 동료를 지적하는 것.
- 당신이 좋아하는 물건을 빌려달라는 친구의 요청에 '안 돼'라고 말하는 것.

이제 종이 한 장에 10가지 상황을 난이도 순으로 나열하고, 자신의 대응을 분석하자. 실제로 그 상황에 직면했을 때 정말로 하고 싶은 말을 마음의 준비와 시각화를 사용하여 대응하는 연습을 해보자. 가장 위협적이지 않다고 생각되는 상황부터 시작하여 가장 큰 어려움이 예상되는 상황으로 진행해나가면 된다.

| 예시 | 2주 전, 샐리는 다음날 돌려주겠다고 약속하며 20달러를 빌려갔다. 나는 돈을 돌려받고 싶다.

◦ 대응 연습

눈을 감고 우리 두 사람이 자주 가던 커피숍에서 샐리를 만나는 내 모습을 상상한다. 샐리에게 20달러를 빌려간 사실을 상기시키고, 언제 갚을 수 있는지 묻는 내 모습을 상상한다. 그리고 이렇게 말하는 모습을 그려본다. "샐리, 내가 2주 전에 빌려준 20달러를 잊은 건 아닌지 궁금해. 난 그저 네가 깜빡했다고 믿어. 언제쯤 갚을 수 있겠니?" 다시 한번, 나는 마음속에 샐리를 그려본다. 그녀가 맞은편 테이블에 앉아 있는 듯 행동해본다. 그녀가 다정하게 사과하고 돈을 갚겠다고 말하는 것을 상상한다. 이제 준비한 말을 큰 소리로 연습한다. "그런데 샐리, 내가 2주 전에 빌려준 20달러를 잊은 건 아닌지 궁금해. 난 그저 네가 깜빡했다고 믿어. 언제쯤 갚을 수 있겠니?"라고 말하는 내 목소리를 들어보자. 이 문장에 익숙해지기 위해 몇 번이나 소리 내어 반복한다.

연습활동

다음 연습 방법은 약간 다르다. 아래 목록에는 많은 여성이 특히 목소리 내기를 어려워하는 상황이 포함되어 있다. 각 상황을 읽고 단호하고 적극적으로 의사소통하는 것이 얼마나 쉬운지 혹은 어려운지를 가장 잘 나타내는 번호에 동그라미를 치면 된다. (1은 쉬움, 5는 어려움을 나타낸다.)

| 상황 1 | 함께 일하기에 불편한 동료가 하나 있다. 대놓고 개인적으로 불편한 말을 하는 건 아니지만, 자주 다른 사람들에 대해 상스럽고 천박한 말을 한다. 그런 행동을 그만두라고 말하고 싶다.   1 2 3 4 5

| 상황 2 | 사소한 실수를 두고 상사가 다른 사람들 앞에서 나를 질책한다. 최근 이 상사는 캐비닛 열쇠 둔 곳을 잠시 잊어버린 일로 나를 마구 몰아세웠다. 그런 모욕적인 비난을 멈추라고 말하고 싶다.   1 2 3 4 5

| 상황 3 | 우리집 가정부가 물건을 훔친다는 의심이 든다. 지난 몇 달 동안 특별히 아끼던 물건 몇 개가 사라졌다. 가정부에게 이 일에 대해 아는 것이 없는지 묻고 싶다.   1 2 3 4 5

| 상황 4 | 나와 친구는 한 레스토랑에서 2인용 작은 테이블로 안내받았다. 우리는 더 큰 테이블에 앉고 싶었다. 둘러보니 그런 자리가 몇 개 남아 있다. 자리를 바꿔달라고 하자, 큰 테이블은 서너 명의 단체 손님을 위한 것이라는 답변이 돌아왔다. 하지만 나는 자리를 정말 바꾸고 싶다.   1 2 3 4 5

| 상황 5 | 상사는 가끔 기분이 안 좋을 때 나한테 괜한 화풀이를 하고 나중에 사과한다. 상사의 샌드백 노릇에 지쳤다. 사과한다고 해서 자제력을 잃은 것에 대한 면죄부가 생기는 것은 아니라고 말하고 싶다.   1 2 3 4 5

| 상황 6 | 내가 일반적으로 어떤 상황에서 스트레스를 받거나 불안정해지는지 확인하고 싶다.   1 2 3 4 5

이제 자신의 답변을 분석하자. 이전 연습과 마찬가지로, 가장 위협적이지 않다고 생각되는 상황부터 시작한다. 어떻게 정신적 준비를 할 것인지를 적고 시각화 기술을 사용하여 대응하는 방법을 연습하자.

가상 시나리오는 자세할수록 좋다

불안감을 조성하는 상황을 대비하고 침착함을 유지하기 위해 사용할 수 있는 또 다른 좋은 전략이 있다. 바로 마음의 준비와 시각화 기술을 응용하는 전략이다. 기본적으로 하고 싶은 말과 관련된 모든 세부 사항을 예상하고 자신이 원하는 대로 상황이 흘러가는 것을 상상해라. 마음속에서 가상 시나리오를 여러 번 경험한다면 실제로 그 상황에 직면했을 때 자신감과 통제력을 느낄 수 있게 된다. 가능한 한 자세하게 상황을 시각화하는 것이 중요하다. 어디에 있는가? 몇 시인가? 방 안에 또 누가 있는가? 방에 있는 사람들은 무엇을 하고 있는가? 구체적인 단계로 상황을 세분화하고, 시간 순으로 진행해 나가자. 생각해둔 세부 사항들이 하나씩 발생한다고 상상하자. 심리학자는 여기에 더해 그 단계들을 적을 것을 권한다.

예를 들어, 로니의 상사는 할 이야기가 있다며 그녀의 책상 위에 아침 일찍 만나자는 메모를 올려두었다. 로니의 생각에 상사는 회사의 전국 영업대회 준비 업무를 4년 연속으로 그녀가 담당하기를 원하는 것 같았다. 준비 업무에는 호텔과의 협상, 외지인을 위한 숙박 및 교통편 마련, 연회를 위한 요식업체 계약, 오락 프로그램 계획 등이 포함되며 상당한 시간을 할애해야 하는 일이다. 로니는 그 일을 다시 맡고 싶지 않다고 상사에게 말하기가 두렵다. 하지만 이번에 그녀는 자신의 입장을 굽히지 않고, 그 임무를 거절하기로 결심했다. 로니는 자신이 바라는 방향으로 정확하게 상황을 시각화했다. 마음속으로 단호하게 자신의 입장을 밝히고 확고하게 그 주장을 유지하는 자기 자신을 상상했다. 다음은 로니가 쓴 글이다.

1. 스티븐 씨와의 회의 전에 커피를 한 잔 마시며 긴장을 풀기 위해 30분 일찍 사무실에 도착한다.

2. 오전 8시 55분에 스티븐 씨 사무실로 들어간다.

3. 나는 웃으며 그의 비서 델리아에게 "안녕하세요"라고 말한다.

4. 델리아에게 "스티븐 씨가 무슨 일로 저를 보려고 하는지 아세요?"라고 물어본다.

5. 델리아는 "당신에게 지역 준비위원회의 위원장을 다시 맡기시려는 것 같아요"라고 대답한다.

6. 델리아가 스티븐 씨의 사무실 문을 열고 나를 들여보낸다.

7. 스티븐 씨는 나에게 자리에 앉으라고 한다. 나는 그가 권하는 커피 한 잔을 마신다.

8. "어제 메모 받았어요, 스티븐 씨. 제가 도와드릴 일이 있나요?"

9. 스티븐 씨는 목청을 가다듬고 지역 준비위원회 위원장을 맡아달라고 요청한다.

10. 나는 스티븐 씨를 똑바로 바라본 다음, 말을 꺼내기 전에 잠시 심호흡한다.

11. 나는 차분하고 자신감 있게 올해는 위원장을 맡지 않겠다고 말한다.

12. 스티븐 씨는 예상대로 내 말을 듣지 않는다. 그는 나의 경험과 전문 지식이 꼭 필요하다면서 죄책감을 느끼게 하려고 한다.

13. 나는 여전히 그를 똑바로 바라보며, 주장을 굽히지 않고 내 입장

을 되풀이한다.

14. 스티븐 씨는 한숨을 쉬며 위원회의 위원장을 맡게 될 사람을 찾으면 그에게 일을 좀 알려줄 수 있는지 물어본다.

15. "물론이죠. 기꺼이 그렇게 하겠습니다"라고 대답하면서 자리에서 일어나 그와 악수하고 사무실을 나간다.

로니는 상사와 실제로 만나기 전에 이 메모를 여러 번 다시 읽었다. 비록 그녀의 상상과 똑같이 일이 진행되지 않더라도, 그 상황을 처리할 수 있을 만큼 자신감을 얻었다. 한때 어려울 거라 생각했던 상황이 알고 보니 별거 아니었던 것이다.

최악의 상황에 대처하는 3단계 전략

물론, 원하는 만큼 순조롭게 상황이 진행되지 않을 가능성도 항상 존재한다. 어쨌거나 상대방의 반응을 모두 통제할 수는 없으니까 말이다. 내가 통제할 수 있는 건 오직 자기 자신의 반응이다. 이때 최악의 시나리오를 가정해보고 어떻게 성공적으로 대처할 수 있는지 생각해보는 것도 도움이 된다.

이전 연습활동에서 확인한 상황이나 실제로 걱정스러운 상황을 한 가지 들어보자. 로니가 한 것처럼 해보면 된다. 상황을 구체적으로 나누어 시각화한다.

마음의 준비와 시각화를 활용하는 체계적인 단계별 전략을 사용하는 것도 도움이 될 수 있다. 나는 작가 메리 린 헬드만(Mary Lynne Heldmann)이 쓴 『말이 상처가 될 때』(When Words Hurt)에서 설명한 긴장 완화 연습을 적용하여 다음의 접근법을 만들었다.

1단계: 삶에서 만나게 되는 다양한 폭언자들과 비난꾼들의 목록을 작성한다. 그들이 어떤 사람이고, 어떤 비난을 하는지 적어보자. 그들의 비난이나 부정적인 의견에는 일관된 주제가 있는가? 항상 같은 것(몸무게, 사회생활, 친구, 가정 살림, 특정 성격 등)으로 비난하는가?

2단계: 각각의 부당한 비판이나 비난에 대해 마음의 준비를 하고, 어떻게 반응할지 공식화하자. 그리고 원할 때 언제든지 참조할 수 있도록 목록으로 작성한 후, 익숙해지기 위해 여러 번 큰 소리로 읽는다.

3단계: 폭언자나 비난꾼이 괴롭히는 상황을 시각화하자. 가능한 답변을 자신 있게 전달하는 자신의 모습과 목소리를 생생하게 그려보자. 헬드만은 속옷만 입은 비난꾼을 상대하는 모습을 상상한다면 이 연습을 더 재미있게 할 수 있다고 제안한다.

예를 들어, 상대방은 대머리에 치아도 없으며, 얼굴 전체에 사마귀가 퍼져 있다. 이런 상상은 내가 못된 사람들을 상대하는 일이 겁날 때마다 나를 미소 짓게 하고 긴장을 풀어준다.

헬드만은 책에서 다음과 같이 전한다.

당신이 방금 적은, 긴장을 완화해주는 반응을 사용하여 당신과 비난꾼 사이에 오가는 대화를 시각화해보자. 비난꾼이 하는 말을 들어보자. 그리고 나서 자기 자신이 그 비난을 어떻게 누그러뜨리는지 들어보자. 당신은 침착하고 통제력을 유지한 상태일 것이다. 안정되고 자신감 있게 말하는 자기 자신의 목소리를 들어보자. 비판을 불식시킨 후 느껴지는 성취감을 당당하게 즐기자. 분명 미소가 지어지고 성공의 기쁨이 느껴질 것이다. 이는 잠재의식 속에 긍정적인 메시지를 전달한다.

연습활동

종이 한 장을 준비한 후, 앞에서 설명한 3단계 접근법을 사용하여 목록을 작성하자. 각각의 비난에 대해 3단계를 모두 완료해야 한다는 사실을 기억하자.

1단계: 리넷은 가정주부인 나를 무시하는 것 같다. 그녀는 직업
　　　을 갖지 않고 주부가 된 나를 하찮은 사람으로 느끼게
　　　한다.

2단계: 리넷에게 할 말을 연습한다. "리넷, 우리는 모두 인생에
　　　서 선택을 합니다. 저는 직업을 갖기로 한 당신의 선택
　　　을 존중해요. 집에 머물면서 제 가족을 돌보기로 한 저
　　　의 선택도 존중해주기 바랍니다."

3단계: 은행에서 자기 차례를 기다리는 리넷과 마주친다고 상
　　　상해보자. 그녀가 얼룩이 묻은 옷을 입고 올이 나간 스
　　　타킹을 신은 채 신발을 질질 끌며 서두르는 모습을 시
　　　각화한다. "요즘도 하루종일 집에서 연속극만 보고 있
　　　나요?"라고 큰 소리로 묻는 그녀의 목소리를 듣고, 나는
　　　"네, 저는 요즘도 집에 있어요. 은행 업무를 보려고 몇
　　　분간만 탈출했지요"라고 '동의' 기술을 사용해 자신 있
　　　게 대답한다. 그러고 나서 "정말로 어떻게 하루 종일 아
　　　무것도 하지 않고 집에 있을 수 있나요?"라는 말에 기분
　　　좋게 웃으며 이렇게 대답하는 나 자신을 상상한다. "리

442

넷, 우리는 모두 인생에서 선택을 합니다. 직업을 갖기로 한 당신의 선택을 존중해요. 집에 머물면서 제 가족을 돌보기로 한 저의 선택도 존중해주기 바랍니다."

그런 다음 이 대화를 목격한 모든 사람이 나를 존경과 감탄의 눈으로 바라보는 모습을 상상한다. 평소처럼 리넷의 독설이 거슬리는 것을 용납하지 않아서 나는 기분이 아주 좋다.

의심이 들 때는
역할극을 해보라

역할극은 실제 상황에 대비하고 연습할 수 있게 도와주는 또다른 훌륭한 기술이다. 불안하지 않은 환경에서 연습하고 실험해보는 기회를 가지면, 심하게 불안한 상황이 발생했을 때도 편안하고 자신감 있게 대처할 수 있다. 필요한 것은 작은 상상력과 우리를 도와줄 친구나 지인이다.

『거절할 줄 아는 여자』의 저자 진 베어는 역할극을 활용하여 상황 대응 연습을 할 때 참고할 수 있는 훌륭한 지침을 제공한다. 지침의 핵심은 다음과 같다.

1. 역할극은 한 번에 하나의 상황만을 설정한다. 한 역할극 연습 중에 두 가지 이상의 문제를 다루려고 해서는 안 된다. 상사가 다른 사람들 앞에서 나를 부당하게 비난하고, 종종 내가 늦게까지 일하기를 기대하며, 업무 분장에 없는 심부름을 시키는 등 여러 가지 문제가 있더라도, 한 번의 역할극에서는 하나의 문제만 선택하자. 예를 들어, 상사가 사소한 실수를 한 나를 공개적으로 비난한 상황에서는 나의 입장을 밝히는 문제에만 집중하자.

2. 역할극을 도와줄 친구나 지인을 알아본다. 내가 대하기 편하고 강압적이지 않은 사람을 선택하는 것을 잊지 말자.

3. 괴롭힘의 상황과 그 사람의 성격 특성을 파트너에게 설명한다. 그리고 상대방 역할을 어떻게 해야 하는지 구체적인 지시를 내리고, 역할극을 시작한다. 연습을 마치면 결과를 분석한다. 파트너와 함께 좋았던 점과 개선점을 논의한다.

4. 역할극을 다시 한번 진행한다. 이번에는 파트너와 논의한 변경 사항을 적용할 수 있도록 노력한다.

5. 이번에는 역할을 바꿔 역할극을 다시 한번 해본다. 실제 상황에서 상대방이 할 것이라고 예상되는 행동을 내가 연기하고, 파트너는 내가 해야 할 말을 연기한다. 마지막에 파트너와 함께 결과를 분석한다.

진 베어는 역할극이 전혀 효과가 없거나 문제를 해결하지 못하더라도 낙담하지 말라고 조언한다. 어쩌면 이렇게 해도 여전히 원하는 것을 얻지 못할 수도 있다. 언어폭력을 '개선'하거나 상사의 태도를 바꿀 수 없을지도 모른다. 부당한 청구서를 정정하거나 환불받지 못할 수도 있다. 하지만 단호하고 적극적인 의사소통을 연습하고, 스스로를 대변하기 위해 최선을 다해 노력했다는 점만으로도 뿌듯함과 함께 에너지가 충전되는 것을 느낄 것이다.

역할극 중에서도 가능한 한 어렵고 비협조적인 상황을 연습해보는 것이 종종 도움이 된다. 이렇게 하면 '최악의 상황'에 대비하고 극복할 수 있기 때문이다. 아마도 최악의 시나리오가 그렇게 나쁘지 않다는 것을 알게 될 것이다.

세 번 결혼한 그레타가 고등학교 동창회에서 타냐를 만나는 것을 얼마나 두려워했는지 기억하는가? 다음은 그레타가 다음 동창회에서 타냐가 할 것으로 예상되는 비꼬는 말을 받아치기 위한 준비를 하면서 역할극을 해본 내용이다.

1. 그레타는 어머니에게 예상되는 시나리오를 같이 연기해달라고 부탁한다.
2. 그레타는 어머니에게 타냐가 세 번 결혼한 것으로 자신을 괴롭히는 것을 즐긴다고 설명한다. 어머니에게 가능한 한

엄청 '빈정대는' 척해달라고 요청한다. 역할극은 다음과 같이 진행된다.

어머니: 안녕, 그레타. 다시 만나게 되어 반가워.

그레타: 안녕, 타냐. 나도 만나서 반가워.

어머니: 그나저나 우리가 마지막으로 본 이후로 몇 번이나 더 결혼한 거야?

그레타: 오, 적어도 열일곱 번은 한 거 같네. 나도 잘 모르겠어. 횟수 세는 걸 잊어버렸거든!

어머니: 그레타, 진지하게 말해봐. 아직 세 번째 남편이랑 결혼생활을 유지하는 거지?

그레타: 그래, 아직은 세 번째 남편과 함께 살고 있어. 이제 드디어 짝을 만났다니 대단하지 않아?

어머니: 결혼 세 번은 좀 과하다고 생각하지 않니?

그레타: '삼세 번'이라는 말도 있잖아. 만나서 반가웠어, 타냐. 저기 인사해야 하는 사람들이 있어서 말이야. 즐거운 시간 보내렴.
(그레타는 머리를 꼿꼿이 들고 자신 있게 걸어 나간다.)

만약 타냐가 여전히 입을 다물지 않은 상황에서 그 반응을 더 고조시키고 싶다면, 그레타는 다음과 같이 강도를 높여 훨씬 더 직접적으로 대화할 수 있다.

그레타: 타냐, 너는 내 남편들에게 너무 집착하는구나. 만나면 온통 그 이야기뿐이잖니. 나는 네가 이제는 변할 때가 되었다는 생각이 들기 시작했어. 결혼에 대한 조언이 필요하면 나한테 전화하렴. 나중에 보자.

연습활동

7장에서 설명한 '그건 받아들일 수 없습니다' 상황 중 세 가지를 선택하자. 그리고 파트너와 함께 이러한 상황을 역할극으로 연습해볼 수 있는 시나리오를 작성한다. 더 좋은 것은 함께 역할극을 해줄 수 있는 파트너를 찾는 것이다!

마음의 준비, 시각화, 그리고 역할극 기술은 대화하는 능력을 향상시키고 자신감을 크게 높여준다. 이 기술들은 우리를 준비시켜주고 우리가 느끼는 바를 말할 수 있는 상태로 만들어준다. 실제로 자신의 생각을 말할 준비가 되면, 마음이 편안해진다. 상황이 그렇게 위협적이거나 낯설어 보이지 않고 마음속에서 여러 번 마주한 듯 편안하고 자신감 있게 맞설 수 있을 것이다.

자신감 있는 의사소통은
평생의 기술!

단호하고 적극적이며 자신감 있는 의사소통에는 많은 보상이 따른다. 이는 자신의 말과 행동에 책임을 지고 신뢰할 수 있는 힘을 줄 것이다. 단호하고 적극적인 의사소통은 자유롭고 자신감 있게 자신을 표현할 수 있도록 도와줄 것이다. 또한 자녀들에게 긍정적인 역할 모델이 되고 자녀가 언어적으로 건강하고 자신감 있는 어른으로 성장할 수 있는 기회를 늘리는 데 도움이 될 것이다.

새로운 기술을 시도하는 것과 마찬가지로, 처음에는 자신감이 없을 수도 있다. 처음으로 자전거를 탔을 때를 기억하는가? 지금은 어떤가? 지금은 자전거를 쉽고 자신 있게 탈 것이라고 확신한다. 꾸준한 연습과 함께, 단호하고 적극적으로 의사소통하는 능력 또한 우리의 제2의 천성이 될 것이다. 그러니 해보자. 잘되면 이득이고 못 해도 손해볼 건 없다!

단호하고 적극적인
아이로 키우기

    루시의 가족은 자기 생각을 표현하거나 결코 자기주장을 하지 않는 사람들이었다. 그녀는 그런 가족들 틈에서 자랐다. 루시의 집안은 대대로 적극적이지 않았으며, 그녀와 여동생은 그런 분위기를 보고 배웠다.

    루시는 자기 자녀들이 같은 길을 가는 걸 원치 않았다. 자신처럼 너무 소심해서 부당하거나 무례한 대우에 항의하지 못하고, 자신의 착한 본성을 이용해먹는 상대에게 아무 말도 하지 못한 채 잠자코 보기만 하는 아이로 키우고 싶지 않았다. 루시는 아이들에게 자신의 부모님보다 더 나은 롤모델이 되어주고 싶었다.

아이들은 천성적으로 적극적이지 않다. 적극성은 부모와 아이의 삶에서 영향력 있고 권위 있는 어른들이 가르쳐주는 기술이다. 우리가 다른 사람들과 단호하고 적극적으로 의사소통하는 것을 보여준다면, 아이들은 스스로 그렇게 의사소통하는 능력을 기를 수 있다. 아이들은 자신을 옹호하고 자신감을 가질 것이며 자존감을 품을 수 있다. 만약 우리가 다른 사람들과 공개적이고 직접적으로 소통한다면, 아이들도 같은 방식으로 소통하는 법을 배우게 될 것이다.

단호하고 적극적인 의사소통 기술은 유아기에 매우 중요하다. 그 시기에 아이들은 학습 능력과 정서적 지능, 그리고 자존감을 폭발적으로 발전시킨다. 그런 자녀에게 적극적인 행동의 역할 모델이 되어주어야 한다. 심리학자들은 단호하고 적극적인 의사소통 능력을 갖춘 아이들이 괴롭힘을 당할 가능성도 낮다는 연구 결과를 보여준다.

불안정하고 수동적이거나 소심한 행동을 보이지 않는 것이 중요하다. 딸이 "저는 수학을 잘해본 적이 없어요"라는 엄마의 말을 들었다면, 아이는 아마도 자신도 수학을 잘할 수 없다고 생각할 것이다. 또한 형편없는 서비스나 무례한 행동을 묵묵히 받아들이는 것을 본다면, 아이 역시 더 나은 대우를 받을 자격이 없다고 스스로 단념할 것이다. 우리가 다른 사람 때문에 불편을 참는다거나 자신의 욕구를 희생한다면 자녀 역시 사람들이 자신을 이용하는 것을 묵인할 것이다. 아이는 자기 자신을 마지막으로 챙길 것이며, 다른 사람을 위해 봉사할 때만 자신이 가치 있다고 느낄 것이다. 자기 감정을 적절하게 표현하고 공유할 수 있다는 것을 딸에게도 보여주어라. 또한 우리가 자신의 권리를 확신하고 있으며, 그것을 지키는 법을 알고 있다는 것도 보여주어야 한다.

그러니 이 책을 당신의 자녀, 특히 딸들과 함께 읽기 바란다. 소심함과 수동성으로 가장 많은 스트레스를 받는 사람들은 젊은 여성이며, 적극적인 의사소통을 배우는 것으로 가장 큰 이익을 얻을 수 있는 것도 그들이다. 어릴 때부터 적극적인 의사소통을 익힐 수 있도록 도와주자. 딸들에게 다양한 상황에서 스스로 말할 수 있게 해주면 된다.

스스로 대답하도록 가르치기

누군가 아이에게 질문할 때는 아이가 스스로 대답할 수 있게 해주자. "예쁜 꼬마야, 이름이 뭐니?"라고 상냥한 여성 판매원이 딸에게 질문하면 대개는 옆에 있던 엄마가 "얘 이름은 수지예요"라고 대신 대답한다. "얘야, 몇 살이니?" 판매원이 계속 물어오면, "이제 막 세 살이 되었어요"라고 웃으며 또 대신 대답한다. 이런 상황이 익숙지 않은가? 많은 엄마가 자녀에게 향한 질문을 대신 대답하고는 죄책감을 느낀다. 그러니 자녀를 대신해서 대답하고 싶은 충동을 참자. 아이가 스스로 대답할 수 있는 분위기를 만들어주어라.

반대로 아이가 곁에 있는데도 없는 것처럼 우리에게 질문하는 사람도 있다. "아이의 이름이 무엇인가요?", "아이는 몇 살이죠?" 그럴 때는 그 사람이 직접 자녀에게 질문할 수 있도록 유도하자. "수지가 여기 있네요. 아이에게 물어봐주세요"라고 말하는 것이다. 자녀가 대화에 참여할 수 있도록 노력을 기울이자. 그 주제가 자녀 자신에 관한 대화일 때는 특히 더 그렇다. 자녀가 대화에 참여해 어울리는 것을 중요하게 생각한다는 점을 아이에게 느끼게 해주자.

독립적으로 문제를 해결하도록 격려하기

어느 날 여덟 살짜리 아들이 징징거리며 말했다. "엄마, 오락실 게임기가 25센트짜리 동전을 먹었어요. 가서 말 좀 해주세요." 내가 말했다. "아니 제레미, 네가 직접 이야기하렴. 관리자를 찾아서 환불을 요청하도록 해." 제레미는 5분 후 25센트 동전을 가지고 의기양양하게 돌아왔다.

"폴렛 이모?" 네 살짜리 조카가 나를 부르며 말했다. "핫도그 중간 부분이 차가워서 맛이 없어요." 아니나 다를까, 핫도그가 덜 익어 있었다. "스테파니, 점원을 불러줄게. 점원이 오면 문제가 무엇인지 네가 직접 말해주면 좋겠구나. 완전히 익은 핫도 그로 다시 가져다달라고 부탁해보렴." 스테파니는 바로 그렇게 했다!

"엄마, 이것 좀 봐요" 니콜이 투덜거렸다. "새로 산 책가방 솔기가 터졌어요. 저는 학교에 갈 건데, 그동안 교환 좀 해주시면 안 될까요?" 아이의 엄마가 말했다. "아니, 나는 네가 나와 함께 가서 직접 문제를 설명했으면 좋겠구나." 그 후, 니콜은 자신만만하게 고객서비스 카운터로 걸어가서 분명하게 말했다. "제가 이 가방을 샀는데, 불량품이에요. 다른 것으로 교환해주세요." 니콜은 바로 새로운 가방으로 교환받았다.

자녀가 문제에 맞닥뜨렸을 때, 바로 달려가 문제를 해결해서 아이를 구해주고 싶은 충동을 참아야 한다. 아이와 함께 문제를 해결하자. 아동심리학자 존 로즈먼드(John Rosemond) 박사는 『가족의 가치』(A Family of value)에서 다음과 같이 전한다.

부모가 자녀를 위해 더 많은 일을 해줄수록, 궁극적으로 자녀는 스스로 할 수 있는 능력이 줄어든다. 물론 부모로서 우리는 약간의 간섭을 한다. 부모가 나서서 그 충격을 완화하고, 피해를 막으며, 더 나아가 아예 뿌리 뽑을 준비를 해야만 하는 유형의 문제도 있다. 하지만 실상은 어떨까. 자녀를 위한다는 명목으로 지속적인 간섭을 하면서 아이가 어른이 되어 삶의 문제를 성공적으로 예측할 거라고 기대

하기는 어렵다.

이 구절은 우리 아이들의 적극적인 의사소통 발달 과정에도 완벽하게 적용할 수 있다. 부모가 자녀를 대신해 말하고 문제를 해결할수록 자녀는 훗날 자신감을 키울 가능성이 줄어든다.

내 아들은 어떤 일이 있을 때, 그 일의 '책임자'가 자신을 '어린아이'라는 이유로 무시하고 자신의 말에 관심을 기울이지 않을까 걱정하곤 했다. 나는 필요하다면 엄마가 '개입'해서 너를 곤경에서 구해줄 거라고 알려주었다. 아들 제레미는 자신이 필요할 때 안전망이 펼쳐질 거라고 확신하면서 기꺼이 자신의 문제를 해결하기 위한 첫걸음을 떼었다. 나는 꽤 자주 상황에 개입하지 않아도 되었다.

그러니 여러분이 대신 문제를 해결해주기 전에 자녀가 스스로 말하도록 격려하기 바란다. 이를테면, 제레미와 니콜은 이제 자신의 문제를 해결하기 위해 노력할 자신감을 갖게 되었다. 여러분의 자녀도 이와 같이 할 수 있다는 사실에 아주 놀라게 될 것이다.

자녀가 스스로 원하는 것을 말로 표현하고 질문할 수 있게 해주자. 제레미가 대형 백화점에서 큰 소리로 말했다. "엄마, 저 화장실 가고 싶어요. 화장실은 어디에 있나요?" 나는 대답했다. "전혀 모르겠구나, 제레미. 네가 한번 물어보고 직접 찾아보는 게 어떻겠니?"

슈퍼마켓에서 딸아이가 가장 좋아하는 쿠키를 찾지 못한다면, 그 쿠키가 어디에 있는지 물어보라고 하면 된다. 장난감 매장에서 상품이 어디에 있는지 모른다면, 딸에게 "어디로 가면 컴퓨터 게임기를 찾을 수 있는지 알려주시겠어요?"라고 물어보라고 가르쳐주자.

메뉴를 직접 주문할 기회 주기

외식할 때는 자녀가 직접 주문할 수 있게 해주자. 만약 아들이 웰던으로 구워진 플레인 버거를 원한다면, 그렇게 주문하게 알려주면 된다. 딸이 초콜릿이 뿌려진 바닐라 아이스크림을 원한다면, 주문하는 법을 알려주자. 자녀와 함께 소아과에 가게 되었다면, 자녀가 직접 의사에게 어디가 아프고 어떤 느낌인지 설명하게 하자. 중요한 세부 사항은 나중에 부모가 의사에게 더 알려주면 된다.

자녀가 이해하지 못하는 부분이 있을 때는 질문할 수 있게끔 유도하자. 미국 콜로라도주의 메사버드 국립공원에서 공원 안내원이 1,500년 된 아메리카 인디언 절벽 주거지를 안내하며 여행객들을 인솔하고 있었다. 안내가 끝난 후, 그 공원 안내원은 여행객들에게 질문을 받았다. 나는 열한 살짜리 아이가 자기 엄마에게 "아나스타시가 무슨 뜻이에요?"라고 속삭이는 것을 우연히 들었다. 그 엄마가 아들에게 말했다. "미첼, 그게 무슨 뜻인지 나도 정말 궁금하구나. 공원 안내원에게 우리 둘을 대표해서 물어봐주겠니?" 아이는 용기를 내어 직접 질문했고 공원 안내원이 훌륭한 질문이라고 칭찬하며 재미있게 설명해주자, 아이의 얼굴에 미소가 번졌다.

스스로 독립성을 입증하고 의견과 관찰을 표현할 수 있는 자녀의 자질을 강화해주어야 한다. 예를 들어, 내 아들은 가라테 수업을 함께 듣자고 설득하는 친구들에게 "나는 가라테를 좋아하지 않아. 아는 사람이 없더라도 방과 후에 테니스 수업을 듣는 게 나을 것 같아"라고 말했다. 나는 아들에게 말해주었다. "네가 뜻을 굽히지 않고, 친구들의 의견에 휘둘리지 않아서 정말 자랑스럽구나."

만약 자녀가 친구와 함께 놀다가 그 친구의 행동이 마음에 들지 않는다고 말하는 것을 본다면, "나는 네가 친구에게 파티에서 너를 무시한 것이 무례하다고 말해줘서 정말 기쁘구나"라고 말해주자.

영화관에서 다소 조숙한 어린 소녀를 본 적이 있다. 소녀는 여자 화장실이 더러운 것을 발견했고, 그 얘기를 들은 소녀의 아버지는 영화관 매니저에게 직접 청소해야 한다는 말을 전하라며 아이를 격려했다. 소녀가 직접 그런 말을 하자, 아이를 통해 그 아버지가 자신을 놀린다고 생각해서 화가 난 매니저는 이렇게 말했다. "네가 스스로 의견을 말할 수 있을 때 다시 오렴." 그러자 아이는 대꾸했다. "고맙지만 저는 이미 제 의견을 확실하게 말할 수 있는걸요. 다음에는 그냥 다른 곳으로 영화를 보러 갈게요!" 소녀의 아버지는 "로렌, 완벽한 대답이었어. 그렇게 말하다니 정말 대단하구나. 나도 네 의견에 100퍼센트 동의한단다!"라고 칭찬했다.

감사를 표현하고 칭찬하는 법 가르치기

가장 좋은 방법은 자녀에게 훌륭한 역할 모델이 되어주는 것이다. 자녀가 부모의 긍정적인 모습과 감사를 표현하는 모습을 본다면, 스스로 그렇게 하는 법을 배울 것이다. "오늘 아침에 입은 옷이 정말 마음에 드는구나", "수학 숙제를 정말 잘했어", "차에서 식료품 옮기는 걸 도와줘서 정말 고마워" 혹은 "멋진 생각이구나. 네 말이 완전 옳아!"라고 말해보자.

육아전문가 산드라 하딘 구킨(Sandra Hardin Gookin)은 잘한 일에 대해 아이를 칭찬하는 한 가지 방법으로 메모 쓰기를 추천한다. 자녀의 도시락에 메모를 적어보내자. "오늘 아침에 침대 정리하느라 수고했어! 정말 고마워. 사랑한단다, 엄마아빠가."

크리스틴은 딸의 동급생인 브루스가 지역 청소년 박람회에서 수상했다는 소식을 듣고, 딸에게 브루스에게 전화를 걸어 축하해주라고 권했다. 딸은 "브루스 축하해. 우리 엄마가 방금 너의

수상 소식을 전해주셨어. 우리는 너의 수상이 매우 기뻐"라고
말했다.

빌리는 부모님에게 친구 나오미가 스쿠버다이빙 자격증 시험
에 합격했다고 말했다. 그의 아버지는 나오미에게 전화를 걸어
축하해주라고 말했다. 빌리는 "잘했어, 나오미. 스쿠버 자격증
을 따다니 정말 멋져"라고 축하 전화를 했다.

재러드의 누나 티파니는 고등학교 졸업 무도회에 가기 위해
옷을 차려입었다. 아버지는 재러드에게 누나가 얼마나 예쁜지
말해주라고 했다. 그리고 재러드가 누나를 이렇게 칭찬하는 것
을 듣고 흐뭇해했다. "티파니 누나, 정말 예쁘다. 그 드레스가 참
잘 어울려."

나는 아들 제레미가 두 살 때 첫 비행기 여행을 시작할 때부
터, 착륙 후 비행기에서 내리는 승객들에게 작별 인사를 하는
조종사와 승무원들에게 항상 감사 인사를 하라고 알려주었다.
제레미는 이제 시키지 않아도 자발적으로 감사 인사를 한다. 제
레미는 보통 "멋진 비행에 감사드립니다"라는 말로 감사의 마
음을 전한다.

자녀에게 적절하게 애도와 사과의 마음을 표현하도록 장려하
는 것도 중요하다. 이것은 단호하고 적극적인 의사소통 능력을
기르는 데 큰 도움이 된다. 앨리스의 한 친구가 이름이 스파키
인 반려견을 떠나보냈다. 앨리스의 어머니는 친구에게 조의를

표하라고 권했다. 앨리스는 무슨 말을 해야 할지 확신이 서지 않아서 어떻게 해야 하는지 물었다. "스파키가 무지개다리를 건넜다는 이야기를 들었어. 네가 얼마나 슬플지 알 것 같아. 내가 네 곁에 있다는 걸 잊지 마. 말하고 싶을 때는 언제든 전화하렴"이라고 말하는 게 좋을 것 같다고 어머니가 제안했다.

엠마는 다섯 살짜리 아들에게 슈퍼마켓에서 '쿠키를 나눠주던 누나'에게 감사하다는 말을 했는지 물었다. 아들은 깜빡했다고 답했다. 엠마는 다시 그 빵집으로 함께 돌아가서 깜빡 잊은 감사의 말에 대해 사과할 수 있게 했다. 아들은 고운 목소리로 "쿠키를 주셔서 감사하다는 말을 깜빡 잊었어요. 죄송합니다"라고 말했다. 카운터에 있던 친절한 여성은 "괜찮단다, 아가야. 우리는 모두 가끔씩 중요한 일을 잊는단다. 여기 잘 기억하라는 의미로 쿠키 하나를 더 줄게!"

자녀들이 자기 생각과 감정을 공유할 수 있게 격려해주자. 부모가 자녀들이 하는 말에 관심이 있다는 것을 알게 해야 한다. "더 이야기해주겠니?", "계속 말해보렴, 아주 재미있구나" 혹은 "난 늘 네가 하는 말에 관심이 있단다"와 같은 표현을 사용해서 아이의 감정을 중요하게 여긴다는 것을 보여주자. 적절한 몸짓 언어를 동시에 사용하는 것이 중요하다. 예를 들어, 신문을 읽거나 TV를 보면서 자녀의 감정에 공감하는 척한다면, 자녀들은 여러분이 최선을 다하지 않는다며 부모의 의도를 부정할 것이다. 그건 자녀의 관심사에 별로 신경 쓰지 않는다는 인상을 줄 것이며, TV 프로그램이나 신문 기사를 더 우선시한다는 뜻이 될 것이다. 자녀가 여러분에게 말하는 동안, 자녀와 눈높이를 맞추고 앉아 두 눈을 바라보자. 여러분의 말과 몸짓을 자녀와 일치시키는 것은 정말로 자녀에게 관심이 있으며 그들이 하는 말이 부모인 여러분에게 중요하다는 것을 느끼게 할 것이다.

아이가 화가 나 있을 때, 항상 아이의 문제에 대한 해결책을 찾거나 잘못된 점을 고쳐야 한다고 생각하지 마라. 그저 자녀의 공명판 역할을 해주면 된다. 아이들이 자신의 감정을 표현하도록 격려해주고 공감하며 들어주자.

자녀가 자기주장을 펼칠 수 있게 가르친다면 그들은 자신의 행동과 욕구, 그리고 생각에 대해 스스로 확신을 갖고 책임지는 어른으로 자랄 수 있다. 아이들은 원하는 것을 자기 입으로 말할 수 있게 되면, 스스로 삶을 통제한다는 느낌을 갖게 되고 자신감을 기를 수 있다.

아이들은 독립적으로 행동하는 법을 배울 필요가 있다. 원하는 바를 요청하고 다른 사람을 칭찬하며 스스로 문제를 해결하고 두려움 없이 자신의 의견을 표현하며 감정을 공유하는 법을 가르치자. 그러면 아이들은 자신감을 느끼고 스스로 책임지는 유능한 한 인간으로서 인생에서 성공할 수 있다. 아이들은 어렵지 않게 자신감 있고 긍정적인 한 사람으로 성장할 것이다.

연습활동

자녀가 일상생활에서 겪을 법한 곤란한 상황을 함께 역할극으로 풀어보자. 대부분의 아이가 학교나 놀이터에서 불가피하게 맞닥뜨리게 되는 다음과 같은 각 상황에서 적극적으로 주장을 펼치는 연습을 해보도록 하자.

- 반 친구가 자녀를 놀리거나 욕하는 경우
- 자녀가 또래 친구들에게 함께 게임을 하자고 요청하는 경우
- 자녀가 수업 중에 질문하기를 꺼리는 경우
- 자녀가 줄을 서서 기다리는데 새치기당한 경우
- 자녀의 친구나 동급생이 무단으로 소지품을 가져간 경우